Scott Foresman

Cuaderno de lectores y escritores

Glenview, Illinois • Boston, Massachusetts • Chandler, Arizona
Upper Saddle River, New Jersey

ISBN-13: 978-0-328-48379-2
ISBN-10:   0-328-48379-6
6 7 8 9 10 V011 15 14 13 12 11
CC2

Diarios de lectura independiente...........1–6
Diarios de estrategias 7–36
Consejos para hablar de libros 37
Consejos para comentar
entre compañeros 38
Sugerencias para la autoevaluación
de la escritura 39

Unidad 1: Vivir y aprender

Semana 1: Los meros meros remateros
Fonética 40
Comprensión 41
Escritura 42, 46
Vocabulario..................... 43, 47
Normas 44, 50
Ortografía 45, 49
Investigación................... 48

Semana 2: ¿Y yo?
Fonética 51
Comprensión 52
Escritura 53, 57
Vocabulario..................... 54, 58
Normas 55, 61
Ortografía 56, 60
Investigación................... 59

Semana 3: La pesca de Kumak
Fonética 62
Comprensión 63
Escritura 64, 68
Vocabulario..................... 65, 69
Normas 66, 72
Ortografía 67, 71
Investigación................... 70

Semana 4: Supermercado
Fonética 73
Comprensión 74
Escritura 75, 79
Vocabulario..................... 76, 80
Normas 77, 83
Ortografía 78, 82
Investigación................... 81

Semana 5: Mis hileras y pilas de monedas
Fonética 84
Comprensión 85
Escritura 86, 90
Vocabulario..................... 87, 91
Normas 88, 94
Ortografía 89, 93
Investigación................... 92

Semana 6: Semana de repaso
Ortografía 95, 97, 99,
                        101, 103
Normas 96, 98, 100,
                        102, 104

Lecciones del proceso
de la escritura 105–108

Unidad 2: Soluciones ingeniosas

Semana 1: El pingüino polluelo
Fonética 109
Comprensión 110
Escritura 111, 115
Vocabulario...................... 112, 116
Normas 113, 119
Ortografía 114, 118
Investigación.................... 117

Semana 2: Quiero una iguana
Fonética 120
Comprensión 121
Escritura 122, 126
Vocabulario...................... 123, 127
Normas 124, 130
Ortografía 125, 129
Investigación.................... 128

Semana 3: Mi propio cuartito
Fonética 131
Comprensión 132
Escritura 133, 137
Vocabulario...................... 134, 138
Normas 135, 141
Ortografía 136, 140
Investigación.................... 139

Semana 4: Mitad y mitad
Fonética 142
Comprensión 143
Escritura 144, 148
Vocabulario...................... 145, 149
Normas 146, 152
Ortografía 147, 151
Investigación.................... 150

Semana 5: Nidos de pájaro asombrosos
Fonética 153
Comprensión 154
Escritura 155, 159
Vocabulario...................... 156, 160
Normas 157, 163
Ortografía 158, 162
Investigación.................... 161

Semana 6: Semana de repaso
Ortografía 164, 166, 168, 170, 172
Normas 165, 167, 169, 171, 173

Lecciones del proceso
de la escritura 174–177

Unidad 3: La naturaleza y nosotros

Semana 1: ¿Cómo pasa la vida una pasa?
Fonética 178
Comprensión 179
Escritura 180, 184
Vocabulario..................... 181, 185
Normas 182, 188
Ortografía 183, 187
Investigación................... 186

Semana 2: ¡Empujemos el cielo!
Fonética 189
Comprensión 190
Escritura 191, 195
Vocabulario..................... 192, 196
Normas 193, 199
Ortografía 194, 198
Investigación................... 197

Semana 3: Plumas y cantos
Fonética 200
Comprensión 201
Escritura 202, 206
Vocabulario..................... 203, 207
Normas 204, 210
Ortografía 205, 209
Investigación................... 208

Semana 4: Una sinfonía de ballenas
Fonética 211
Comprensión 212
Escritura 213, 217
Vocabulario..................... 214, 218
Normas 215, 221
Ortografía 216, 220
Investigación................... 219

*Semana 5: Junto a un cacto: Lechuzas,
          murciélagos y ratas canguro*
Fonética 222
Comprensión 223
Escritura 224, 228
Vocabulario..................... 225, 229
Normas 226, 232
Ortografía 227, 231
Investigación................... 230

Semana 6: Semana de repaso
Ortografía 233, 235, 237,
                              239, 241
Normas 234, 236, 238,
                              240, 242

Lecciones del proceso
de la escritura 243–246

Unidad 4: Único en su tipo

Semana 1: El hombre que inventó el básquetbol: James Naismith y su juego asombroso

Fonética 247
Comprensión 248
Escritura 249, 253
Vocabulario.................... 250, 254
Normas 251, 257
Ortografía 252, 256
Investigación................... 255

Semana 2: El más caliente, el más frío, el más alto, el más hondo

Fonética 258
Comprensión 259
Escritura 260, 264
Vocabulario.................... 261, 265
Normas 262, 268
Ortografía 263, 267
Investigación................... 266

Semana 3: Me llamo Celia

Fonética 269
Comprensión 270
Escritura 271, 275
Vocabulario.................... 272, 276
Normas 273, 279
Ortografía 274, 278
Investigación................... 277

Semana 4: Doña Flor

Fonética 280
Comprensión 281
Escritura 282, 286
Vocabulario.................... 283, 287
Normas 284, 290
Ortografía 285, 289
Investigación................... 288

Semana 5: ¡Vuela, águila, vuela!

Fonética 291
Comprensión 292
Escritura 293, 297
Vocabulario.................... 294, 298
Normas 295, 301
Ortografía 296, 300
Investigación................... 299

Semana 6: Semana de repaso

Ortografía 302, 304, 306, 308, 310
Normas 303, 305, 307, 309, 311

Lecciones del proceso
de la escritura 312–315

Unidad 5: Culturas

Semana 1: Los discos de mi abuela
Fonética 316
Comprensión 317
Escritura 318, 322
Vocabulario 319, 323
Normas 320, 326
Ortografía 321, 325
Investigación 324

Semana 2: Me encantan los Saturdays y los domingos
Fonética 327
Comprensión 328
Escritura 329, 333
Vocabulario 330, 334
Normas 331, 337
Ortografía 332, 336
Investigación 335

Semana 3: Adiós Shin Dang Dong 382
Fonética 338
Comprensión 339
Escritura 340, 344
Vocabulario 341, 345
Normas 342, 348
Ortografía 343, 347
Investigación 346

Semana 4: Bagels de jalapeños
Fonética 349
Comprensión 350
Escritura 351, 355
Vocabulario 352, 356
Normas 353, 359
Ortografía 354, 358
Investigación 357

Semana 5: Mi tío Romie y yo
Fonética 360
Comprensión 361
Escritura 362, 366
Vocabulario 363, 367
Normas 364, 370
Ortografía 365, 369
Investigación 368

Semana 6: Semana de repaso
Ortografía 371, 373, 375, 377, 379
Normas 372, 374, 376, 378, 380

Lecciones del proceso
de la escritura 381–384

Unidad 6: Libertad

Semana 1: La historia de la Estatua
de la Libertad
Fonética 385
Comprensión 386
Escritura 387, 391
Vocabulario..................... 388, 392
Normas 389, 395
Ortografía 390, 394
Investigación.................. 393

Semana 2: Feliz cumpleaños, Sr. Kang
Fonética 396
Comprensión 397
Escritura 398, 402
Vocabulario..................... 399, 403
Normas 400, 406
Ortografía 401, 405
Investigación.................. 404

Semana 3: Paredes que hablan: Arte
para todos
Fonética 407
Comprensión 408
Escritura 409, 413
Vocabulario..................... 410, 414
Normas 411, 417
Ortografía 412, 416
Investigación.................. 415

Semana 4: Dos hormigas traviesas
Fonética 418
Comprensión 419
Escritura 420, 424
Vocabulario..................... 421, 425
Normas 422, 428
Ortografía 423, 427
Investigación.................. 426

Semana 5: Atlántida
Fonética 429
Comprensión 430
Escritura 431, 435
Vocabulario..................... 432, 436
Normas 433, 439
Ortografía 434, 438
Investigación.................. 437

Semana 6: Semana de repaso
Ortografía 440, 442, 444,
    446, 448
Normas 441, 443, 445,
    447, 449

Lecciones del proceso
de la escritura 450–453

Nombre _____

Unidad 1 Diario de lectura independiente

Tiempo de lectura	Título y autor	¿De qué se trata?	¿Cómo lo clasificarías?	Explica tu clasificación.
De ___ a ___			Grandioso Espantoso 5 4 3 2 1	
De ___ a ___			Grandioso Espantoso 5 4 3 2 1	
De ___ a ___			Grandioso Espantoso 5 4 3 2 1	
De ___ a ___			Grandioso Espantoso 5 4 3 2 1	
De ___ a ___			Grandioso Espantoso 5 4 3 2 1	

Unidad 2 Diario de lectura independiente

Tiempo de lectura	Título y autor	¿De qué se trata?	¿Cómo lo clasificarías?	Explica tu clasificación.
De ___ a ___			Grandioso Espantoso 5 4 3 2 1	
De ___ a ___			Grandioso Espantoso 5 4 3 2 1	
De ___ a ___			Grandioso Espantoso 5 4 3 2 1	
De ___ a ___			Grandioso Espantoso 5 4 3 2 1	
De ___ a ___			Grandioso Espantoso 5 4 3 2 1	

Unidad 3 Diario de lectura independiente

Tiempo de lectura	Título y autor	¿De qué se trata?	¿Cómo lo clasificarías?	Explica tu clasificación.
De ___ a ___			**Grandioso** 5 4 3 **Espantoso** 2 1	
De ___ a ___			**Grandioso** 5 4 3 **Espantoso** 2 1	
De ___ a ___			**Grandioso** 5 4 3 **Espantoso** 2 1	
De ___ a ___			**Grandioso** 5 4 3 **Espantoso** 2 1	
De ___ a ___			**Grandioso** 5 4 3 **Espantoso** 2 1	

Unidad 4 Diario de lectura independiente

Tiempo de lectura	Título y autor	¿De qué se trata?	¿Cómo lo clasificarías?	Explica tu clasificación.
De ____ a ____			**Grandioso Espantoso** 5 4 3 2 1	
De ____ a ____			**Grandioso Espantoso** 5 4 3 2 1	
De ____ a ____			**Grandioso Espantoso** 5 4 3 2 1	
De ____ a ____			**Grandioso Espantoso** 5 4 3 2 1	
De ____ a ____			**Grandioso Espantoso** 5 4 3 2 1	

Unidad 5 Diario de lectura independiente

Tiempo de lectura	Título y autor	¿De qué se trata?	¿Cómo lo clasificarías?	Explica tu clasificación.
De ___ a ___			**Grandioso** 5 4 **3** 2 **Espantoso** 1	
De ___ a ___			**Grandioso** 5 4 **3** 2 **Espantoso** 1	
De ___ a ___			**Grandioso** 5 4 **3** 2 **Espantoso** 1	
De ___ a ___			**Grandioso** 5 4 **3** 2 **Espantoso** 1	
De ___ a ___			**Grandioso** 5 4 **3** 2 **Espantoso** 1	

Unidad 6 Diario de lectura independiente

Tiempo de lectura	Título y autor	¿De qué se trata?	¿Cómo lo clasificarías?	Explica tu clasificación.
De ____ a ____			Grandioso Espantoso 5 4 3 2 1	
De ____ a ____			Grandioso Espantoso 5 4 3 2 1	
De ____ a ____			Grandioso Espantoso 5 4 3 2 1	
De ____ a ____			Grandioso Espantoso 5 4 3 2 1	
De ____ a ____			Grandioso Espantoso 5 4 3 2 1	

La **ficción realista** cuenta la historia de personas y sucesos imaginarios. Entre las características de la ficción realista están las siguientes.

- Los personajes parecen personas reales como las que puedas conocer.
- El ambiente es realista y puede ser una ciudad o un pueblo, una escuela u otros lugares que puedas conocer.
- El argumento es posible y podría ocurrir en la vida real.

Instrucciones Busca ejemplos mientras lees *Los meros meros remateros* de personajes, ambiente y de argumento que hacen que este cuento sea ficción realista. Escribe esos ejemplos a continuación.

Personaje _____

_____

_____

Ambiente _____

_____

_____

Argumento _____

_____

_____

Explora el género

Piensa en los personajes, ambiente y argumento de otro cuento que hayas leído que sea ficción realista. ¿Qué semejanzas y diferencias encuentras entre ese cuento y *Los meros meros remateros*? Escribe sobre ello. Usa una hoja de papel aparte si necesitas más espacio.

_____

_____

Una **fábula** es un relato muy breve cuyo tema es enseñar una moraleja o una lección. Entre las características de las fábulas están las siguientes.

- Los personajes de las fábulas son muy simples.
- En vez de nombres, los personajes suelen nombrarse por el papel que juegan en el cuento.
- Los personajes suelen tener un rasgo identificable.

Instrucciones Busca ejemplos mientras lees *¿Y yo?* de nombres de personajes y de sus rasgos e identifica el tema o la moraleja de la fábula. Escribe los ejemplos y la moraleja a continuación.

Nombres de personajes _____

_____

_____

Rasgo de cada personaje _____

_____

_____

Tema o moraleja _____

_____

_____

Explora el género

Piensa en los personajes, sus rasgos y la moraleja de otro cuento que hayas leído que sea una fábula. ¿Qué semejanzas y diferencias encuentras entre ese cuento y el de *¿Y yo?* Escribe sobre ello. Usa una hoja de papel aparte si necesitas más espacio.

_____

_____

Un **cuento exagerado** es un relato humorístico que emplea detalles realistas para contar un cuento sobre personas y sucesos imposibles en la realidad. Entre las características de los cuentos exagerados están las siguientes.

- Muchos de los detalles provienen de la vida diaria.
- Los personajes son enormemente exagerados.
- Los sucesos descritos no podrían ocurrir en la realidad.

Instrucciones Busca ejemplos mientras lees *La pesca de Kumak* de detalles realistas, personajes exagerados y sucesos imposibles que forman parte de los cuentos exagerados. Escribe los ejemplos a continuación.

Detalles realistas _____

_____

_____

Personajes exagerados _____

_____

_____

Sucesos imposibles _____

_____

_____

Explora el género

Piensa en los detalles realistas, los personajes exagerados y los sucesos imposibles de otro relato que hayas leído que sea un cuento exagerado. ¿Qué semejanzas y diferencias encuentras entre ese cuento y el de *La pesca de Kumak?* Escribe sobre ello. Usa una hoja de papel aparte si necesitas más espacio.

_____

_____

Título de la selección _____ **Autor** _____

Los **conocimientos previos** son lo que ya sabemos sobre un tema. Usar los conocimientos previos nos puede ayudar a comprender mejor lo que estamos leyendo. Activa tus conocimientos previos haciendo lo siguiente.

- Hojea la selección para averiguar de qué trata.
- Piensa en lo que ya sabes sobre el tema.
- Relaciona la selección con tu mundo habitual: con las personas, lugares y sucesos que ya conoces.

Instrucciones Usa la tabla de abajo para anotar tus conocimientos previos de la selección. Anota lo que ya sabes en la primera columna. Luego, anota lo que quieres aprender en la segunda columna. Una vez que hayas leído la selección, anota lo que aprendiste en la tercera columna. Escribe un breve resumen de la selección en una hoja de papel aparte.

Lo que Sabemos	Lo que Queremos aprender	Lo que Aprendimos

Nombre _____

Título de la selección _____ **Autor** _____

La **estructura del cuento** engloba las partes importantes del cuento que suceden al principio, en medio y al final de una historia. Para identificar la estructura del cuento, los lectores estratégicos hacen lo siguiente.

- Identifican el conflicto o el problema al principio del cuento.
- Siguen la acción a medida que crece el conflicto.
- Reconocen el punto culminante cuando los personajes encaran el conflicto.
- Identifican la manera en que se resuelve el conflicto.

Instrucciones Traza la estructura del cuento mientras lees el relato en el mapa de abajo. Una vez que hayas terminado, vuelve a contar el cuento brevemente en una hoja de papel aparte.

Personajes

Ambiente

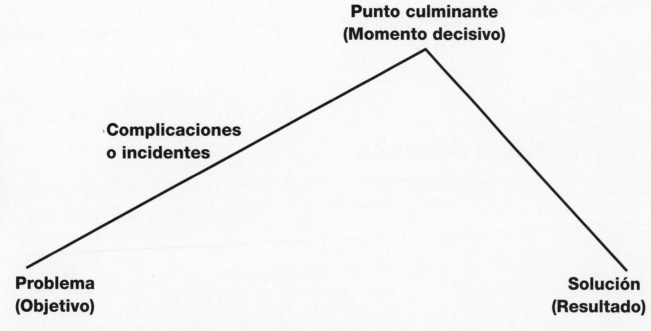

**Punto culminante
(Momento decisivo)**

**Complicaciones
o incidentes**

**Problema
(Objetivo)**

**Solución
(Resultado)**

Título de la selección _____ **Autor** _____

Los lectores estratégicos **verifican** su comprensión de lo que han leído y emplean estrategias de mejora para **aclarar** su comprensión. Entre las formas de verificar y aclarar se encuentran las siguientes.

- Haz preguntas durante y después de leer y resume para comprobar tu comprensión.
- Ajusta tu ritmo de lectura, sigue leyendo o vuelve a leer la sección que causó la confusión.
- Visualiza lo que estás leyendo.
- Usa características del texto e ilustraciones como ayuda para aclarar el texto.

Instrucciones Escribe mientras lees los números de las páginas en cuyo texto tuviste problemas para comprender. Luego, describe la estrategia de mejora que usaste para aclarar el significado.

Lugar del texto donde tuve problemas: _____

_____

Estrategias de mejora que empleé: _____

_____

_____

_____

_____

Resumen de la selección

Escribe un resumen de la selección de dos o tres oraciones. Usa una hoja de papel aparte si necesitas más espacio.

_____

_____

_____

_____

Título de la selección _____ **Autor** _____

> **Visualizamos** para crear imágenes en nuestra mente mientras leemos. Formar imágenes nos puede ayudar a comprender mejor lo que estamos leyendo. Para visualizar, intenta hacer lo siguiente.
> - Combina lo que ya sabes con los detalles del texto para formar una imagen mental.
> - Piensa en los sucesos del cuento o de la selección. Usa tus cinco sentidos para crear imágenes y para tratar de incluirte en el cuento o selección.

Instrucciones Emplea tus sentidos mientras lees la selección para ayudarte a visualizar lo que está ocurriendo o la información que proporciona el autor. Escribe lo que veas, oigas, saborees, huelas o toques.

Veo _____

_____

_____

Oigo _____

_____

_____

Saboreo _____

_____

_____

Huelo _____

_____

_____

Toco _____

_____

_____

> La **ficción realista** cuenta la historia de personas y sucesos imaginarios. Entre las características de la ficción realista están las siguientes.
>
> • Los personajes parecen personas reales como las que puedas conocer.
> • El ambiente es realista y puede ser una ciudad o un pueblo, una escuela u otros lugares que puedas conocer.
> • El argumento es posible y podría ocurrir en la vida real.

Instrucciones Busca ejemplos mientras lees *Mi propio cuartito* de personajes, ambiente y de argumento que hacen que este cuanto sea ficción realista. Escribe esos ejemplos a continuación.

Personaje _____

_____

_____

Ambiente _____

_____

_____

Argumento _____

_____

_____

Explora el género

Piensa en los personajes, ambiente y argumento de otro cuento que hayas leído que sea ficción realista. ¿Qué semejanzas y diferencias encuentras entre ese cuento y *Mi propio cuartito?* Escribe sobre ello. Usa una hoja de papel aparte si necesitas más espacio.

_____

_____

Nombre _____

Título de la selección _____ **Autor** _____

Cuando **predecimos,** decimos lo que pensamos que podría ocurrir en una selección. Las predicciones se basan en lo que hemos hojeado o lo que ya sabemos. **Establecemos propósitos** para guiar nuestra lectura. Podemos hacer lo siguiente para predecir y establecer propósitos.

- Lee el título y el nombre del autor. Mira las ilustraciones y los otros elementos del texto.
- Piensa en los motivos por los que lees y establece el o los propósitos.
- Usa tu conocimiento previo, es decir, lo que ya sabes, para hacer una predicción.
- Comprueba y cambia tu predicción mientras lees en base a la nueva información.

Instrucciones Hojea la selección. Haz una predicción y establece los propósitos para leer la selección. Comprueba tus predicciones mientras lees y establece nuevos propósitos según sea necesario. Escribe un resumen de la selección una vez termines de leer.

Antes de leer
haz una predicción _____

_____

Propósito para leer _____

_____

Durante la lectura
comprueba y cambia la predicción _____

_____

Establece un nuevo propósito _____

_____

Después de leer
escribe un resumen _____

_____

La **no ficción expositiva** cuenta sobre personas y sucesos reales. El **texto expositivo** es un tipo de no ficción expositiva. Entre las características del texto expositivo se encuentran las siguientes.

- El tema proporciona información sobre el mundo real y personas reales.
- La información del texto es fáctica, es decir, que se atiene a los hechos.
- En las selecciones se suelen incluir características o elementos del texto como diagramas, mapas, tablas y gráficas.

Instrucciones Busca ejemplos de texto expositivo mientras lees *Nidos de pájaro asombrosos*. Escribe esos ejemplos a continuación.

Tema de la selección _____

_____

_____

Hechos _____

_____

_____

Características o elementos del texto _____

_____

_____

Explora el género

Piensa en otra selección que hayas leído que sea un texto expositivo. ¿Qué semejanzas y diferencias encuentras entre esa selección y *Nidos de pájaro asombrosos?* Escribe sobre ello. Usa una hoja de papel aparte si necesitas más espacio.

_____

_____

Título de la selección _____   **Autor** _____

> Las **ideas importantes** de los textos de no ficción son las ideas principales y los detalles del tema que el autor quiere que comprenda el lector. Puedes hacer lo siguiente para ayudarte a identificar las ideas principales y los detalles a medida que leas.
>
> - Hojea la selección y lee el título, los encabezamientos y los pies de foto.
> - Busca las palabras que aparezcan en tipos de letras especiales como cursiva, negrita y en listas con viñetas.
> - Presta atención a las palabras o frases clave como *por ejemplo* y *lo más importante*.
> - Emplea los elementos del texto como fotografías e ilustraciones, diagramas, tablas y mapas.

Instrucciones Utiliza la tabla de abajo mientras lees para escribir cualquier idea importante o detalle que encuentres. Anota los elementos del texto o las palabras clave que empleaste para ubicar estas ideas. Usa las ideas importantes y los detalles para escribir un breve resumen de la selección.

Ideas importantes	Detalles

Escribe un resumen _____

_____

_____

_____

_____

Las **obras de teatro** son cuentos escritos para ser interpretados ante una audiencia. Las obras de teatro tienen los mismos elementos del cuento que los demás tipos de ficción. Entre los elementos del cuento de las obras de teatro se encuentran los siguientes.

- Personaje y ambiente
- Argumento
- Tema

Instrucciones Busca ejemplos de elementos del cuento mientras lees *¡Empujemos el cielo!* Escribe esos ejemplos a continuación.

Personaje y ambiente _____

_____

_____

Argumento _____

_____

_____

Tema _____

_____

_____

Explora el género

Piensa en el o los personajes, el ambiente, el argumento y el tema de otra obra de teatro que hayas leído. ¿Qué semejanzas y diferencias encuentras entre esa selección y *¡Empujemos el cielo!?* Escribe sobre ello. Usa una hoja de papel aparte si necesitas más espacio.

_____

_____

_____

Título de la selección _____ **Autor** _____

La **estructura del texto** se refiere a la forma en que el autor organiza un texto. Dos tipos de estructura del texto son, por ejemplo, causa y efecto y comparar y contrastar. Saber la manera en que un texto está organizado puede mejorar nuestra comprensión. A continuación se muestran formas de identificar la estructura de un texto.

- Hojea el texto antes de leer. Haz predicciones y preguntas, emplea los títulos, los encabezamientos y las ilustraciones para tratar de identificar la estructura del texto.
- Busca mientras lees palabras o frases que den pistas sobre la organización.
- Después de leer, recuerda la forma de organización y resumen del texto.

Instrucciones Mientras hojeas y lees la selección, escribe los elementos del texto que te ayuden a identificar la estructura del texto. Recuerda que debes hacer preguntas, emplear los elementos del texto y buscar palabras o frases clave para identificar la estructura del texto. Escribe después de leer el nombre de la estructura del texto y un breve resumen de la selección.

Antes de leer _____

_____

_____

_____

Durante la lectura _____

_____

_____

_____

Estructura del texto/Resumen _____

_____

_____

_____

La **ficción** es un cuento inventado, en tono serio o humorístico, de personas imaginarias que, por lo general, se comportan como pensamos que lo suelen hacer las personas reales. En la ficción se pueden incluir lugares y sucesos reales, pero el cuento proviene de la imaginación del autor. Entre las características de la ficción se encuentran las siguientes.

- Los personajes suelen comportarse como las personas reales.
- El ambiente puede ser real o no.
- El argumento o los sucesos que ocurren en el cuento pueden parecer reales o no.

Instrucciones Busca ejemplos de personajes, ambiente y argumentos o sucesos mientras lees *Una sinfonía de ballenas* que hacen que este cuento sea de ficción. Escribe esos ejemplos a continuación.

Personajes _____

_____

_____

Ambiente _____

_____

_____

Argumento _____

_____

_____

Explora el género

Piensa en otro cuento que hayas leído que sea de ficción. ¿Qué semejanzas y diferencias encuentras entre ese cuento y *Una sinfonía de ballenas?* Escribe sobre ello. Usa una hoja de papel aparte si necesitas más espacio.

_____

_____

El contenido de una **no ficción narrativa** incluye personas, cosas o sucesos reales. Puede contarse de diferentes maneras como en forma de cuento, carta, guía de campo o poema. Entre las características de una no ficción narrativa se encuentran las siguientes.

- El contenido es sobre personas o cosas reales.
- El ambiente es un sitio real.
- Los sucesos se basan en hechos.

Instrucciones Busca ejemplos de personas, cosas, ambiente y sucesos mientras lees *Junto a un cacto: Lechuzas, murciélagos* y *ratas canguro* que hagan que esta selección sea una no ficción narrativa. Escribe esos ejemplos a continuación.

Personaje y cosas _____

_____

_____

Ambiente _____

_____

_____

Sucesos _____

_____

_____

Explora el género

Piensa en otra selección que hayas leído que sea una no ficción narrativa. ¿Qué semejanzas y diferencias encuentras entre esa selección y *Junto a un cacto: Lechuzas, murciélagos* y *ratas canguro?* Escribe sobre ello. Usa una hoja de papel aparte si necesitas más espacio.

_____

_____

Nombre _____

Título de la selección _____ Autor _____

Cuando **resumimos** y **parafraseamos,** recopilamos las ideas o los sucesos importantes de una selección en pocas oraciones. Parafrasear es poner en nuestras propias palabras lo que hemos leído. Los buenos lectores resumen y parafrasean lo que han leído para comprobar su comprensión y mejorarla. Mantener las ideas y los sucesos importantes en un orden lógico también ayuda a mejorar la comprensión. Haz lo siguiente para resumir o parafrasear.

- En cuentos de ficción, busca los sucesos importantes del argumento, incluido el punto culminante.
- En cuentos de no ficción, busca las ideas importantes que presente el autor.
- Toma notas mientras lees para ayudarte a resumir o parafrasear, a la vez que mantienes los sucesos en un orden lógico.
- Vuelve a enunciar la información importante en tus propias palabras.

Instrucciones Escribe mientras lees los números de las páginas en cuyo texto tuviste problemas para comprender. Luego, describe la estrategia de mejora que usaste para aclarar el significado.

Ideas o sucesos importantes

_____

_____

_____

_____

_____

Resumen

_____

_____

_____

_____

_____

Título de la selección _____ **Autor** _____

Las **ideas importantes** de los textos de no ficción son las ideas principales y los detalles del tema que el autor quiere que comprenda el lector. Puedes hacer lo siguiente para ayudarte a identificar las ideas principales y los detalles a medida que leas.

- Hojea la selección y lee el título, los encabezamientos y los pies de foto.
- Busca las palabras que aparezcan en tipos de letras especiales como cursiva, negrita y en listas con viñetas.
- Presta atención a las palabras o frases clave como *por ejemplo* y *lo más importante*.
- Emplea los elementos del texto como fotografías e ilustraciones, diagramas, tablas y mapas.

Instrucciones Utiliza la tabla de abajo mientras lees para escribir cualquier idea importante o detalle que encuentres. Anota los elementos del texto o las palabras clave que empleaste para ubicar estas ideas. Usa las ideas importantes y los detalles para escribir un breve resumen de la selección.

Ideas importantes	Detalles	Escribe un resumen

Nombre _____

Las **biografías** cuentan la historia de toda o parte de la vida de una persona real. Los sucesos de la vida de la persona se suelen contar en el orden en que suceden. Entre las características de la biografía están las siguientes.

- El tema es toda o parte de la vida de una persona real.
- Los sucesos de la vida de la persona se suelen contar en el orden en que suceden.
- Los sucesos se cuentan en una narración en tercera persona empleando *él* o *ella* al referirse a esa persona.

Instrucciones Busca ejemplos mientras lees *Me llamo Celia: La vida de Celia Cruz* del sujeto del tema, de los sucesos en orden y de la narración en tercera persona de que este relato sea una biografía. Escribe esos ejemplos a continuación.

Sujeto del tema _____

_____

_____

Sucesos _____

_____

_____

Narración en tercera persona _____

_____

_____

Explora el género

Piensa en otra selección que hayas leído que sea una biografía. ¿Qué semejanzas y diferencias encuentras entre esa biografía y *Me llamo Celia: La vida de Celia Cruz*? Escribe sobre ello. Usa una hoja de papel aparte si necesitas más espacio.

_____

_____

_____

Título de la selección _____ **Autor** _____

Los buenos lectores hacen preguntas mientras leen. **Preguntar** nos ayuda a comprobar nuestra comprensión y a aclarar cualquier cosa que nos parezca confusa. Preguntar también ayuda a hacer inferencias, interpretar los textos que leemos y promover la discusión. Usa las siguientes estrategias de preguntar mientras lees.

- Hojea la selección y piensa en cualquier pregunta que tengas sobre el tema.
- Lee el texto pensando en una pregunta y toma notas cuando encuentres la información que responda a esa pregunta.
- Escribe otras preguntas que surjan mientras lees y busca las respuestas en el texto.
- Recuerda que en los textos no se responde a todas las preguntas. A veces tenemos que hacer inferencias o interpretaciones en base a la información que proporciona el autor.

Instrucciones Utiliza la tabla de abajo mientras lees la selección para escribir en la columna de la izquierda cualquier pregunta que tengas sobre el texto. Escribe en la columna de la derecha cualquier respuesta que encuentres o las inferencias que hagas.

Preguntas	Respuestas, inferencias, interpretaciones

Nombre _____

Los **cuentos folclóricos** son relatos compuestos por narradores desconocidos y transmitidos oralmente de generación en generación hasta que alguien finalmente los recoge en forma escrita. Entre las características de los cuentos folclóricos se encuentran las siguientes.

- El asunto o la materia suele tratar sobre las costumbres o creencias de una determinada cultura.

- Los personajes humanos o animales suelen representar algún rasgo humano o algún aspecto de la naturaleza humana.

- Se expresan temas sobre la naturaleza humana.

Instrucciones Busca ejemplos de asuntos o materia, personajes y tema mientras lees *¡Vuela, águila, vuela!* que hacen que este cuento sea un cuento folclórico. Escribe esos ejemplos a continuación.

Asunto o materia _____

_____

_____

Personajes _____

_____

_____

Tema _____

_____

_____

Explora el género

Piensa en otro cuento que hayas leído que sea un cuento folclórico. ¿Qué semejanzas y diferencias encuentras entre ese cuento y *¡Vuela, águila, vuela!?* Escribe sobre ello. Usa una hoja de papel aparte si necesitas más espacio.

_____

_____

La **ficción realista** cuenta la historia de personas y sucesos imaginarios. Entre las características de la ficción realista están las siguientes.

- Los personajes parecen personas reales como las que puedas conocer.
- El ambiente es realista y puede ser una ciudad o un pueblo, una escuela u otros lugares que puedas conocer.
- El argumento es posible y podría ocurrir en la vida real.

Instrucciones Busca ejemplos mientras lees *Los discos de mi abuela* de personajes, ambiente y de argumento que hacen que este cuento sea ficción realista. Escribe esos ejemplos a continuación.

Personaje _____

_____

_____

Ambiente _____

_____

_____

Argumento _____

_____

_____

Explora el género

Piensa en los personajes, ambiente y argumento de otro cuento que hayas leído que sea ficción realista. ¿Qué semejanzas y diferencias encuentras entre ese cuento y *Los discos de mi abuela*? Escribe sobre ello. Usa una hoja de papel aparte si necesitas más espacio.

_____

_____

_____

_____

Título de la selección _____   **Autor** _____

Cuando **inferimos,** usamos nuestros conocimientos previos junto con la información del texto para concebir nuestras propias ideas sobre lo que estamos leyendo. Prueba los siguientes pasos para inferir o hacer inferencias.

- Piensa en lo que ya sabes sobre los temas.
- Combina lo que sabes junto con la información del texto para hacer inferencias.
- Piensa en las ideas, las moralejas, lecciones o temas del texto en base a tus inferencias.

Instrucciones Emplea mientras lees la selección tus conocimientos previos y las pistas del texto para hacer inferencias. Utiliza la tabla de abajo para mostrar cómo hiciste las inferencias. Luego, escribe un enunciado que resuma el tema, la moraleja o la lección de la selección.

Lo que sé	Información del texto	Lo que infiero

Enunciado que resume el tema, la moraleja o la lección _____

_____

_____

_____

Título de la selección _____ **Autor** _____

Los lectores estratégicos **verifican** su comprensión de lo que han leído y emplean estrategias de mejora para **aclarar** su comprensión. Entre las formas de verificar y aclarar se encuentran las siguientes.

- Haz preguntas durante y después de leer y resume para comprobar tu comprensión.
- Ajusta tu ritmo de lectura, sigue leyendo o vuelve a leer la sección que causó la confusión.
- Visualiza lo que estás leyendo.
- Usa características del texto e ilustraciones como ayuda para aclarar el texto.

Instrucciones Escribe mientras lees los números de las páginas en cuyo texto tuviste problemas para comprender. Luego, describe la estrategia de mejora que usaste para aclarar el significado.

Lugar del texto donde tuve problemas: _____

_____

Estrategias de mejora que empleé _____

_____

_____

_____

Resumen de la selección

Escribe un resumen de la selección de dos o tres oraciones. Usa una hoja de papel aparte si necesitas más espacio.

_____

_____

_____

_____

Título de la selección _____ **Autor** _____

Cuando **resumimos** y **parafraseamos**, recopilamos las ideas o los sucesos importantes de una selección en pocas oraciones. Parafrasear es poner en nuestras propias palabras lo que hemos leído. Los buenos lectores resumen y parafrasean lo que han leído para comprobar su comprensión y mejorarla. Mantener las ideas y los sucesos importantes en un orden lógico también ayuda a mejorar la comprensión. Haz lo siguiente para resumir o parafrasear.

- En cuentos de ficción, busca los sucesos importantes del argumento, incluido el punto culminante.

- En cuentos de no ficción, busca las ideas importantes que presente el autor.

- Toma notas mientras lees para ayudarte a resumir o parafrasear, a la vez que mantienes los sucesos en un orden lógico.

- Vuelve a enunciar la información importante en tus propias palabras.

Instrucciones Escribe abajo mientras lees la selección las ideas importantes o los principales sucesos del argumento. Recuerda que debes anotar los sucesos en un orden lógico. Cuando hayas terminado de leer, utiliza tus notas para resumir o parafrasear la selección.

Ideas o sucesos importantes

_____

_____

_____

_____

_____

Resumen

_____

_____

_____

_____

La **ficción histórica,** al igual que la ficción realista, es un cuento inventado que puede incluir tanto personajes y sucesos reales como imaginarios. Entre las características de la ficción histórica se encuentran las siguientes.

- El cuento ocurre en el pasado.

- El ambiente es un sitio que todavía existe o existió en el pasado.

- Los detalles auténticos de los personajes y el ambiente ayudan al lector a comprender cómo era vivir en ese lugar en ese momento.

Instrucciones Busca ejemplos mientras lees *Mi tío Romie y yo* de la época y lugar en los que sucede el cuento y los detalles auténticos que hacen de este relato una ficción histórica. Escribe esos ejemplos a continuación.

Época _____

_____

_____

Lugar _____

_____

_____

Detalles auténticos _____

_____

_____

Explora el género

Piensa en la época, el lugar y los detalles auténticos de otro cuento que hayas leído que sea una ficción histórica. ¿Qué semejanzas y diferencias encuentras entre ese cuento y *Mi tío Romie y yo?* Escribe sobre ello. Usa una hoja de papel aparte si necesitas más espacio.

_____

_____

_____

Título de la selección _____ **Autor** _____

Los buenos lectores hacen preguntas mientras leen. **Preguntar** nos ayuda a comprobar nuestra comprensión y a aclarar cualquier cosa que nos parezca confusa. Preguntar también ayuda a hacer inferencias, interpretar los textos que leemos y promover la discusión. Usa las siguientes estrategias de preguntar mientras lees.

- Hojea la selección y piensa en cualquier pregunta que tengas sobre el tema.
- Lee el texto pensando en una pregunta y toma notas cuando encuentres la información que responda a esa pregunta.
- Escribe otras preguntas que surjan mientras lees y busca las respuestas en el texto.
- Recuerda que en los textos no se responden a todas las preguntas. A veces tenemos que hacer inferencias o interpretaciones en base a la información que proporciona el autor.

Instrucciones Utiliza la tabla de abajo mientras lees la selección para escribir en la columna de la izquierda cualquier pregunta que tengas sobre el texto. Escribe en la columna de la derecha cualquier respuesta que encuentres o las inferencias que hagas.

Preguntas	Respuestas, inferencias, interpretaciones

Título de la selección _____ **Autor** _____

> Cuando **inferimos**, usamos nuestros conocimientos previos junto con la información del texto para concebir nuestras propias ideas sobre lo que estamos leyendo. Prueba los siguientes pasos para inferir o hacer inferencias.
>
> • Piensa en lo que ya sabes sobre los temas.
>
> • Combina lo que sabes junto con la información del texto para hacer inferencias.
>
> • Piensa en las ideas, las moralejas, lecciones o temas del texto en base a tus inferencias.

Instrucciones Emplea, mientras lees la selección, tus conocimientos previos y las pistas del texto para hacer inferencias. Utiliza la tabla de abajo para mostrar cómo hiciste las inferencias. Luego, escribe un enunciado que resuma el tema, la moraleja o la lección de la selección.

Lo que sé	Información del texto	Lo que infiero

Enunciado que resume el tema, la moraleja o la lección _____

_____

_____

_____

Un **ensayo fotográfico** es una colección de fotografías que comparten un asunto o tema en común. Entre las características de un ensayo fotográfico se encuentran las siguientes.

- El tema del ensayo se suele explicar en la introducción.
- Se suele incluir texto que explica a las personas, los animales o los sucesos en las fotografías.
- Las fotografías suelen tener un pie de foto que ofrece información específica sobre ellas.

Instrucciones Busca ejemplos en la introducción, en el texto y en los pies de foto mientras lees *Paredes que hablan: Arte para todos* que hacen que esta selección sea un ensayo fotográfico. Escribe esos ejemplos a continuación.

Introducción _____

_____

_____

Texto _____

_____

_____

Explora el género _____

_____

_____

Explora el género

Piensa en otra selección que hayas leído que sea un ensayo fotográfico. ¿Qué semejanzas y diferencias encuentras entre ese cuento y *Paredes que hablan: Arte para todos*? Escribe sobre ello. Usa una hoja de papel aparte si necesitas más espacio.

_____

_____

_____

Un **cuento fantástico con animales** es un relato inventado que emplea personajes animales en vez de personas. Entre las características de un cuento fantástico con animales están las siguientes.

- Los personajes animales hablan y viven como los seres humanos.
- Los personajes animales muestran sentimientos humanos.
- Las ilustraciones ayudan al lector a comprender el cuento y a identificarse con los personajes.

Instrucciones Busca ejemplos mientras lees *Dos hormigas traviesas* de animales que se comportan como seres humanos, de animales que muestran sentimientos humanos y de ilustraciones de animales que hacen que esta selección sea un cuento fantástico con animales. Escribe esos ejemplos a continuación.

Animales con comportamientos humanos _____

_____

_____

Animales con sentimientos humanos _____

_____

_____

Ilustraciones _____

_____

_____

Explora el género

Piensa en otro cuento que hayas leído que sea un cuento fantástico con animales. ¿Qué semejanzas y diferencias encuentras entre ese cuento y *Dos hormigas traviesas*? Escribe sobre ello. Usa una hoja de papel aparte si necesitas más espacio.

_____

_____

_____

Al igual que el cuento folclórico, la **leyenda** es un relato antiguo transmitido oralmente de generación en generación. Entre las características de la leyenda están las siguientes.

- El cuento suele tratar sobre las grandes hazañas de un héroe.
- Los sucesos que ocurren en muchas leyendas son imposibles.
- Las leyendas suelen estar basadas en algún hecho histórico.

Instrucciones Busca ejemplos mientras lees *Atlántida: La leyenda de una ciudad perdida* de las grandes hazañas realizadas por un héroe, de sucesos imposibles y de hechos históricos que hacen que este cuento sea una leyenda. Escribe esos ejemplos a continuación.

Grandes hazañas _____

_____

_____

Sucesos imposibles _____

_____

_____

Hechos históricos _____

_____

_____

Explora el género

Piensa en otro cuento que hayas leído que sea una leyenda. ¿Qué semejanzas y diferencias encuentras entre ese cuento y *Atlántida: La leyenda de una ciudad perdida*? Escribe sobre ello. Usa una hoja de papel aparte si necesitas más espacio.

_____

_____

_____

_____

Consejos para hablar de libros

- Habla de forma clara.
- Mantén el contacto visual.
- Habla sobre un libro que te gustó leer a ti.
- No reveles el final del libro.
- Habla de 2 a 4 minutos, compartiendo información divertida o importante sobre el libro.

Instrucciones Emplea los temas de conversación de abajo como ayuda para organizar tu charla sobre libros.

1. ¿Cuál es el título del libro?

2. ¿Quién es el autor?

3. ¿Cuál es el género?

4. ¿Qué otros libros ha escrito el autor?

Si tu libro es de ficción…

5. ¿Cuál es la parte más emocionante del libro? ¿Son los personajes, el argumento, el tema? Explica por qué.

_____

6. Describe brevemente un escenario, una escena o un personaje de este libro.

_____

Si tu libro es de no ficción…

7. ¿Qué información importante aprendiste de este libro?

_____

8. Describe brevemente una parte interesante del libro.

_____

9. ¿Tienes alguna conexión personal con el cuento o el tema? Explica tu respuesta.

_____

10. Explica por qué deberían leer este libro tus oyentes.

_____

Nombre _____

Antes de escribir

- Ayuda a tu compañero o compañera a hacer una lluvia de ideas para escribir.

- Comenta con tu compañero el tema sobre el que va a escribir. ¿Debería reducir el tema o ampliarlo?

Después del primer borrador

- Antes de intercambiar borradores, di a tu compañero lo que te gustaría que buscara al leer tu escrito.

- Escribe en notas adhesivas o en pedazos de hojas de cuaderno cualquier pregunta o comentario que tengas sobre el escrito de tu compañero.

- Señala la información o las ideas que estén bien escritas.

- Comenta cualquier tipo de información que parezca innecesaria o confusa, pero asegúrate de que tus comentarios sean considerados y útiles.

Después del primer borrador

- Lee en voz alta el escrito de tu compañero y trata de hallar los puntos fuertes y las partes que se pueden mejorar.

- Cuenta siempre a tu compañero lo que crees que funciona bien en su escrito.

- Empieza con un halago, es decir, mencionando un punto fuerte, y luego ofrece sugerencias para mejorar. Puedes decir por ejemplo: Me gustó cómo _____. ¿Qué tal si _____?

- Recuerda que también debes tener en cuenta que la ortografía y la gramática sean correctas.

Otras áreas sobre las que puedes comentar:

- Título

- Introducción

- Conclusión

- Descripciones

- Ejemplos

- Uso de verbos, sustantivos, adjetivos o adverbios

Nombre del producto de escritura _____

Instrucciones Repasa tu último borrador. Luego, califícate en una escala de 4 a 1 (4 es la calificación más alta) en cada característica de escritura. Responde a las preguntas después de haber completado la tabla.

Característica de escritura	4	3	2	1
Enfoque/Ideas				
Organización/Párrafos				
Voz				
Languaje				
Oraciones				
Normas				

1. ¿Cuál es la mejor parte de este escrito? ¿Por qué lo consideras así?

_____

_____

_____

2. Escribe una cosa que cambiarías de este escrito si tuvieras la posibilidad de escribirlo de nuevo.

_____

_____

_____

_____

Nombre _____

Palabras de ortografía

koala	cometa	quita
kindergarten	saco	equipo
mosquito	banquete	kimono
calabaza	colmillo	canasta

Palabras con c, k, q

Relaciona Escribe la palabra que corresponda al significado de cada frase.

1. _Saco_ _____ Se usa sobre la camisa.

2. _equipo_ _____ Un grupo de personas que trabajan juntas.

3. _banquete_ _____ Una comida formal.

4. _Kimono_ _____ Una prenda de vestir, como una bata.

5. _quita_ _____ Lo contrario de *pone*.

6. _cometa_ _____ Se hace volar.

7. _calabaza_ _____ Un vegetal.

8. _colmillo_ _____ Un diente.

Agrupar Escribe la palabra de la lista que pertenece al grupo.

9. mosca, abeja, _mosquito_ _____

10. cubeta, caja, _canasta_ _____

11. oso, canguro, _koala_ _____

12. cena, comida, _banKete_ _____

13. clase, escuela, _Kinder_ _____

14. ñame, papa, _calabasa_ _____

15. pantalones, corbata, _Sakono_ _____

Actividad para la casa Su niño o niña identificó palabras con *c, k, q*. Pídale que haga un *collage* con fotos de revistas que muestren cosas que se escriban con esas letras. Ayúdelo a rotular cada ilustración.

© Pearson Education, Inc., 3

Nombre _____

Personaje, ambiente y tema

- Los **personajes** son las personas o los animales que participan en los sucesos de un cuento. Conoces a los personajes a través de sus palabras y acciones.

- El **ambiente** es cuándo y dónde sucede un cuento.

- El **tema** es de lo que se trata un cuento.

Instrucciones Lee el siguiente pasaje. Luego contesta las preguntas.

Annie estaba en su habitación. Estaba escribiendo un cuento para su tarea. Escribía con lápiz en una libreta de papel amarillo, pero quería hacer la tarea en la computadora. Fue al estudio, donde está la computadora de la familia, pero su hermana mayor, Marsha, todavía la estaba usando.

—¿Ya puedo usar la computadora? —preguntó Annie—. Tengo que terminar mi cuento.

—No —dijo Marsha—. Estoy hablando con Paula y Roy.

Annie regresó a su habitación y escribió más. Media hora después, le preguntó de nuevo a Marsha.

—¡No! —dijo Marsha—. Ya te dije que la estoy usando. Vete de aquí.

—Eso no es justo —dijo Annie—. Has estado usando la computadora por más de una hora.

—Ni modo —dijo Marsha—. Yo llegué primero.

1. ¿Quiénes son los personajes del cuento?

_____

2. ¿Cuál es el ambiente del cuento?

_____

3. ¿El cuento sucede en el presente o hace mucho? ¿Cómo lo sabes?

_____

4. ¿Qué hace Annie que te dice que ella es paciente?

_____

5. En tu opinión, ¿cúal es el tema del cuento?

_____

Actividad para la casa Su niño o niña identificó las características de varios personajes en un cuento realista. Lean juntos un cuento que tenga varios personajes. Nombren los personajes. Comenten las características de cada personaje.

© Pearson Education, Inc., 3

Nombre _____

Cena bajo la tormenta

Una tarde de la semana pasada en el parque,
De repente el cielo azul se volvió muy oscuro.
Corrí a casa y, al llegar a la puerta,
Comenzó a diluviar cada vez con más fuerza.

Las luces, al parpadear, apagaban en mí la esperanza de cena.
Las tormentas eléctricas, además de tronar, hacen a mi madre
pensar, que la cocina no es lugar muy seguro,
así que adiós cena para Papá y para mí, y con relámpagos, y con apuro.

De pronto, sin embargo, ahí estaba Papá ante la puerta,
¡y de nuevo tuve para mí la esperanza de cena!
"Sé que no nos vendría mal comer un poco",
y me dio una bolsa, ¡con comida sabrosa!, que devoré como un loco.

Después de comer se volvieron a encender las luces,
Y con ellos los temores de Mamá a la cocina desaparecieron.
"Creo que esta noche es la ideal
para hacer nuestro pastel de chocolate favorito. No está mal".

Características clave de un poema narrativo
- cuenta una historia
- tiene ritmo o acentos que se repiten
- suele tener versos que riman y emplea la métrica
- tiene ambiente, personajes, argumento y tema
- puede ser humorístico o dramático

1. Lee el poema de arriba. ¿Quiénes son los personajes del poema?

_____

2. ¿Qué problema tiene el narrador? ¿Cómo se resuelve el problema?

_____

_____

_____

Nombre _____

Vocabulario

Instrucciones Escribe la palabra del recuadro que corresponda con cada definición. Escribe la palabra en la línea.

_____ 1. Vivir con muchas dificultades y pocos recursos.

_____ 2. Sentimiento de que cosas buenas pueden ocurrir.

_____ 3. Instrumentos que sirven para ver una imagen agrandada de un objeto lejano.

_____ 4. Persona que hace joyas.

_____ 5. Pieza de hierro en forma de semicírculo que se clava en los cascos de los caballos.

Marca las palabras que conoces

___carpa
___esperanza
___herradura
___joyero
___remates
___sobrevivir
___telescopios

Instrucciones Escribe la palabra del recuadro que corresponda con cada clave. Escribe la palabra en la línea.

_____ 6. Donde alguien tiene una venta de frutas.

_____ 7. La persona que hace anillos.

_____ 8. Es un sentimiento positivo.

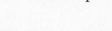

_____ 9. Venta especial.

_____ 10. Si un caballo no la tiene, puede caminar cojo.

Escribe en tu diario

En una hoja de papel aparte, escribe una entrada en tu diario. Imagina que fuiste a un mercado un domingo. Describe a las personas con quienes hablaste y las cosas que viste. Usa el mayor número posible de palabras del vocabulario.

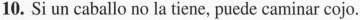

Actividad para la casa Su niño o niña identificó y usó palabras del vocabulario de la selección *Los meros meros remateros*. Hablen de la palabra del vocabulario *esperanza*. Comenten, por ejemplo, en qué momentos han tenido esperanzas de que algo bueno suceda.

© Pearson Education, Inc., 3

Oraciones

Una **oración** expresa una idea completa. Se refiere a alguien o a algo y cuenta lo que hace esa persona o cosa. Una oración incompleta es un **fragmento de oración.**

Oración	El peletero vende cintos.
Fragmento	Los rótulos de los chiles

Las palabras de una oración están en un orden que tiene sentido. Una oración comienza siempre con letra mayúscula y termina con un signo de puntuación.

Instrucciones Copia el grupo de palabras que forma una oración.

1. Todas las carpas   El remate es muy divertido.

_____

2. Mi abuela toma la pulsera.   Un letrero de cartón

_____

Instrucciones Decide si cada grupo de palabras es una oración o un fragmento. Copia las que son oraciones y no te olvides de usar mayúsculas y signos de puntuación. Si es un fragmento, escribe *F.*

3. cosas para vender

_____

4. salimos cantando por la mañana

_____

5. mis amigos me esperan

_____

6. para poder estacionar y vender

_____

Actividad para la casa Su niño o niña estudió la oración. Pídale que diga alguna oración sobre lo que hizo en la escuela.

Palabras con *c, k, q*

Relaciona Traza líneas entre las dos columnas para formar palabras de ortografía. Escribe las palabras que formes.

Palabras de ortografía
poquitos
colorado
café
carne
kilo
picoso
corazón
cuento
cocina
aquellos
vaquero
camisa
quedito
chiquitos
kimono

Primera sílaba   Segunda parte de la palabra

Ca   to   **1.** _____

Cuen   sa   **2.** _____

Ki   fé   **3.** _____

Aque   lo   **4.** _____

Cami   llos   **5.** _____

Relaciona Usa una palabra de ortografía relacionada con cada frase.

6. Más chicos que los chicos.   **6.** _____

7. No muchos.   **7.** _____

8. Tipo de alimento.   **8.** _____

9. Sazonado con chile.   **9.** _____

10. El símbolo del amor.   **10.** _____

11. Chile rojo.   **11.** _____

12. Usa botas y sombrero.   **12.** _____

13. No muy fuerte.   **13.** _____

14. Vestimenta japonesa.   **14.** _____

15. Lugar para preparar alimentos.   **15.** _____

© Pearson Education, Inc., 3

Actividad para la casa Su niño o niño está escribiendo palabras con *c, k, q*. Pídale al niño o niña que encierre en un círculo las sílabas con *c, k, q* en las palabras de ortografía.

Vocabulario • Claves del contexto

- Los **homógrafos** son palabras que se escriben igual pero tienen distinto significado.
- Usa el contexto, o sea, las palabras que rodean al **homógrafo**, para hallar su significado

Instrucciones Lee el siguiente pasaje. Luego, contesta las preguntas. Busca claves del contexto a medida que lees.

Un domingo, cuando estaba aburrida, sin nada que hacer, sonó el timbre. Abrí la puerta y vi la cara de mi tía Jane. Vino con mis primos favoritos, Luis y Lili.

—Juguemos beisbol —dijo Luis. Subimos a mi cuarto a buscar el bate y la pelota.

—No jueguen cerca del río —dijo mi mamá. Luego, nos fuimos felices al parque.

Allí jugamos durante horas. Hasta que Luis bateó con tanta fuerza, que la pelota salió volando. Durante un rato, la buscamos y no la encontramos. De repente, el cielo se oscureció. El viento comenzó a soplar.

—Es hora de irnos —dijo Lili. Y regresamos a casa. Mi mamá y mi tía nos esperaban sentadas en el banco.

1. ¿Qué significa *nada* en este pasaje? ¿Qué claves te ayudaron a hallar su significado?

_____

2. ¿Cuáles son los dos significados de *cara*? ¿Qué claves te dieron el significado en este pasaje?

_____

_____

3. ¿Que significa *cuarto* en este pasaje?

_____

4. ¿Qué significa *río* en este pasaje? ¿Qué claves te ayudaron a saberlo?

_____

5. En este pasaje, ¿*banco* significa "lugar para sentarse" o "lugar para depositar dinero"?

_____

Actividad para la casa Su niño o niña usó las claves del contexto para entender los homógrafos (palabras que se escriben igual pero tienen distinto significado). Dígale dos oraciones con la palabra *timbre* (el timbre de la puerta / una estampilla de correo). Pregúntele qué claves lo ayudaron a saber el significado en cada caso.

Textos de referencia

Los libros tienen ciertas características que te ayudan a hallar la información que necesitas. Al principio del libro, el **índice de contenido** tiene una lista de los capítulos, artículos o cuentos y sus números de página. El **índice temático** de un libro tiene una lista de los temas que cubre el libro e indica las páginas donde se puede hallar esa información. El índice temático generalmente se encuentra en la parte de atrás del libro.

Instrucciones Usa el índice de contenido y el índice temático para contestar las preguntas.

Índice de contenido **La maravillosa electricidad**	Índice temático
Capítulo 1 ¿Qué es la electricidad? 3	átomos, 4 corriente, 5 electrones, 4 inventores
Capítulo 2 Ben Franklin y su famoso papalote ... 11	Edison, Thomas, 19 Faraday, Michael, 18
Capítulo 3 La invención del foco 17	Franklin, Ben, 11–16

1. ¿En qué capítulo buscarías información para leer sobre la invención del foco?

_____

2. ¿En qué página buscarías información sobre Thomas Edison?

_____

3. ¿Qué capítulo tiene información sobre Ben Franklin?

_____

4. ¿En qué página comienza el Capítulo 2?

_____

5. ¿En qué página buscarías información sobre los átomos?

_____

© Pearson Education, Inc., 3

Actividad para la casa Su niño o niña usó un índice de contenido y un índice temático para responder preguntas sobre la organización de textos de referencia. Pídale que halle información usando los índices en uno de sus libros favoritos.

Palabras con c, k, q

Corrige un aviso Encierra en un círculo cuatro palabras mal escritas en el aviso. Escribe las palabras y la oración correctamente.

Café

Es bueno tomar cefé todos los días

Cefé	$700.00	Tortes	$1.500.00
Pan	$100.00	Chocalate	$900.00
Riscas	$500.00	Té	$600.00

1. _____   2. _____

3. _____   4. _____

5. _____

Corrige palabras Encierra en un círculo la palabra que está bien escrita. Escríbela.

6. cocina	cosina	6. _____
7. colorado	culurado	7. _____
8. quilo	kilo	8. _____
9. curazón	corazón	9. _____
10. camisa	kamisa	10. _____
11. aqullos	aquellos	11. _____
12. chiquitos	chaquitos	12. _____
13. quedito	cedito	13. _____

Palabras de ortografía

poquitos
colorado
café
carne
kilo
picoso
corazón
cuento
cocina
aquellos
vaquero
camisa
quedito
chiquitos
kimono

Palabras de ortografía difícil

kermés
quinceañera
encuentro
colmena
alquiler

© Pearson Education, Inc., 3

Actividad para la casa Su niño o niña está aprendiendo a identificar y corregir palabras con *c, k, q*. Pídale que haga un aviso con muchas palabras de ortografía y palabras con ortografía difícil.

Oraciones

Marca la frase que es una oración.

1   ¿Cuál es la oración?

- ⬭ Mantas mexicanas con pavos reales.
- ⬭ En un antiguo aparcamiento.
- ⬭ Hay chiles de muchos tipos.

2   ¿Cuál es la oración?

- ⬭ Alguna gente con bolsas.
- ⬭ Le doy la carta.
- ⬭ Hierbas de remedios.

3   ¿Cuál es la oración?

- ⬭ El remate es una gran familia.
- ⬭ Después del desayuno.
- ⬭ La ropa a la camioneta.

4   ¿Cuál es la oración?

- ⬭ Carcajadas al verme.
- ⬭ Mis amiguitos Danny y Floribey.
- ⬭ Pagamos cinco dólares.

5   ¿Cuál es la oración?

- ⬭ Como si fuera una zanahoria.
- ⬭ Flotamos por la blanca ciudad.
- ⬭ Las filosas montañas.

© Pearson Education, Inc., 3

Actividad para la casa Su niño o niña se preparó para tomar un examen de oraciones. Pídale que diga cuál es la diferencia entre una oración y un fragmento.

Escuela + Hogar

Palabras de ortografía

vez	deseaba	bella	sabio	vencer
buscar	barato	cabeza	venado	vida
cabra	rumbo	llevó	bandeja	joven

Palabras con *b, v*

Relaciona Escribe una de las palabras de la lista que pertenece al grupo.

1. ciervo, zorro, _cabra_

2. listo, inteligente, _sabio_

3. becerro, ciervo, _venado_

4. compró, trajo, _llevo_

5. ganga, promoción, _barato_

6. quería, añoraba, _deseaba_

7. camino, vereda, _rumbo_

Pistas Escribe la palabra que corresponde al significado de cada frase.

8. Sinónimo de *ocasión*. _ves_

9. Se utiliza para servir alimentos. _bandeja_

10. Lo mismo que *ganar*. _vencer_

11. Característica de una mujer. _bella_

12. Parte del cuerpo. _cabeza_

13. Para encontrar, hay que _buscar_ .

14. Algo que un objeto no tiene. _vida_

15. Que no es viejo. _joven_

Actividad para la casa Su niño o niña trabajó con palabras con *b, v*. Ayúdelo a escribir una lista de diez palabras con *b, v* que no haya utilizado en esta página.

Secuencia

- La **secuencia** es el orden en que suceden las cosas en un cuento: lo que pasa primero, después y por último.
- Un escritor, a veces, usa **palabras clave** como *primero, entonces, luego* y *por fin*.

Instrucciones Lee la siguiente lectura.

Primero, César barrió las hojas del jardín de la Sra. Rey. Hizo cuatro pilas.

César no pudo meter solo las hojas en las bolsas de plástico. Entonces, le pidió ayuda a su hermano Rico.

Rico le ayudó a tener las bolsas abiertas, y luego César metió las hojas en las bolsas. Cuando llenaban una bolsa, César la cerraba.

Por fin, terminaron, y la Sra. Rey le dio $20 a César. César le dio cinco dólares a Rico por su ayuda.

Instrucciones Escribe estas oraciones en el lugar correcto del organizador.

- César metió las hojas en las bolsas.
- César le pidió ayuda a Rico.
- La Sra. Rey le pagó $20 a César.
- César barrió las hojas.

1. Primero

↓

2. Después

↓

3. Luego

↓

4. Por último

5. En otra hoja de papel, usa las oraciones para escribir un resumen del cuento.

Actividad para la casa Su niño o niña puso los sucesos de un cuento en el orden en que sucedieron. Léale un cuento sencillo. Para nombrar los sucesos del cuento, pregúntele: "¿Qué cosas ocurrieron en el cuento?". Luego, pídale que vuelva a contar el cuento, suceso por suceso, en el orden en que sucedieron.

Mia limpia su casa

La Ratita Mia tenía una casa un poco desordenada.

—¿Cómo puedes encontrar algo aquí? Le preguntó su amigo el Ratón Gus.

—Siempre encuentro lo que me hace falta —dijo Mia.

Pero esa noche, Mia no encontraba el queso que tenía.

—Sé que tengo un poco —se dijo a sí misma. Pero no lo halló y al final se tuvo que acostar hambrienta.

Al día siguiente, Gus se extrañó al ver a Mia limpiando.

—¿Qué estás haciendo? —preguntó Gus.

—No hace daño limpiar de vez en cuando —contestó Mia—. ¿Te apetece un poco de queso?

Moraleja: Hay buenas razones para ser limpio y organizado.

Características clave de una fábula

- suele tener animales que hablan y actúan como seres humanos
- suele ser muy breve y narrar un relato muy sencillo
- suele contener una moraleja al final

1. Lee la fábula. ¿Quiénes y qué son los personajes?

_____

2. ¿Por qué no puede Mia encontrar el queso? ¿Cómo resuelve el problema?

_____

_____

_____

Nombre _____

Vocabulario

Instrucciones Escribe la palabra del recuadro que mejor complete cada oración.

> ### Marca las palabras que conoces
>
> ___alicaído   ___carpintero   ___sabiduría
> ___atónito   ___hilandera   ___tejedor
> ___mercader

_____ 1. El *carpinty* hizo una silla de madera.

_____ 2. La *hilander* hizo los hilos para la tela.

_____ 3. El _____ hizo la tela para el cojín.

_____ 4. El _____ vendió la silla en el mercado.

_____ 5. La silla era tan linda que el comprador quedó _____.

Instrucciones Escribe la palabra del recuadro que mejor corresponda con cada clave.

_____ 6. una persona que trabaja con madera

_____ 7. muchos conocimientos

_____ 8. alguien que usa una máquina para tejer

_____ 9. muy asombrado

_____ 10. estar triste y desilusionado

Escribe una entrevista

En una hoja de papel aparte, escribe cinco preguntas que podrías hacerle a un carpintero, un mercader o un tejedor. Contesta cada pregunta. Usa el mayor número posible de palabras del vocabulario.

© Pearson Education, Inc., 3

Actividad para la casa Su niño o niña identificó y usó palabras del vocabulario de la selección *¿Y yo?* Juntos, representen una conversación que hubiera podido suceder en un mercado de un pueblo antiguo. Usen palabras del vocabulario mientras hablan de lo que van a vender y comprar.

Sujetos y predicados

Una oración tiene **sujeto** y **predicado.** Sujeto es la parte de la oración que dice de quién o de qué se habla en la oración. Todas las palabras que forman el sujeto se llaman **sujeto completo.** Predicado es la parte de la oración que dice qué es o qué hace el sujeto. Todas las palabras que forman el predicado se llaman **predicado completo.**

El sujeto completo de la oración siguiente se subrayó una vez. El predicado completo se subrayó dos veces.

El mercado tiene muchas cosas interesantes.

Instrucciones Subraya el sujeto completo de cada oración.

1. Mucha gente compra bonitos tapetes en el mercado.

2. Los granjeros también llevan sus cabras al mercado.

3. Las verduras tienen un aspecto magnífico.

4. Los niños corren por la plaza.

5. El mercado del pueblo se celebra cada semana.

Instrucciones Subraya el predicado completo de cada oración.

6. Un joven pide ayuda.

7. El anciano es más sabio que el joven.

8. Los estudiantes estudian en la clase.

9. Los animales no aprenden igual que las personas.

10. Mi padre me enseña muchas cosas.

© Pearson Education, Inc., 3

Actividad para la casa Su niño o niña estudió los sujetos y los predicados. Diga una oración y pídale que identifique el sujeto y el predicado.

Palabras con *b, v*

Categorías Escribe la palabra de ortografía que pertenece a cada grupo.

Palabras de ortografía

1. abeja, mosquito,   1. _____

2. manzana, naranja,   2. _____

3. hermoso, precioso,   3. _____

4. cielo, lluvia,   4. _____

5. toro, caballo,   5. _____

6. pantalón, camisa,   6. _____

Palabras de ortografía
avispa
lobo
nube
envase
banco
veloz
volar
beso
banana
invitado
vestido
bonito
vaca
víbora
burro

Relaciona Usa una palabra de ortografía relacionada con cada frase.

7. Edificio donde la gente va a sacar dinero   7. _____

8. Lo que me da mamá cuando me voy a dormir   8. _____

9. Un animal que carga bultos   9. _____

10. Contiene cosas   10. _____

11. Un amigo que viene a mi cumpleaños   11. _____

12. Animal feroz que vive en el bosque   12. _____

13. Una serpiente   13. _____

14. Lo rápido que es el coche de carreras   14. _____

15. Lo que hacen los pájaros en el cielo   15. _____

© Pearson Education, Inc., 3

Actividad para la casa Su niño o niña está escribiendo palabras con *b* y *v*. Pídale que encierre en un círculo las sílabas con *b* y *v* en las palabras de ortografía.

Título _____

Principio

Medio

Final

Vocabulario • Estructura de las palabras

- Algunas veces, vas a encontrar palabras que no conoces. Esa palabra puede ser una **palabra compuesta** formada por otras dos palabras.
- Si conoces el significado de las otras dos palabras te será más fácil saber el significado de la palabra compuesta.

Instrucciones Lee el acertijo. Luego, encierra en un círculo la palabra compuesta que resuelve el acertijo.

1. Yo cuido las cabras. Las miro de día y las miro de noche. ¿Quién soy?

   guardacabras   guardabosques

2. Protejo al mercader cuando va al mercado con mucho dinero. ¿Quién soy?

   guardacostas   guardaespaldas

3. Soy un lugar donde las personas van a comprar comida. Hay muchas frutas, verduras, carnes y granos. Es un lugar moderno con aire acondicionado. ¿Qué soy?

   bocacalle   supermercado

4. Soy un utensilio de cocina. Ayudo a abrir las latas. ¿Qué soy?

   abrelatas   sacacorchos

5. Algunos postres tienen mi sabor. Las cocineras combinan un poco de limón y un poco de azúcar para que un postre sepa como yo. ¿Qué sabor soy?

   medialuna   agridulce

6. Me siento triste y decepcionado, como si fuera un pájaro con las alas caídas. ¿Cómo estoy?

   alicaído   caradura

7. Soy un gusano. Aunque tengo muchísimos pies, camino despacio. ¿Quién soy?

   pelirrojo   ciempiés

8. Soy maestra. Quiero que mis estudiantes obtengan sabiduría. ¿Qué no debo hacer?

   maleducar   altamar

© Pearson Education, Inc., 3

Escuela + Hogar

Actividad para la casa Su niño o niña usó la estructura de las palabras para deducir el significado de palabras compuestas desconocidas. Lean juntos un artículo de periódico o un anuncio de una tienda. Anímelo a identificar palabras compuestas desconocidas definiendo el significado de las palabras que las forman.

Orden alfabético

Las palabras en las enciclopedias, diccionarios e índices están organizadas en **orden alfabético** para que sea más fácil y rápido hallar la información que se busca. Cuando la primera letra de dos palabras es la misma, se alfabetiza la segunda letra. Si la segunda letra de las palabras también es la misma, se alfabetiza la tercera letra, y así sucesivamente. Fíjate cómo están alfabetizadas estas palabras de trabajos y ocupaciones en un índice.

Actriz, 22	**Carpintero, 18**	**Dentista, 29**
Bailarina, 14	**Chef, 7**	**Diseñador, 24**
Banquero, 34	**Chofer, 6**	**Doctor**
Barbero, 8	**Conductor, 10**	**Editor, 6**
Cajero, 9	**Consejera, 14**	**Educadora, 26**
Carnicero, 35	**Contadora, 12**	**Escritor, 20**

Instrucciones Pon en orden alfabético estas palabras de la selección *¿Y yo?* Usa el índice de arriba como ejemplo.

> **maestro   tapete   trabajo**
> **hilo   tejedor**

> **casamentera   sabio   pastor**
> **corral   mercader**

1. _____

2. _____

3. _____

4. _____

5. _____

6. _____

7. _____

8. _____

9. _____

10. _____

© Pearson Education, Inc., 3

Escuela + Hogar

Actividad para la casa Su niño o niña puso en orden alfabético varias palabras. Dele a su niño los nombres de 5 familiares o amigos. Pídale que ponga en orden alfabético estos nombres.

Nombre _____

Palabras con *b, v*

Corrige la lista Encierra en un círculo las palabras mal escritas. Escribe las palabras y todas las oraciones correctamente.

Palabras de ortografía

vez
deseaba
bella
sabio
vencer
joven
buscar
barato
cabeza
venado
vida
cabra
rumbo
llevó
bandeja

> La cavra paró a descansar. Iba siguiendo a un benado. Llevaban el mismo rumvo.

1. _____

2. _____

3. _____

4. _____

_____

Corrige palabras Rellena el círculo de la palabra de ortografía que está bien escrita. Escribe la palabra sobre la línea.

5. ◯ bes   ◯ bez   ◯ vez   5. _____

6. ◯ buscar   ◯ buscarr ◯ vuscar   6. _____

7. ◯ desiaba ◯ deseaba ◯ desaba   7. _____

8. ◯ barato   ◯ brato   ◯ varato   8. _____

9. ◯ vella   ◯ bella   ◯ beya   9. _____

10. ◯ sabio   ◯ zabio   ◯ savio   10. _____

11. ◯ joben   ◯ joven   ◯ hoven   11. _____

© Pearson Education, Inc., 3

Actividad para la casa Su niño o niña está aprendiendo a identificar palabras con *b* y *v*. Pídale a su niño o niña que haga una lista de palabras usando las reglas de ortografía.

Nombre _____

Sujetos y predicados

Marca el sujeto de las oraciones 1, 2 y 3, y el predicado de las 4 y 5.

1 Todo el mundo necesita algo.

- ⬭ Todo
- ⬭ Todo el mundo
- ⬭ necesita

2 Un carpintero atareado necesita herramientas.

- ⬭ Un carpintero
- ⬭ atareado necesita
- ⬭ Un carpintero atareado

3 Las cabras de Juan están sanas.

- ⬭ Las cabras
- ⬭ están sanas
- ⬭ Las cabras de Juan

4 Un hombre sabio vive en el pueblo.

- ⬭ Un hombre sabio
- ⬭ vive
- ⬭ vive en el pueblo

5 El pastor mete las cabras en el corral.

- ⬭ mete las cabras en el corral
- ⬭ mete las cabras
- ⬭ El pastor

Escuela + Hogar

Actividad para la casa Su niño o niña se preparó para tomar un examen de sujetos y predicados. Diga una oración sobre su familia. Pídale que identifique el sujeto y el predicado de la oración. Repita la actividad con otras oraciones.

Plural -s, -es, -ces

Instrucciones Usa el **plural** de la palabra que está entre paréntesis para completar la oración. Luego, escribe la palabra junto a cada oración.

_____ **1.** Lola y su amigo Julio son (pescador).

_____ **2.** Subieron a la camioneta y fueron a comprar (lombriz).

_____ **3.** A la hora de pagar, Lola sacó un montón de (moneda) de su bolsillo.

_____ **4.** Volvieron al lago y pescaron muchísimos (pez) chiquitos.

_____ **5.** No supieron (cuánto).

_____ **6.** A la noche, los cocinaron y cenaron como (rey).

Instrucciones Escribe el **plural** de las siguientes palabras. Recuerda que es posible que, en algunos casos, tengas que reemplazar la *z* final por la *c*.

7. raíz _____

8. quien _____

9. cuál _____

10. ley _____

© Pearson Education, Inc., 3

Escuela + Hogar
Actividad para la casa Su niño o niña escribió palabras en plural terminadas en -s, -es y -ces. Pídale que mire alrededor de su habitación y diga lo que ve. Juntos hagan una lista de esas cosas. Pídale que escriba el plural de cada palabra.

Secuencia

- La **secuencia** es el orden en que suceden las cosas en un cuento.
- **Palabras clave** como *primero, segundo, luego, después, finalmente, por último* indican cuándo algo sucede.

Instrucciones Lee el siguiente pasaje. Subraya las palabras o frases que te ayudan a seguir la secuencia de sucesos en un cuento. Luego contesta las preguntas.

A la mamá de Tina le gusta mirar los arcoiris. Tina decidió hacerle un arcoiris a su mamá. Primero, buscó un pedazo grande de tela blanca. Cosió una hilera de botones rojos en la tela. Luego cosió una hilera de botones anaranjados debajo de los botones rojos.

Después, buscó brillantina amarilla y verde. Usó pegamento para pegar la brillantina amarilla y luego pegó la verde debajo de los botones.

Después, encontró unos retazos de tela azul. Añadió los retazos debajo de la brillantina verde.

Luego, halló unos botones morados. Cosió una hilera de botones morados debajo de la tela azul.

Finalmente, Tina hizo lazos de tela para colgar el arcoiris. Ahora su madre puede mirar un arcoiris cuando quiera.

1. ¿Cuándo cosió Tina los botones anaranjados?

_____

2. ¿Qué pegó Tina en la tela después de coser los botones rojos y anaranjados?

_____

3. ¿Cuándo cosió los botones morados?

_____

4. ¿Qué hizo al final?

_____

5. Escribe los colores que usó Tina en la misma secuencia en que los usó. ¿Por qué crees que hizo las cosas en ese orden? _____

_____

Actividad para la casa Su niño o niña contestó preguntas sobre la secuencia de sucesos en un cuento. Escriba sucesos de un cuento en tarjetas o pedazos de papel. Mézclalas. Luego, pídale que ponga las tarjetas en el orden correcto.

Comprensión 63

2218 Calle Magnolia
San Antonio, TX 78201
14 de octubre de 2011

Querida tía Teresa:

No hay día que pase que no haya tocado la guitarra que me dejaste. Gracias por confiar en mí para cuidarte la guitarra mientras estás de viaje. Ensayo todos los días y ya puedo tocar unas cuantas canciones.

Mi objetivo es, naturalmente, aprender a tocar la preciosa canción que tocaste para nosotros durante tu última visita. ¿Te acuerdas de ella? Me refiero, por supuesto, a ¡la canción de cuna española! Tendrás que enseñarme si todavía no la he aprendido para cuando estés de vuelta.

Te voy a echar mucho de menos hasta entonces. ¡Espero que te lo estés pasando muy bien en el viaje! Yo, por mi parte, cuento los días que faltan para tu regreso.

Con mucho cariño,

Carmen

Características clave de una carta de agradecimiento
- emplea el formato de una carta informal
- tiene un tono amistoso
- explica por qué está agradecido el escritor

1. Identifica las características del formato de una carta de agradecimiento subrayando la fecha, trazando una caja alrededor del saludo y un círculo alrededor del nombre de la persona que ha escrito la carta.

2. ¿Por qué escribe Carmen esta carta informal de agradecimiento?

_____

_____

© Pearson Education, Inc., 3

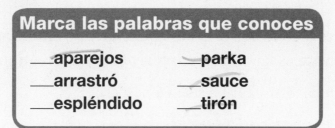

Vocabulario

Marca las palabras que conoces

___aparejos   ___parka

___arrastró   ___sauce

___espléndido   ___tirón

Instrucciones Dibuja una línea para unir cada palabra con su definición.

1. arrastró   sacudida o movimiento brusco

2. parka   un tipo de árbol

3. espléndido   prenda de abrigo con capucha

4. tirón   llevó algo por el suelo

5. sauce   excelente; magnífico

Instrucciones Escribe la palabra del recuadro que mejor complete cada oración.

parka

6. Me puse mis botas y mi _____ para salir a la nieve.

aparejos

7. Tim puso sus _____ de pesca en la camioneta de su papá.

sauce

8. Nos sentamos cerca del lago bajo un enorme _____ .

tirón

9. Jassy arrancó de un _____ toda la maleza.

esplendito

10. Fue un día _____ para ir de excursión.

Escribe un cuento

En una hoja de papel aparte, escribe un cuento sobre un niño o una niña que se va de pesca. Usa el mayor número posible de palabras del vocabulario.

Actividad para la casa Su niño o niña identificó y usó palabras del vocabulario de *La pesca de Kumak*. Jueguen un juego en el cual se turnen para hacer mímica de una acción que involucre una palabra de vocabulario. Por ejemplo, ponerse una parka.

Oraciones enunciativas e interrogativas

Una oración que dice algo es una **oración enunciativa** o **enunciado.** Una oración que busca una respuesta es una **oración interrogativa** o **pregunta.**

Enunciado Kumak y su familia salen a pescar.

Pregunta ¿Crees que tendrán suerte?

Los enunciados comienzan con letra mayúscula y acaban en punto. Las preguntas comienzan con mayúscula y se escriben entre signos de interrogación.

Instrucciones Copia cada oración agregando la puntuación correcta. Escribe *E* si es un enunciado y *P* si es una pregunta.

1. Quién va en el trineo

_____

2. La pesca es buena en primavera

_____

3. Cuándo es el mejor momento para pescar

_____

Instrucciones Vuelve a ordenar los enunciados para convertirlos en preguntas. Copia las nuevas oraciones usando las mayúsculas y la puntuación correctas.

4. Las ballenas prefieren las aguas profundas.

_____

5. Hoy es un buen día para la pesca.

_____

Actividad para la casa Su niño o niña estudió los enunciados y las preguntas. Pídale que se invente un enunciado y una pregunta sobre un animal que le guste.

Plurales terminados en -s, -es, -ces

Rimas Usa una palabra de ortografía que rime con la palabra subrayada.

Palabras de ortografía

cortas
audaces
juntos
pinceles
azules
peces
hoyos
pantalones
~~vueltas~~
lápices
útiles
noches
relojes
felices
gorros

1. En esa oración los tres <u>puntos</u> iban _____.

2. La entrada tenía <u>puertas</u> que daban _Vueltas_

3. Los _____ daban color a los <u>claveles</u>.

4. Era un grupo de chicos <u>capaces</u> y _____.

5. Me gustan las _____ para andar en <u>coche</u>.

6. Los <u>tapices</u> mostraban rostros _____.

1. _____   2. _____

3. _____   4. _____

5. _____   6. _____

Completar Escribe la palabra de ortografía que completa cada oración.

7. Usaron los _____ para escribir el dictado de la maestra.   7. _lapices_

8. Los _____ nadaban graciosamente de un lado para otro.   8. _____

9. El martillo y la sierra son herramientas _____.   9. _____

10. Los _____ de corte ancho estuvieron muy de moda.   10. _____

11. Hay _____ muy antiguos que aún funcionan.   11. _____

12. Los _____ le apretaban la cabeza.   12. _____

13. Los _____ en la carretera dañaron las ruedas.   13. _____

14. Las banderas eran _____ y blancas.   14. _____

15. Las vacaciones nos parecieron _____.   15. _____

Actividad para la casa Su niño o niña está aprendiendo plurales terminados en -s, -es, -ces. Díctele oraciones con las palabras de la lista y pídale que las encierre en un círculo.

© Pearson Education, Inc., 3

Título _____

A. _____

   1. _____

   2 _____

   3. _____

B. _____

   1. _____

   2. _____

   3. _____

C. _____

   1. _____

   2. _____

   3. _____

Vocabulario • Diccionario / Glosario

- A veces, vas a encontrarte con palabras que no conoces. Puedes usar un **diccionario** o un **glosario** para buscar el significado de una palabra desconocida.

- Un **glosario** tiene los significados de palabras importantes en un libro. Un **diccionario** tiene los significados de muchas palabras. Ambos tienen las palabras en orden alfabético.

---

caribú *s. m.* Mamífero parecido al reno que vive en el norte de América del Norte.

inuit *s.* Grupo de personas que viven en las regiones árticas de Canadá y Groenlandia.

kayak *s. m.* Embarcación parecida a la canoa, usualmente hecha para una persona.

mukluks *s. m.* Botines suaves, hechos originalmente de piel de reno o foca.

paciente *adj.* Capaz de esperar o soportar sin molestarse.

tendón *s. m.* Fibra gruesa que une los músculos a los huesos.

Instrucciones Cada oración tiene una palabra subrayada. Usa las entradas del diccionario de arriba para hallar su significado. Escribe el significado de la palabra en la línea.

1. Los <u>inuit</u> cazan y pescan en las regiones árticas.

_____

2. Una persona tiene que ser muy <u>paciente</u> para tener éxito pescando en el hielo.

_____

3. Me gusta usar mi <u>kayak</u> en el lago.

_____

4. Cuando pescaba en el hielo, un hombre inuit usaba sus <u>mukluks</u> hechos de piel de foca.

_____

5. Las mujeres inuit cocían usando un <u>tendón</u> como hilo.

_____

6. La carne de <u>caribú</u> era un alimento importante para los inuit.

_____

Actividad para la casa Su niño o niña usó ejemplos de entradas de diccionario para aprender el significado de palabras desconocidas. Lea un cuento con su niño o niña. Usen un diccionario para buscar el significado de palabras desconocidas mientras leen.

Nombre _____

Glosario

- A veces, encuentras una palabra que no conoces. Puedes usar un **glosario** para buscar el significado de la palabra desconocida.

- Un **glosario** tiene los significados de palabras importantes en un libro. Usualmente, está en la parte de atrás de un libro. Las palabras están en orden alfabético.

Instrucciones Estudia el siguiente ejemplo de una página de glosario. Luego, úsalo para contestar las preguntas.

remates • telescopio

remates *s. m.* Varios puestos de venta improvisados.
sabiduría *s. f.* Conocimiento que se obtiene a través de la experiencia y los estudios.
sauce *s. m.* Árbol alto con ramas largas y colgantes.
sobrevivir *v.* Vivir con muchas dificultades y pocos recursos.
tejedor *s. m.* Persona que teje.

1. ¿Cuáles son las palabras guía en esta página?_____

2. ¿Estaría la palabra *ramitas* en esta página? ¿Cómo lo sabes?

_____

3. Las abreviaturas *s. m.* quieren decir *sustantivo masculino*. ¿Qué palabras son sustantivos masculinos? _____

4. ¿Dónde está generalmente el glosario en un libro? _____

5. ¿Crees que esta sección del glosario está al principio o al final del glosario? ¿Por qué?_____

_____

6. Escribe el significado de la palabra *sobrevivir*:

_____

7. ¿Qué palabra es sinónimo de *conocimiento*?

_____

Plurales terminados en -s, -es, -ces

Corrige una nota de invitación Encierra en un círculo las cuatro palabras mal escritas en la nota. Escribe las palabras y todas las oraciones correctamente sobre las líneas.

> Querido Marcos:
>
> Estamos felises de invitarte a nuestra fiesta de cumpleaños. Haremos una gran fiesta con juegos muy divertidos. Mamá compró lapices para dibujar y pinzeles para colorear jutos. Te esperamos.
>
> Tus amigos,
> Pedro y Jorge

1. _____	2. _____
3. _____	4. _____
5. _____	

_____

_____

_____

Buscar palabras Encierra en un círculo la palabra de ortografía de cada oración. Escribe la palabra sobre la línea.

6. La regla y el compás son útiles para hacer planos.

7. Las ardillas comían nueces en el patio.

8. Con los anteojos se veían las casas a lo lejos.

9. Me puse los pantalones que me regaló mi papá.

10. Eran animales muy voraces.

11. Las distancias eran cortas y pudimos llegar a tiempo.

12. Los alpinistas demostraron ser muy audaces.

Palabras de ortografía

cortas
audaces
juntos
pinceles
azules
peces
hoyos
pantalones
vueltas
lápices
útiles
noches
relojes
felices
gorros

Palabras con ortografía difícil

voraces
anteojos
nueces

6. _____

7. _____

8. _____

9. _____

10. _____

11. _____

12. _____

Actividad para la casa Su niño o niña está aprendiendo a identificar y corregir plurales terminados en -s, -es, -ces. Pídale a su niño o niña que escriba un aviso usando la mayor cantidad de palabras de ortografía y palabras con ortografía difícil.

© Pearson Education, Inc., 3

La pesca de Kumak

Oraciones enunciativas e interrogativas

Marca la oración que está escrita correctamente.

1 ¿Cuál es la oración correcta?

- ⬭ en primavera los días son largos
- ⬭ En primavera los días son largos.
- ⬭ en primavera los días son largos?

2 ¿Cuál es la oración correcta?

- ⬭ Son los peces los que jalan de esa manera?
- ⬭ ¿son los peces los que jalan de esa manera?
- ⬭ ¿Son los peces los que jalan de esa manera?

3 ¿Cuál es la oración correcta?

- ⬭ Puso sus aparejos en el trineo.
- ⬭ puso sus aparejos en el trineo?
- ⬭ Puso sus aparejos en el trineo

4 ¿Cuál es la oración correcta?

- ⬭ aún está duro el hielo
- ⬭ ¿Aún está duro el hielo?
- ⬭ Aún está duro el hielo?

5 ¿Cuál es la oración correcta?

- ⬭ Es el pez más grande del mundo?
- ⬭ es el pez más grande del mundo.
- ⬭ Es el pez más grande del mundo.

Actividad para la casa Su niño o niña se preparó para tomar un examen de enunciados y preguntas. Lean juntos un cuento. Pídale que identifique enunciados y preguntas en el cuento.

Separación en sílabas

Instrucciones Combina las **sílabas** que están entre paréntesis para formar la palabra que completa cada oración. Luego escribe la palabra.

naranja **1.** Todas las mañanas tomo jugo de (ja/na/ran).

creza **2.** También como pan con mermelada de (za/re/ce).

durazno **3.** A veces, como cereal con trozos de (raz/no/du).

Bicicleto **4.** Me voy en (cle/bi/ta/ci).

Tarde **5.** De ese modo, nunca llego (de/tar).

Instrucciones Escribe las sílabas que forman cada palabra.

6. tararean = an + re + ra + Ta

7. refrigerada = da + ra + fri + je + re

8. brillante = ante + ill + br

Actividad para la casa Su niño o niña combinó sílabas para formar palabras y también separó otras palabras en sílabas. Hagan una lista de diez palabras. Luego, pídale que separe esas palabras en sílabas.

Comparar y contrastar

- **Comparar** es mostrar en qué se parecen dos cosas.

- **Contrastar** es mostrar en qué se diferencian dos cosas.

Instrucciones Lee el siguiente texto. Luego sigue las instrucciones.

Tatiana no quería ir al supermercado con su abuelo, pues prefería quedarse mirando televisión.

—Vamos, Tatiana —le dijo el abuelo—. Verás que ir al supermercado puede ser muy interesante.

La niña no estaba convencida, pero fue por complacer a su abuelito.

—Mira —le dijo el abuelo al entrar—, aquí podemos comprar todo lo que necesitamos para la semana. Pero cuando yo era niño, en Costa Rica, íbamos a la carnicería a comprar carne y salchichas, y a la pescadería a comprar mariscos. Y la leche la traía el lechero bien temprano en la mañana. ¡Ah!, y las verduras las comprábamos en un mercado campesino.

En aquella época comprábamos productos más frescos. Además, como no teníamos refrigerador, comprábamos lo que necesitábamos para el día. Una cosa sí me gusta de los supermercados, y es que hoy en día puedes encontrar comidas de muchos lugares que antes era difícil encontrar: manzanas de California, aguacates de México, plátanos del Ecuador, ¡hasta flores de Colombia! Hoy en día un inmigrante como yo puede seguir comiendo las comidas de su país como si nunca se hubiera ido.

—Abuelito, es verdad que venir contigo al supermercado es muy interesante —le dijo su nieta sonriendo.

Instrucciones Usa el diagrama de Venn para comparar cómo se compraba la comida antes y ahora.

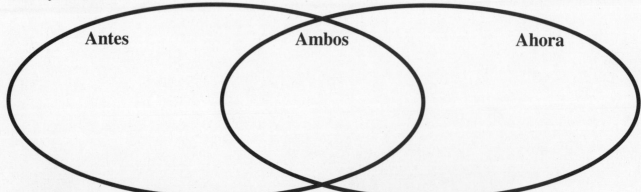

Antes   Ambos   Ahora

© Pearson Education, Inc., 3

Actividad para la casa Su niño o niña comparó y contrastó cómo las familias compraban los alimentos antes y ahora. Lea un artículo o mire un programa de televisión con su niño o niña. Elijan dos actividades o procesos y compárenlos.

Nombre _____

Mi lugar favorito para ir de compras

Nuestra tienda local de artículos de segunda mano recauda dinero para el Hospital Infantil. La gente lleva artículos que ya no necesita o quiere y la tienda los vende a un precio razonable. ¡Es el lugar ideal para mí!

A veces veo un juego que he querido tener pero por el que no he querido pagar $15 por el. Otras, encuentro un fantástico par de *jeans* que apenas ha sido usado. Mamá siempre encuentra algo para alegrar la casa. Una vez halló una pintura roja brillante. En otra ocasión encontró una alta lámpara rectangular. "Dejen sus carteras en casa", dice Papá cuando nos ve salir hacia la tienda.

A la dueña de la tienda le gusta encender velas. Toda la tienda huele a vainilla. ¡Huele delicioso! Mientras estás en la tienda puedes oír el sonido de la caja registradora y a la gente hablando sobre cosas que comprar. La tienda de artículos de segunda mano es un gran lugar donde gastar mi dinero.

Me pregunto si en todas las ciudades hay tiendas de segunda mano. ¡Estoy tan contento de que en la nuestra la haya!

Características clave de una descripción
- emplea el lenguaje sensorial
- incluye detalles importantes
- crea una imagen en la mente del lector

1. Escribe tres palabras o frases sensoriales de la selección.

_____

2. ¿Cuántas oraciones exclamativas hay en la selección? ¿Cómo lo sabes?

_____

Nombre _____

Vocabulario

Marca las palabras que conoces

___departamentos   ___intercambiaban   ___sección
___escáner   ___lácteos   ___tienda
___estantes   ___miles   ___variedad

Instrucciones Relaciona la palabra con su definición. Haz una línea para unir cada palabra con su definición:

1. escáner   productos que vienen de la leche

2. lácteos   piezas delgadas de madera, vidrio u otro material colocadas horizontalmente en un mueble o en una pared para poner cosas encima

3. estantes   cambiaban unas cosas por otras; hacían trueques

4. variedad   aparato que procesa imágenes y las traduce en señales eléctricas

5. intercambiaban   conjunto de cosas diversas

Instrucciones Escoge la palabra del recuadro que mejor complete cada oración. Escribe la palabra en la línea.

6. Los grandes supermercados están divididos en _____.

7. En la _____ de verduras están la lechuga y la espinaca.

8. En un supermercado hay una gran _____ de frutas.

9. Parecía que había _____ de carros en el estacionamiento.

10. En la _____ de mi barrio venden velas.

Haz una lista de compras

En una hoja de papel aparte, haz una descripción de un viaje al supermercado y una lista de lo que compraste. Incluye productos de diferentes secciones del supermercado. Usa el mayor número posible de palabras del vocabulario.

Actividad para la casa Su niño o niña identificó y usó palabras del vocabulario de la selección *Supermercado*. Hablen de su supermercado local y de las cosas que ustedes compran allí. Anímelo a usar palabras del vocabulario en la conversación.

Oraciones imperativas y exclamativas

Una oración que expresa emociones fuertes es una **oración exclamativa** o **exclamación**. Una oración que le dice a alguien que haga algo es una **oración imperativa** o **mandato**.

Exclamación	¡Qué frutas más apetitosas hay en la frutería!
Mandato	Deme dos panes de semillas y cuatro rosquillas.

Las exclamaciones expresan emociones fuertes como sorpresa, enojo o entusiasmo. Comienzan con mayúscula y se escriben entre signos de exclamación. Algunos mandatos comienzan con *por favor* y acaban en punto. Otros se dicen con mucha fuerza o entusiasmo y entonces se escriben entre signos de exclamación.

El sujeto de un mandato es *tú, usted* o *ustedes*. Ese sujeto no se escribe ni se dice, pero se entiende.

Instrucciones Copia las oraciones con la puntuación correcta. Escribe *E* si se trata de una exclamación y *M* si es un mandato.

1. por favor, córteme media libra de jamón

_____

2. Qué comida más rica

_____

Instrucciones Usa una de las palabras del recuadro para completar cada mandato o exclamación. Copia las oraciones con la puntuación correcta.

Qué	Ve	Abre	Cómo

3. _____ al supermercado después de la escuela

_____

4. _____ me gusta el helado de chocolate

_____

Actividad para la casa Su niño o niña estudió las exclamaciones y los mandatos. Pídale que diga una exclamación y un mandato sobre comida.

Separación en sílabas

Rimas Escribe sobre la línea una palabra de ortografía que rime con la palabra subrayada.

Palabras de ortografía

1. Por la ventana se <u>asoma</u>.   _____

2. El oso mostraba sus <u>garras</u>.   _____

3. Los <u>perritos</u> eran muy graciosos.   _____

4. Le encanta la carne de <u>pollo</u>.   _____

5. Me divertí en los <u>carnavales</u>.   _____

6. Los dibujos eran una <u>maravilla</u>.   _____

7. El <u>gallo</u> canta al amanecer.   _____

carritos
repollo
barras
carretera
partido
poncho
palmera
generales
pera
toronja
orilla
caballo
aroma
durazno
cereza

Claves del contexto Escribe la palabra de ortografía que falta.

8. El _____ estuvo muy entretenido.

9. El _____ que traje de Perú es muy bonito.

10. Carlos sembró una _____ en el jardín.

11. El _____ es mi fruta favorita.

12. La _____ parecía peligrosa.

13. La naranja es un cítrico y la _____ también.

14. De postre pediré una _____ en almíbar.

15. Fresa rima con _____.

Escuela + Hogar   **Actividad para la casa** Su niño o niña está escribiendo palabras divididas en sílabas. Pídale que encierre en un círculo las sílabas de las palabras de ortografía.

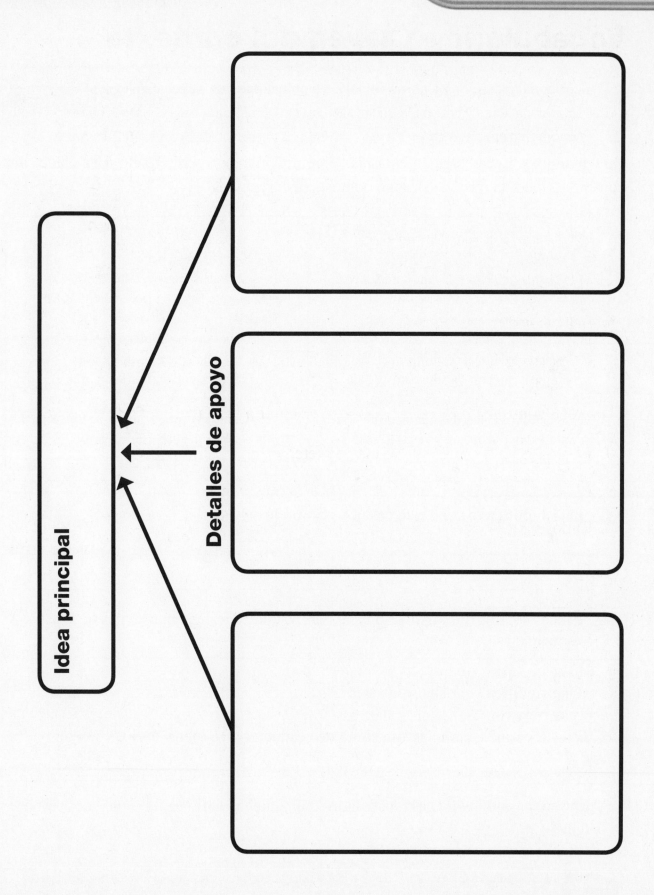

Idea principal

Detalles de apoyo

Vocabulario • Claves del contexto

- Los homógrafos son **palabras de varios significados** que se escriben igual.
- Usa las palabras y oraciones que rodean al homógrafo para hallar su significado.

Instrucciones Lee el siguiente pasaje sobre un viaje al supermercado. Usa claves del contexto a medida que lees. Luego contesta las preguntas.

S ara, estoy lista para salir —dijo la Sra. Sanders.

—Me alegro de que vayamos a Shopper Mart —dijo Sara, mientras se subía al carro—. Necesito varias cosas para un proyecto de la escuela.

Cuando llegaron al supermercado, la madre fue a comprar los alimentos y Sara fue a la sección de papelería. Allí eligió varias cartulinas blancas y pintura café.

Sara vio que su madre ya estaba en la fila de la caja.

—Veo que compraste muchas frutas —le dijo Sara a su mamá.

—Sí, espero que tu padre se coma la piña porque le hace bien —le dijo la Sra. Sanders.

Después de pagar, juntaron las bolsas.
—Lleva solamente esas dos bolsas —le dijo la Sra. Sanders a Sara—. Pesan el doble que las demás.

—Como tú digas, mamá —le dijo Sara. Juntas llevaron las bolsas al carro.

1. ¿Qué significa *lista* en este pasaje? ¿Cómo lo sabes?

_____

_____

2. ¿Cuáles son los dos significados de *café*? ¿Qué significa en este pasaje?

_____

3. ¿Que significa *caja* en este pasaje?_____

4. En este pasaje, ¿*coma* es "un signo de puntuación" o viene "del verbo comer"?

_____

5. En este pasaje, ¿*doble* es una palabra que "indica cantidad" o viene "del verbo doblar"?

_____

© Pearson Education, Inc., 3

Actividad para la casa Su niño o niña usó las claves del contexto para entender los homógrafos. Dele oraciones con homógrafos como *frente* (la parte de la cara / estar al frente de algo) o *peso* (volumen de algo / moneda en muchos países). Pídale que use claves del contexto para hallar el significado de cada homógrafo.

Nombre _____

Pictografías

Las **gráficas** te ayudan a comparar información. Las **pictografías** usan ilustraciones y símbolos.

Instrucciones La Sra. López es dueña de una tienda de frutas y vegetales. La pictografía de abajo muestra cuántas libras de cada fruta vendió en un día la semana pasada. Usa la pictografía para contestar las preguntas.

plátanos 8	🍌🍌🍌🍌🍌🍌🍌🍌
manzanas 6	🍎🍎🍎🍎🍎🍎
naranjas 5	🍊🍊🍊🍊🍊
fresas 10	🍓🍓🍓🍓🍓🍓🍓🍓🍓🍓
uvas 5	🍇🍇🍇🍇🍇
peras 4	🍐🍐🍐🍐

Cada símbolo representa 1 libra de frutas.

1. ¿Cuántas libras de frutas representa cada símbolo? _1 libra_

2. ¿Cuántas libras de manzanas vendió la Sra. López? _6 lbs_

3. ¿Cuál fue la fruta que más vendió? _fresa_

4. ¿Vendió la Sra. López más libras de uvas o de manzanas? _manzanas_

5. ¿Cuántas libras de naranjas vendió la Sra. López? _5 lbs_

Actividad para la casa Su niño o niña contestó preguntas al interpretar la información de una pictografía. Pida a su niño o niña que lleve la cuenta de cuántas horas juega al aire libre durante una semana. Luego, pídale que haga una pictografía para mostrar los resultados.

Separación en sílabas

Corrige un informe Encierra en un círculo las cinco palabras mal escritas. Escríbelas correctamente sobre las líneas.

> A oriya de la caretera vendían todo tipo de frutas. Paramos y compré una seresa, una toronca y un durasno.

1. _____

2. _____

3. _____

4. _____

5. _____

Palabras de ortografía

carritos
repollo
barras
carretera
partido
poncho
palmera
generales
pera
toronja
orilla
caballo
aroma
durazno
cereza

Palabras con ortografía difícil

variedad
cereal
paquete

Corrige palabras Encierra en un círculo la palabra destacada que está bien escrita. Escríbela sobre la línea.

6. El **cabayo cavallo caballo** tenía una crin hermosa.

7. Las instrucciones eran muy **jenerales generales yenerales**.

8. El **repollo repoyo repoxo** es un buen alimento.

9. Me encantan las **varras baras barras** de dulce de guayaba.

10. El **aroma haroma arroma** del café me despierta por la mañana.

6. _____

7. _____

8. _____

9. _____

10. _____

Escuela + Hogar

Actividad para la casa Su niño o niña está aprendiendo a dividir palabras en sílabas. Pídale que encierre en un círculo las sílabas de las palabras de ortografía.

Oraciones imperativas y exclamativas

Marca la(s) palabra(s) que completa(n) el tipo de oración indicado entre ( ).

1 _____ verduras más apetitosas!
(exclamativa)

◯ ¡Qué

◯ qué

◯ ¡qué

2 Por favor, dígame dónde están los _____
(imperativa)

◯ Cereales.

◯ cereales.

◯ Cereales!

3 _____ media docena de huevos.
(imperativa)

◯ póngame

◯ ¿Póngame

◯ Póngame

4 _____ comida hay en esta tienda!
(exclamativa)

◯ ¿Cuánta

◯ cuánta

◯ ¡Cuánta

5 Dígame cuánto cuesta, _____
(imperativa)

◯ Por favor

◯ por favor.

◯ ¿Por favor?

Actividad para la casa Su niño o niña se preparó para tomar un examen de exclamaciones y mandatos. Pídale que le escriba una carta sobre una visita al supermercado que contenga un mandato y una exclamación. Dígale que identifique los distintos tipos de oraciones.

/r/ y /rr/ escrito *r* y *rr*

Instrucciones Lee las palabras del recuadro. Lee cada una de las pistas de la primera columna. Luego escribe la palabra con **r** suave, escrita como en *pera*, que corresponda a esa definición.

erosión	aroma	caracol
áspera	periquito	

1. Es un molusco. _caracol_

2. Es un olor. _aroma_

3. Es el desgaste de la superficie terrestre. _erosión_

4. Es una textura. _áspera_

5. Es un ave de muchos colores. _periquito_

Instrucciones Encierra en un círculo la palabra que tenga el sonido **r** fuerte escrito como en *arroyo*. Luego, escribe la palabra sobre la línea.

6. Mi perro se llama Roco.

cachorro

7. Es un maravilloso cachorro.

ahorré

8. Lo compré cuando ahorré dinero.

barro

9. Le encanta meterse en el barro.

arroz

10. Es un poco raro porque sólo come arroz.

Escuela + Hogar

Actividad para la casa Su niño o niña identificó palabras con el sonido *r* suave escrito entre vocales y con el sonido *r* fuerte escrito con *rr*. Juntos, lean un cuento y busquen diez palabras con esos sonidos. Pídale que escriba las palabras.

Propósito del autor

- El **propósito del autor** es la razón por la cual un autor escribe algo. Algunas razones son persuadir, informar, entretener y expresar ideas y sentimientos.
- Es posible que diferentes partes de un escrito tengan **propósitos distintos**.

Instrucciones Lee el siguiente texto. Luego, contesta las preguntas.

Una noche a fines de febrero, sonó el teléfono y Ania, respondió al instante.

—No se preocupe, yo le avisaré a todos los padres de la clase —la escuchó decir su hijo. Después Ania se volvió hacia él y le dijo sonriendo:

—Tomás, vete a la cama. Tengo que hacer unas llamadas.

Desde su cama, Tomás escuchó que su madre hablaba por teléfono en la cocina, pero no lograba entender lo que decía. Cuando su madre subió al cuarto, le dijo:

—Te tengo una sorpresa, pero no te lo puedo decir hasta mañana.

Tomás se durmió soñando con un tren de juguete eléctrico que le había pedido a sus padres hacía dos semanas.

Al otro día, Tomás se despertó, miró el reloj, y se dio cuenta que era tarde. ¡Perdería su autobús!

—¡Mamá, mamá! —gritó—. ¡Se nos ha hecho tarde!

—No te preocupes —le dijo su mamá entrando al cuarto—. Mira por la ventana para que veas tu sorpresa.

Tomás corrió la cortina y de pronto se dio cuenta: todo estaba cubierto de una gruesa capa de nieve.

—Suspendieron las clases, Tomás. Creo que hoy vas a necesitar estos zapatos —le dijo ella sonriendo mientras le entregaba sus botas de nieve.

1. ¿Por qué el autor nos dice que Tomás se durmió pensando en el tren de juguete que quería comprar?

_____

_____

5. ¿Crees que el autor probablemente escribió este relato para informar o entretener? Explica tu respuesta.

_____

_____

© Pearson Education, Inc., 3

Actividad para la casa Su niño o niña respondió preguntas acerca del propósito del autor. A veces los autores tienen más de un propósito para escribir algo. Pueden escribir para entretener, para informar, para expresar ideas y sentimientos o para persuadir. Cuando esté leyendo con su niño o niña, haga una pausa en la lectura y pregúntele cuál es el propósito del autor. Nombre las cuatro razones anteriores si necesita ayuda.

Nombre _____

Aspirar a alcanzar la luna

Todas las mañanas, mi mamá me da dinero para comprarme el almuerzo en la escuela. Me da más dinero del que yo necesito, y ella lo sabe. Por eso, suelo comprarme algo rico para comer después de la escuela. De esa forma, gasto todo el dinero que tengo.

Ayer vi una luna por control remoto y me gustaría comprarla para mi habitación. Mi mamá dijo: Guarda el dinero para comprártela. Así que, ¡se acabaron las golosinas para mí! En vez de eso, lo que haré será guardar en el banco el dinero que solía gastar en golosinas. También puedo emplear el dinero que Abuelo me dio para mi cumpleaños. Me dijo que lo usase para comprar alguna cosa que de verdad quisiera.

Creo que me divertiré mucho con esa luna, y para conseguirla voy a renunciar a las golosinas que me compraba.

1. Encuentra los personajes en el modelo. Traza una caja alrededor de cada uno. ¿Qué relación hay entre ellos?

_____

2. Describe la secuencia de sucesos del cuento.

Principio: _____

_____

_____

Medio: _____

_____

Final: _____

_____

3. Escribe el número 1 al lado del principio del cuento, el número 2 al lado del medio y el número 3 al lado del final.

Nombre _____

Vocabulario

Marca las palabras que conoces

___ desenvolvía   ___ peligrosamente
___ mandados   ___ sostenía
___ mercado   ___ tambaleaba
___ montones

Instrucciones Escribe en el espacio en blanco la palabra del recuadro que corresponda con el significado de la oración.

1. Mi hermano _sostenía_ la escalera mientras mi padre subía.

2. Yo me _tambaleaba_ cuando aprendí a montar en bicicleta.

3. Él _desenvolvía_ la caja mientras sus amigos lo miraban.

4. Hizo unos _mandados_ para ayudar a su abuela.

5. Puse mi colección de tarjetas en _montones_ sobre la mesa.

Instrucciones Haz una línea para unir cada palabra con su definición.

6. peligrosamente   lugar donde se venden y se compran cosas

7. mercado   se movía a un lado y a otro

8. mandados   sujetaba para que no se cayera

9. sostenía   sin seguridad

10. tambaleaba   viajes cortos para hacer algo

Escribe un aviso

En una hoja de papel aparte, escribe un aviso de trabajo en el que una persona busca un estudiante para que trabaje después de la escuela. Describe el trabajo y cuánto paga. Usa el mayor número de palabras del vocabulario posible.

Actividad para la casa Su niño o niña identificó y usó palabras del vocabulario de la selección *Mis hileras y pilas de monedas.* Lean un cuento sobre un estudiante que consigue un trabajo. Comenten el cuento usando las palabras del vocabulario de esta lección.

© Pearson Education, Inc., 3

Oraciones compuestas

Las oraciones se pueden combinar para mejorar el ritmo de un texto y mostrar la relación entre las ideas. Una **oración simple** tiene un sujeto y un predicado. Si unimos dos oraciones simples con palabras como *y, o* o *pero,* formamos una **oración compuesta.**

Oración simple	Yo quería una bicicleta.
Oración simple	Me la regalaron.
Oración compuesta	Yo quería una bicicleta y me la regalaron.

Instrucciones Escribe *S* si la oración es simple. Escribe *C* si es compuesta.

1. Las bicicletas son importantes para la gente de algunos países. _____

2. La gente de algunos lugares no tiene carro. _____

3. Van en bicicleta al trabajo y también van en ella a comprar. _____

4. Las bicicletas no contaminan, pero los carros sí lo hacen. _____

Instrucciones Elige una de las palabras entre ( ) para combinar cada par de oraciones simples. Copia la nueva oración compuesta debajo.

5. Marta sube la cuesta en bicicleta. No es fácil. (pero, o)

_____

6. Marta se lastimó la rodilla. Se golpeó la cabeza. (o, y)

_____

7. Ahora, Marta puede ir a la escuela. También puede ir al parque. (y, pero)

_____

_____

© Pearson Education, Inc., 3

Actividad para la casa Su niño o niña estudió las oraciones compuestas. Diga dos oraciones simples y pídale que las combine para formar una oración compuesta.

Nombre _____

Palabras con *r* y *rr*

Clasificar Escribe la palabra de ortografía que pertenece a cada grupo.

1. becerro, chivo, _____

2. guardarropa, tocador, _____

3. trigo, cebada, _____

4. competencia, torneo, _____

5. timbal, tambor, _____

6. lloraban, cantaban, _____

1. _____ 2. _____

3. _____ 4. _____

5. _____ 6. _____

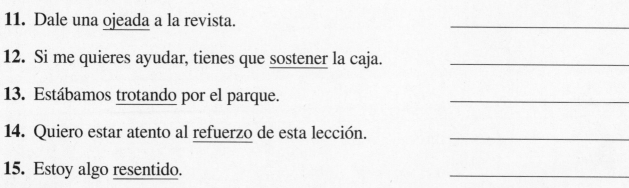

Palabras de ortografía
áspera
borrego
ropero
arroz
barrer
mirada
regalar
tuviera
repaso
carrera
dolorido
derecho
corriendo
maraca
agarrar

Significados de palabras Usa una palabra de ortografía que tenga un significado similar al de la expresión subrayada.

7. La madera <u>no es suave</u>. _____

8. Voy a <u>limpiar</u> el patio. _____

9. Te voy a <u>obsequiar</u> algo. _____

10. El camino es <u>recto</u>. _____

11. Dale una <u>ojeada</u> a la revista. _____

12. Si me quieres ayudar, tienes que <u>sostener</u> la caja. _____

13. Estábamos <u>trotando</u> por el parque. _____

14. Quiero estar atento al <u>refuerzo</u> de esta lección. _____

15. Estoy algo <u>resentido</u>. _____

Actividad para la casa Su niño o niña está escribiendo palabras con *rr* y *r*. Díctele palabras de la lista y pídale que diga si el sonido /r/ es fuerte o suave.

Guía para calificar: Escritura para exámenes: Ficción realista

Características de la escritura	4	3	2	1
Enfoque/Ideas	Narración viva, personajes bien desarrollados y ambiente real	Buena narración con adecuada caracterización y ambiente	Falta de enfoque en la narración, personajes y ambiente son algo irreales	No hay enfoque en los personajes ni en el ambiente, irreal
Organización	Clara secuencia de sucesos	Habilidad de seguir una secuencia de sucesos	Poca claridad en la secuencia de sucesos	No hay secuencia en los sucesos
Voz	Voz va a la par con el lenguaje	Voz va a la par con el lenguaje la mayoría del tiempo	Voz va a la par con el lenguaje pocas veces	Voz nunca va a la par con el lenguaje
Lenguaje	Uso eficaz de palabras precisas	Uso de palabras precisas	Pobre uso de palabras precisas	No usó palabras precisas, la narración es monótona
Oraciones	Usa oraciones claras de tipos y longitud variados	Oraciones de pocos tipos y longitud	Oraciones de similar tipo y longitud	No hay variedad en la longitud y tipo de oraciones
Normas	Pocos errores o ninguno, uso apropiado de oraciones compuestas	Varios errores pequeños, uso de oraciones compuestas	Muchos errores, poco uso de oraciones compuestas	Numerosos errores graves, uso incorrecto de oraciones compuestas

Vocabulario • Estructura de las palabras

- Algunas veces, vas a encontrar palabras que no conoces. Fíjate si la palabra tiene un **prefijo** al principio o un **sufijo** al final que te ayuden a hallar el significado.

- El **prefijo** *des-* indica "lo opuesto a algo" o "una negación". Por ejemplo, *desabrigado* significa "que no está abrigado".

- El **sufijo** *-mente* indica "la manera en que se realiza algo". Por ejemplo, *lentamente* significa "de una manera lenta".

Instrucciones Lee cada oración. Una palabra de cada oración está subrayada. Encierra en un círculo el prefijo *des-* o el sufijo *-mente* en cada palabra. Luego encierra en un círculo el significado correcto de la palabra

1. Agarré mis monedas <u>fuertemente</u> en el bolsillo.
   con fuerza   sin fuerzas

2. Cuando vio los resultados, quedó muy <u>desilusionado</u>.
   sin ilusión   llorando

3. El niño se detuvo <u>peligrosamente</u> frente al precipicio.
   de manera peligrosa   con tranquilidad

4. Ana <u>desenvolvía</u> los regalos con mucha curiosidad.
   les quitaba la envoltura   los dejó sin abrir

5. Cuando reconoció a su vecino, corrió <u>rápidamente</u> a saludarlo.
   de manera nerviosa   a toda velocidad

6. Las naranjas estarán <u>completamente</u> maduras en unos días.
   sin terminar   de manera terminada

7. Debemos <u>descargar</u> el camión.
   llenarlo   sacar la carga

8. Las hojas de los árboles <u>desaparecieron</u> cuando llegó la nieve.
   sin hojas   con muchas hojas

© Pearson Education, Inc., 3

Actividad para la casa Su niño o niña usó prefijos y sufijos para hallar el significado de ciertas palabras. Lean juntos un cuento sobre una persona que consigue un trabajo de medio tiempo para ganar dinero. Anímelo a buscar palabras con prefijos y sufijos, y a usarlos para hallar el significado de palabras desconocidas.

Usar una computadora

Una **computadora** es una herramienta que puedes usar para aprender. La puedes usar para investigar, visitar sitios Web o enviar correos electrónicos. Algunas personas la usan para llevar un diario en línea, o blog, que otras personas pueden leer. Puedes usar una computadora para escribir un informe o un cuento.

Para escribir, usas el **teclado**. Usas la **pantalla** para ver lo que escribes.

El **ratón** te ayuda a moverte en la pantalla.

El **cursor** te muestra dónde estás en la pantalla.

Si usas un CD o un DVD, lo pones dentro de una ranura en la **disquetera**. Podrías jugar o escuchar música.

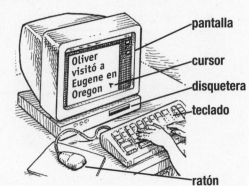

La computadora se usa para tener acceso a internet. **Internet** es una red inmensa de computadoras. A través de Internet las personas de todo el mundo intercambian mensajes e información.

Instrucciones Lee la información de arriba y estudia el diagrama. Luego, contesta las preguntas.

1. ¿Qué parte de la computadora te ayuda a moverte en ella?

_____

2. ¿Qué parte usas para escribir?

_____

3. ¿Qué hace el cursor?

_____

4. ¿Para qué sirve la ranura en la disquetera?

_____

5. Nombra tres cosas para las cuales se usa una computadora.

_____

_____

_____

© Pearson Education, Inc., 3

Escuela + Hogar

Actividad para la casa Su niño o niña estudió el diagrama de una computadora y respondió preguntas. En casa o en la biblioteca, investiguen juntos algunas de las cosas para las que se usan las computadoras, cómo se usan el teclado y el ratón, y algunos sitios Web para niños.

Palabras con *r* y *rr*

Corrige un informe Encierra en un círculo las cinco palabras mal escritas. Escribe las palabras correctas sobre la línea.

> **Informe**
>
> Sonia tuvo que barer el cuarto. José estaba a cargo del rropero. Tenían que salir coriendo para encontrarse con su tía. Si se demoraban, ella les daría una nirada de regaño. Y lo peor, no les iba a rejalar nada.

1. _____

2. _____

3. _____

4. _____

5. _____

Corrige palabras Tacha la palabra destacada que está mal escrita. Escríbela correctamente sobre la línea.

6. Ojalá **tuviera** **tubiera** quince años. _____

7. La cáscara de esa fruta es **ásperra** **áspera**. _____

8. Al **rrepaso** **repaso** fuimos todos los de tercer grado. _____

9. Ve **derecho** **derrecho** por esta calle hasta el final. _____

10. Mi mamá prepara muy bien el **arroz** **aroz**. _____

11. Carlos toca muy bien las **marracas** **maracas**. _____

12. El **borrego** **borego** estaba dormido. _____

Palabras de ortografía

borrego
arroz
dolorido
corriendo
tuviera
maraca
derecho
repaso
ropero
barrer
regalar
carrera
mirada
áspera
agarrar

Palabras con ortografía difícil

carretilla
remolcarlo
chirriante

Actividad para la casa Su niño o niña está aprendiendo a identificar y corregir palabras con *rr* y *r*. Pídale que escriba un aviso usando la mayor cantidad de palabras de ortografía y palabras con ortografía difícil.

© Pearson Education, Inc., 3

Oraciones compuestas

Marca las palabras que completan cada oración.

1   Ana va andando _____ va en carro.
   ⬭   al partido, Y David
   ⬭   al partido. y David
   ⬭   al partido y David

2   Hay un sendero en el _____ es corto.
   ⬭   parque, Pero
   ⬭   parque, pero
   ⬭   parque o

3   Puedes ir a la _____ ir a la playa.
   ⬭   montaña o
   ⬭   montaña pero
   ⬭   montaña, Pero

4   Tu bicicleta es _____ es más grande.
   ⬭   nueva o la mía
   ⬭   nueva, pero la mía
   ⬭   nueva, Pero la mía

5   Salgan _____ quédense dentro.
   ⬭   fuera o
   ⬭   fuera y
   ⬭   fuera, pero

© Pearson Education, Inc., 3

Actividad para la casa Su niño o niña se preparó para tomar un examen de oraciones compuestas. Pídale que busque en una revista oraciones compuestas. Luego, pídale que identifique las dos oraciones simples que forman cada oración compuesta y la palabra que las une.

Escuela + Hogar

Palabras con c, k, q

Clasifica y corrige Encierra en un círculo la palabra
destacada bien escrita. Escríbela sobre la línea.

Palabras de ortografía
poquitos
colorado
café
carne
kilo
picoso
corazón
cuento
cocina
aquellos
vaquero
camisa
quedito
chiquitos
kimono

1. A mi mamá le gusta tomar
café cafe kafé por las mañanas. _____

2. Los vegetarianos no comen
karne carne carrne. _____

3. Este chile es más
pikoso picozo picoso que el otro. _____

4. En un hospital se habla en voz
baja o **cedito kedito quedito**. _____

5. Mi tía está casi siempre en la
cocina cosina kocina. _____

6. Recuerdo mucho
acellos akellos aquellos días. _____

Completar Escribe la palabra de ortografía que completa cada oración.

7. Me encantaría probarme un _____.

8. Conseguí unas botas y un sombrero para disfrazarme de _____ para
la obra de teatro.

9. Esa comida es tan picante que me pongo _____ cada vez que la pruebo.

10. _____ niños _____ pudieron mantenerse despiertos
durante el recital.

11. Te puedes indigestar si comes un _____ de cerezas.

12. Ese _____ ya me lo contaron.

13. Intenta no arrugar mucho la _____ de tu papá.

14. Uno de los órganos más importantes del cuerpo es el _____.

Actividad para la casa Su niño o niña está aprendiendo palabras con *c, k, q*. Díctele oraciones con las
palabras de la lista y pídale que las encierre en un círculo.

Oraciones

Instrucciones Copia el grupo de palabras que forma una oración.

1. La gran feria.   El remate está lleno de gente.

_____

2. La Sra. Francisca vende hierbas.   Bajo la lona.

_____

3. Fuimos en carro a la feria.   Clavos, tornillos y herramientas.

_____

4. Me levanté muy temprano.   Nubes en el cielo.

_____

5. Subimos a la camioneta.   La larga carretera.

_____

Instrucciones Decide si cada grupo de palabras es una oración o un fragmento.
Copia las que son oraciones y no te olvides de usar mayúsculas y signos de puntuación.
Si es un fragmento, escribe *F*.

6. la abuela ayuda a mucha gente

_____

7. una alfombra muy decorada

_____

8. la gente compra y vende muchas cosas

_____

9. puestos de toda clase

_____

10. cuadros y bonitas lámparas

_____

© Pearson Education, Inc., 3

Palabras con *b, v*

Palabras de ortografía		
vez	joven	vida
deseaba	buscar	cabra
bella	barato	rumbo
sabio	cabeza	llevó
vencer	venado	bandeja

Cambio de palabras Cambia la palabra clave. Escribe la palabra nueva.

Palabra clave	Cambia	Palabra de la lista
1. pez	**p** por **v**	_____
2. llegó	**g** por **v**	_____
3. beta	**t** por **ll**	_____
4. labio	**l** por **s**	_____
5. vender	**d** por **c**	_____
6. pida	**p** por **v**	_____
7. barata	**a** por **o**	_____
8. bandera	**r** por **j**	_____
9. cobra	**o** por **a**	_____

Completa Usa una palabra de ortografía para completar la oración o reemplazar la expresión subrayada.

10. Ella <u>quería</u> ir a la fiesta. **10.** _____

11. El _____ es un animal de bosque. **11.** _____

12. Las hormigas tienen antenas en su _____. **12.** _____

13. Ese animal aún es _____. **13.** _____

14. El <u>camino</u> es muy largo. **14.** _____

15. Yo me escondo y mi hermanita me va a _____. **15.** _____

Actividad para la casa Su niño o niña está aprendiendo palabras con *b, v*. Pídale que escriba y encierre en un círculo las palabras con *b* o *v* en esta página.

© Pearson Education, Inc., 3

Sujetos y predicados

Instrucciones Subraya el sujeto completo de cada oración.

1. Mamá necesita ayuda en la casa.

2. Mi hermano pequeño necesita cuidado.

3. Cada miembro de la familia necesita algo.

4. Todos nosotros necesitamos de los demás.

5. Cada cual piensa en las necesidades de los demás.

Instrucciones Copia el predicado completo de cada oración.

6. Julia hizo sopa para cenar.

_____

7. Papá y yo lavamos el carro.

_____

8. Mi hermano recoge los juguetes.

_____

9. Cada miembro de la familia tiene su tarea.

_____

10. La vida en casa resulta más agradable de esta forma.

_____

_____

Nombre _____

Plurales terminados en *-s, -es, -ces*

Completa Escribe la palabra de ortografía que completa
la oración.

	Palabras de ortografía
	azules
	noches
	cortas
	gorros
	pantalones
	peces
	pinceles
	lápices
	felices
	audaces
	juntos
	útiles
	relojes
	hoyos
	vueltas

1. Los abrigos y los _____
son muy necesarios en invierno.

1. _____

2. ¿Por qué usas _____ descosidos?

2. _____

3. Compré unos _____ nuevos para
mi clase de Matemáticas.

3. _____

4. Si quieres, podemos ir _____ a
la escuela.

4. _____

5. Mis _____ escolares son los
mismos del año pasado.

5. _____

6. Mi abuelo me enseñó a usar
sus _____ con pintura de agua.

6. _____

7. Los felinos son animales
muy _____.

7. _____

Corregir Encierra en un círculo la palabra de ortografía mal escrita en las oraciones.
Escribe la palabra correctamente en el espacio a la derecha.

8. Se veían muy felises.

8. _____

9. Los pecses en el acuario tienen hambre.

9. _____

10. Las chamarras asules son las que más me gustan.

10. _____

11. Las aves que tienen alas cortaz tienen que moverlas
con mayor rapidez.

11. _____

12. Me gusta leer en las notches de verano.

12. _____

13. Mi papá colecciona reloges de todos tipos.

13. _____

14. ¡Tantas bueltas me marean!

14. _____

15. ¿Ya viste los hollos que hizo en mi patio tu mascota?

15. _____

Actividad para la casa Su niño o niña está aprendiendo a identificar y corregir plurales terminados en *-s,
-es, -ces.* Pídale que escriba un párrafo usando las palabras de ortografía.

© Pearson Education, Inc., 3

Oraciones enunciativas e interrogativas

Instrucciones Escribe *enunciado* si la oración dice algo. Escribe *pregunta* si la oración busca una respuesta.

1. Se fueron a pescar por la mañana. _____

2. ¿Pescaron mucho? _____

3. El lago estaba helado. _____

4. Comieron un poco de pescado. _____

5. ¿Para qué hicieron el agujero? _____

Instrucciones Copia cada oración usando mayúsculas y la puntuación correcta. Escribe *E* si es un enunciado y *P* si es una pregunta.

6. qué comen las focas

_____

7. la vida es extremadamente dura

_____

8. la pesca es su fuente principal de alimento

_____

9. por qué caza focas el oso polar

_____

10. las aguas frías son buenas para la pesca

_____

© Pearson Education, Inc., 3

Nombre _____

Separación en sílabas

Palabras de ortografía

carritos	carretera	palmera	toronja	aroma
repollo	partido	generales	orilla	durazno
barras	poncho	pera	cabello	cereza

Busca palabras Ordena las sílabas. Escribe la palabra sobre la línea.

1. rras ba _____

2. ca te rre ra _____

3. llo po re _____

4. ra pe _____

5. les ne ra ge _____

6. lla ri o _____

7. tos rri ca _____

8. be ca llo _____

Pistas Escribe la palabra de la lista que signifique lo mismo que la frase. Escríbela dividida en sílabas sobre la línea.

9. Fruta redonda de color rojo. _____

10. Cítrico. _____

11. Juego de fútbol o béisbol. _____

12. Olor o esencia de algo. _____

13. Se coloca en tiempo de frío. _____

14. Fruta jugosa y de piel suave. _____

15. Árbol de donde crecen los cocos. _____

Actividad para la casa Su niño o niña está aprendiendo a dividir palabras en sílabas. Pregúntele qué palabras de ortografía le parecen más difíciles y ayúdele a separarlas en sílabas.

© Pearson Education, Inc., 3

Oraciones imperativas y exclamativas

Instrucciones Escribe *mandato* si la oración es un mandato o *exclamación* si es una exclamación.

1. Abre la puerta, por favor. _____

2. ¡Cómo me gusta la lasaña! _____

3. ¡Qué grande es este supermercado! _____

4. Alcánzame el azúcar. _____

5. Ten cuidado con la fruta. _____

Instrucciones Copia las oraciones usando mayúsculas y la puntuación correcta. Escribe *M* si es un mandato y *E* si es una exclamación.

6. cómo me gusta ir de compras

_____

7. me quiere cobrar, por favor

_____

8. guarda las cosas en el carro

_____

9. qué fruta más apetitosa

_____

10. agarra bien la bolsa

_____

Palabras con *r* y *rr*

Palabras de ortografía

áspera	arroz	regalar	carrera	corriendo
borrego	barrer	tuviera	dolorido	maraca
ropero	mirada	repaso	derecho	agarrar

Significado de palabras Completa cada oración. Usa una palabra de ortografía que tenga un significado similar al de la expresión subrayada.

1. La lija <u>no</u> es <u>suave</u>. _____

2. Estábamos dándole un <u>vistazo</u> al libro. _____

3. El <u>guardarropa</u> de mi tía es enorme. _____

4. ¿Puedes <u>limpiar</u> el patio? _____

5. Le voy a <u>obsequiar</u> esta ropa a los niños más desamparados. _____

6. Yo puedo <u>tomar</u> flores del jardín. _____

Clasifica Escribe la palabra de ortografía que pertenece a cada grupo.

rr

7. _____ 10. _____

8. _____ 11. _____

9. _____ 12. _____

r

13. _____ 16. _____ 19. _____

14. _____ 17. _____ 20. _____

15. _____ 18. _____ 21. _____

Actividad para la casa Su niño o niña está aprendiendo palabras con *rr* y *r*. Dele una hoja de papel para que la divida en dos columnas y escriba las palabras según el grupo al que pertenecen.

Oraciones compuestas

Instrucciones Escribe *S* si la oración es simple. Escribe *C* si es compuesta.

1. La bicicleta tiene las ruedas desinfladas. _____

2. La gente va caminando y también toma el autobús. _____

3. Ir en bicicleta es agradable, pero ir en carro es más rápido. _____

4. Mucha gente va al trabajo en bicicleta. _____

5. La bicicleta es divertida y además es útil. _____

Instrucciones Elige una de las palabras entre ( ) para combinar cada par de oraciones simples. Copia la nueva oración compuesta debajo.

6. Juan trabajó mucho. Ahorró para comprarse una bicicleta. (pero, y)

_____

_____

7. En la tienda hay muchas bicicletas. Juan quiere una en especial. (o, pero)

_____

_____

8. ¿Comprarás la bicicleta en una tienda? ¿La encargarás por catálogo? (y, o)

_____

_____

9. Juan encontró la suya en un catálogo. La encargó inmediatamente. (y, pero)

_____

_____

10. Tuvo que esperar bastante tiempo. La espera valió la pena. (pero, o)

_____

_____

Notas para una narración personal

Instrucciones Completa el organizador gráfico con la información de los sucesos o experiencias sobre los que planeas escribir.

Resumen

¿Qué sucedió? _____

¿Cuándo? _____

¿Dónde? _____

¿Quién estaba allí? _____

Detalles

Principio

Desarrollo

Final

Nombre _____

Palabras que hablan de *ti*

Instrucciones ¿Cómo te sentiste sobre tu experiencia al principio, durante el desarrollo y al final? Elige una o dos palabras del grupo de palabras para describir cada parte de tu experiencia. Luego agrega detalles que *muestren* a los lectores estos sentimientos.

preocupado	entusiasmado	orgulloso	triste
desilusionado	avergonzado	satisfecho	curioso
indeciso	ansioso	encantado	enojado

Principio _____

_____

_____

_____

Desarrollo _____

_____

_____

_____

Final _____

_____

_____

_____

© Pearson Education, Inc., 3

Nombre _____

Combinar oraciones

Cuando escribes, puedes combinar oraciones cortas y simples para formar oraciones compuestas. Las dos oraciones que combines deben tener sentido juntas. Puedes combinar las oraciones usando las palabras *y, pero* u *o.*

Instrucciones Usa la palabra entre ( ) para combinar dos oraciones. Recuerda usar mayúscula en la primera palabra de cada nueva oración.

1. (pero) Grandes malezas crecieron en el jardín. Yo arranqué toda la maleza.

_____

_____

2. (y) El trabajo fue duro. Me tomó toda la tarde.

_____

_____

3. (o) Hay que arrancar la maleza desde la raíz. La maleza volverá a crecer.

_____

_____

4. (y) Gané cinco dólares. Me sentí bien por el trabajo duro.

_____

_____

5. (pero) Estaba cansado. El jardín se veía muy bien

_____

_____

© Pearson Education, Inc., 3

Corrección 1

Instrucciones Corrige estas oraciones. Encuentra los errores de ortografía, gramática y normas del lenguaje. Usa las marcas de corrección para señalar los cambios.

Marcas de corrección	
Borrar (sacar)	
Añadir	∧
Ortografía	⬭
Mayúscula	≡
Minúscula	/

1. Mia mamá y yo decidimos adoptar un perro del refugio de animales de granville.

2. ¡Estaba tan entusiasmada Hace mucho dese-aré un perro.

3. Pero mamá dijo: "deberas pagar por el alimento y los jugetes del perro".

4. entonces comencé mi negocio de paseador de perros en su vecindario.

5. Los vecinos me escucharán mientras yo esplicaba mi plan y mis ovjetivos.

6. Pronto perros grandes chicos y medianos me empujaban en la asera todos los días,

   después de la Escuela.

7. Junté suficiente dinero, para comprar dos tazónes, alimento para perros, una cama

   y una correa, para mi nuevo perro.

8. Cuando trajimos a guardián a casa por primera vez quise saltar de alegría.

Ahora corrige el borrador de tu narración personal. Luego, utiliza la versión revisada y corregida para hacer una copia final de tu narración. Finalmente, comparte tu trabajo escrito con tu audiencia.

Grupos consonánticos

Palabras de ortografía

plumas	encontrar	padres	plaza	simple
traga	abrigado	posible	clavan	doble
plancha	florero	trompeta	grupo	declarar

Instrucciones Lee las palabras en el recuadro. Escribe las palabras dividiéndolas en sílabas.

1. _____

2. _____

3. _____

4. _____

5. _____

6. _____

7. _____

8. _____

9. _____

Instrucciones Escoge una palabra del recuadro de arriba para completar cada oración.

10. Los estudiantes de tercero formaron su propio _____ musical.

11. El testigo fue llamado a _____.

12. La _____ estaba llena de gente.

© Pearson Education, Inc., 3

Actividad para la casa Su niño o niña está aprendiendo a identificar palabras con grupos consonánticos. Pídale a su niño o niña que encierre en un círculo todos los grupos consonánticos en esta página.

Nombre _____

Idea principal y detalles

- El **tema** es sobre lo que trata un escrito. La **idea principal** es la idea más importante sobre el tema. Los **detalles de apoyo** son pequeños datos de información que hablan de la idea principal.

Instrucciones Lee el siguiente texto. Luego completa el organizador gráfico.

Imagina que quieres hacer un viaje a la Antártida. ¿Qué necesitarás llevar? Necesitarás ropa abrigada, como una parka y botas de piel. También necesitarás calcetines y pantalones gruesos y los guantes más abrigados que puedas encontrar. No olvides llevar tu propia comida. En el fuego puedes calentar platos congelados, y durante el día puedes comer frutos secos y barras energéticas.

Necesitarás una bolsa de dormir para la noche. Lleva una muy abrigada para asegurarte de dormir caliente toda la noche.

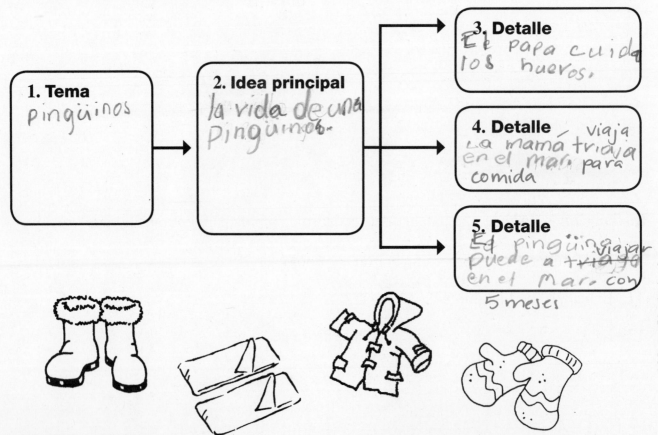

1. Tema
pingüinos

2. Idea principal
la vida de una pingüinos.

3. Detalle
El papa cuida los huevos.

4. Detalle
La mamá viaja en el mar para comida

5. Detalle
El pingüino puede a viajar en el mar con 5 meses

Escuela + Hogar

Actividad para la casa Su niño o niña halló el tema, la idea principal y los detalles de un texto. Lean juntos un libro de no ficción. Para hallar el tema, pregúntele: "En una palabra, ¿de qué trata el libro?" Para hallar la idea principal, ayude a su niño o niña a escribir una oración que exprese la parte más importante del tema. Luego, pídale que nombre varios detalles que expresen algo más sobre la idea principal.

El ave

Sus plumas el ave nos quiere mostrar
colores y formas se elevan al cielo,
al batir las alas, el ave en su vuelo,
toda su belleza podemos admirar.

Características clave de los cuartetos

- poemas de cuatro versos y un patrón de rimas
- el patrón de rimas puede ser ABBA o ABAB

---

1. Nombra una característica clave que haga que este poema sea un cuarteto.

_____

_____

2. ¿Qué imágenes de aves se forman en tu mente al leer el poema "El ave"?

_____

_____

Vocabulario

Marca las palabras que conoces

___aletas   ___congelada

___cascarón   ___picotea

___cepilla   ___se acerca

___colonia

Instrucciones Escoge la palabra del recuadro y escríbela junto a su definición.

_____ **1.** lugar donde viven juntos muchos pingüinos

_____ **2.** se junta para estar cerca de algo o de alguien

_____ **3.** se usan para nadar

_____ **4.** parte exterior de un huevo

_____ **5.** dar golpecitos con el pico

Instrucciones Escribe la palabra que complete la oración.

6. Papá pingüino _____ para darle calor a su polluelo.

7. Hacía tanto frío, que el agua estaba _____ .

8. Mamá pingüino _____ las plumas del polluelo.

9. El polluelo _____ hasta que rompe el cascarón.

10. Los pingüinos usan sus _____ para nadar.

Escribe un informe

En una hoja de papel aparte, escribe qué ocurre cuando un polluelo rompe el cascarón.
Describe el ambiente y la secuencia de sucesos usando el mayor número posible de
palabras del vocabulario.

© Pearson Education, Inc., 3

Actividad para la casa Su niño o niña identificó y usó palabras de vocabulario de *El pingüino polluelo*.
Lean un artículo de no ficción sobre pingüinos. Comenten el artículo usando las palabras de vocabulario de
esta semana.

Sustantivos comunes y propios

Un **sustantivo común** se refiere a cualquier persona, animal, lugar o cosa. Un **sustantivo propio** se refiere a una persona, animal, lugar o cosa en particular. Los sustantivos propios comienzan con letra mayúscula.

- **Sustantivos comunes** Puedes ver pingüinos en muchos zoológicos.
- **Sustantivos propios** Juan vio un pingüino procedente de África.

Los nombres de los días festivos son sustantivos propios y se escriben con mayúscula: *Cuatro de Julio.*

Instrucciones Escribe *C* si el sustantivo subrayado es un sustantivo común y *P* si es un sustantivo propio.

1. No hay muchos pingüinos en nuestro país.   _____

2. En un parque acuático de San Diego tienen un pingüino emperador.   _____

3. Los pingüinos se pasean por el parque en un zoológico de Escocia.   _____

4. A mucha gente le gustan estos sorprendentes animales.   _____

5. Hay ballenas y pingüinos en este parque acuático.   _____

Instrucciones Subraya los sustantivos comunes y encierra en un círculo los sustantivos propios de las oraciones.

6. Hay muchas focas y pingüinos en el frío Atlántico.

7. A otros animales también les gusta el agua fría.

8. ¿Habrá osos cerca del Polo Norte?

9. En Canadá viven zorros y liebres.

10. ¿Qué tipo de oso vive en Alaska?

Actividad para la casa Su niño o nina estudió los sustantivos comunes y propios. Pídale que escriba el nombre de amigos y familiares y que explique por qué son sustantivos propios.

Grupos consonánticos

Palabras de ortografía				
plumas	traga	plancha	encontrar	abrigado
florero	padres	posible	trompeta	plaza
clavan	grupo	simple	doble	declarar

Palabras que faltan Escribe la palabra de ortografía que falta.

1. Las _____ del cardenal son rojas.

2. El _____ estaba lleno de rosas y jazmines.

3. La _____ es un instrumento de viento.

4. Se dieron cita en el café de la _____.

5. La reunión de _____ terminó temprano.

6. El testigo fue llamado a _____ en el juicio.

7. El _____ de amigos se fue de excursión.

8. Buscaron y buscaron hasta _____ el tesoro.

División en sílabas Divide cada palabra en sílabas y encierra en un círculo la sílaba con el grupo consonántico.

9. traga _____

10. clavan _____

11. doble _____

12. posible _____

13. abrigado _____

14. simple _____

15. plancha _____

Actividad para la casa Su niño o niña está aprendiendo grupos consonánticos. Pídale a su niño o niña que escriba las palabras de ortografía y encierre en un círculo el grupo consonántico en cada palabra.

© Pearson Education, Inc., 3

Plantas y animales

La rosa con su aroma en el jardín reina
y el pasto verde como el mar se extiende
un perro dormita, de rosas poco entiende,
cuando todo el jardín con su mirada peina.

Características clave de los cuartetos

- poemas de cuatro versos y un patrón de rimas
- el patrón de rimas puede ser ABBA o ABAB
- los versos tienen más de nueve sílabas

---

1. Nombra una característica clave que haga que este poema sea un cuarteto.

_____

_____

2. ¿Qué imágenes se forman en tu mente al leer el poema "Plantas y animales"?

_____

_____

_____

Vocabulario • Claves del contexto

- A veces, vas a encontrarte con palabras que no conoces. Es posible que el autor te dé una clave sobre su significado. La clave podría ser un **sinónimo**, o sea, una palabra que significa lo mismo.
- Fíjate en los **sinónimos** para hallar el significado de una palabra desconocida.

Instrucciones Lee las oraciones. Una palabra está subrayada. Encierra en un círculo el sinónimo de la palabra subrayada. Escribe el significado de la palabra subrayada en la línea.

1. Si en el bosque escuchas que alguien golpea, busca un pájaro carpintero que <u>picotea</u>.

   _____

2. La ola tumbó sus <u>montones</u> de caracolas, y ya tenía cinco pilas distintas.

   _____

3. Él se <u>acerca</u> a su madre cuando tiene frío, por eso en la Antártida se ven muchos pingüinos arrimarse unos a otros.

   _____

4. Así como tus padres te <u>protegen</u>, los padres pingüinos cuidan a su polluelo.

   _____

5. Los pingüinos se <u>deslizan</u> sobre su barriga, así como tú te resbalas por un tobogán.

   _____

6. En las noches, el papá pingüino <u>abriga</u> a su polluelo y lo cubre con sus plumas.

   _____

7. La mamá cepilla el <u>plumón</u> para que esas plumas algodonosas estén limpias.

   _____

8. La mamá llega <u>mimosa</u> y lo abraza porque es cariñosa.

   _____

Actividad para la casa Su niño o niña usó claves del contexto, como sinónimos, para hallar el significado de palabras nuevas. Lean un cuento y anime a su niño o niña a buscar sinónimos en el texto que le ayude a hallar el significado de palabras desconocidas.

Nombre _____

Diccionario / Glosario

Un **diccionario** es un libro de palabras y sus significados. Un **glosario** es una sección de un libro con una lista de palabras difíciles del libro y sus significados. Por lo general, el glosario está en la parte de atrás de un libro. Tanto en un diccionario como en un glosario, las palabras están en orden alfabético.

Las **palabras guía** están en la parte de arriba de cada página de un diccionario y de un glosario, y son más oscuras y grandes que las demás. Muestran la primera y la última palabra en cada página.

Instrucciones Usa la página de diccionario para contestar las preguntas.

creído • criollo

cresta, *s. f.*
1. Mechón de plumas en la cabeza de un ave.
2. Carnosidad roja sobre la cabeza de los gallos.
3. Parte más alta de una ola.

cría, *s. f.* Animal recién nacido o que está desarrollándose.

criatura, *s. f.* Niño pequeño o recién nacido.

1. ¿Qué palabra describe a un polluelo?

_____

2. ¿Qué palabra puede ser usada también como verbo? Da un ejemplo.

_____

3. Busca la palabra *cresta*. ¿Cuál de sus significados se usa en esta oración? *Hacía surfing sobre la cresta.*

_____

_____

4. ¿Cuáles son las palabras guía de esta página?

_____

5. ¿Cuál de estas palabras puedes encontrar en esta página de diccionario: *crear, creer, crema, crepúsculo?*

_____

Actividad para la casa Su niño o niña leyó varias entradas en un diccionario y las usó para contestar preguntas. Juntos, practiquen buscar más palabras en un diccionario o en un glosario.

© Pearson Education, Inc., 3

Grupos consonánticos

Palabras de ortografía				
plumas	traga	plancha	encontrar	abrigado
florero	padres	posible	trompeta	plaza
clavan	grupo	simple	doble	declarar

Agrupación de palabras Escribe las palabras de ortografía en la línea que corresponde, según el grupo consonántico.

Palabras con ortografía difícil

criaturas
krill
plateado

declarar	traga	clavan	trompeta
plaza	posible	doble	plancha

PL: 1. _____   2. _____

TR: 3. _____   4. _____

CL: 5. _____   6. _____

PL: 7. _____   8. _____

Corregir la división Rellena el círculo de la palabra que está dividida correctamente. Escribe cada palabra sobre la línea.

9. ◯ en-con-tr-ar   ◯ en-con-trar   ◯ en-cont-rar   _____

10. ◯ si-mple   ◯ simp-le   ◯ sim-ple   _____

11. ◯ plum-as   ◯ plu-mas   ◯ pl-umas   _____

12. ◯ flo-re-ro   ◯ flor-ero   ◯ flo-rer-o   _____

13. ◯ a-br-iga-do   ◯ abri-ga-do   ◯ a-bri-ga-do   _____

14. ◯ pa-dres   ◯ pa-dr-es   ◯ pad-res   _____

15. ◯ gr-u-po   ◯ grup-o   ◯ gru-po   _____

Actividad para la casa Su niño o niña está aprendiendo grupos consonánticos. Pídale que escriba una narración de por lo menos cuatro oraciones usando las palabras de ortografía y las palabras con ortografía difícil.

© Pearson Education, Inc., 3

Sustantivos comunes y propios

Marca la oración escrita correctamente.

1 ¿Cuál es la oración correcta?

⬭ Quique fue al zoológico de San Antonio.

⬭ quique fue al zoológico de San Antonio.

⬭ Quique fue al zoológico de san antonio.

2 ¿Cuál es la oración correcta?

⬭ Estos pájaros anidan en méxico.

⬭ Estos pájaros anidan en México.

⬭ Estos Pájaros anidan en México.

3 ¿Cuál es la oración correcta?

⬭ En Nueva York hay muchas Palomas.

⬭ En nueva York hay muchas palomas.

⬭ En Nueva York hay muchas palomas.

4 ¿Cuál es la oración correcta?

⬭ En mi pueblo hay muchos Búhos.

⬭ En mi pueblo hay muchos búhos.

⬭ En mi Pueblo hay muchos búhos.

5 ¿Cuál es la oración correcta?

⬭ hay pingüinos en Alaska.

⬭ Hay Pingüinos en Alaska.

⬭ Hay pingüinos en Alaska.

© Pearson Education, Inc., 3

Actividad para la casa Su niño o niña se preparó para tomar un examen de los sustantivos comunes y propios. Mientras vayan en carro, diga el nombre de cosas o lugares que vean, como *una calle* o *calle del Olmo*. Pídale a su niño o niña que identifique los sustantivos comunes y los propios.

Agudas

Instrucciones Lee las palabras. Encierra en un círculo las palabras **agudas**. Luego, subraya la **última** sílaba de esas palabras.

1. advirtió   advierte   advirtiendo

2. llego   llegar   llegamos

3. camión   camino   camionero

4. endereza   enderezó   enderezamos

5. español   arriba   detrás

Instrucciones Lee las palabras del recuadro. Escribe las tres palabras que llevan la **acentuación** en la **última** sílaba. A una de esas palabras le falta el acento escrito. Agrégalo.

> valor   francés   estómago   están   uva

6. _____

7. _____

8. _____

© Pearson Education, Inc., 3

Escuela + Hogar **Actividad para la casa** Su niño o niña identificó palabras agudas. Juntos, hagan una lista de diez palabras que llevan acentuación en la última sílaba. Ayúdelo a poner los acentos escritos cuando sea necesario.

Comparar y contrastar

- Cuando haces una **comparación,** te fijas en qué se parecen o diferencian dos cosas.
- Cuando haces un **contraste,** sólo te fijas en qué se diferencian.

Instrucciones Lee los siguientes relatos. Luego, contesta las preguntas.

El zángano

Un buen día, las abejas obreras de una colmena se reunieron y le escribieron esta carta al zángano:

Sr. Zángano:

Estamos cansadas. Usted prometió ayudarnos a hacer miel esta primavera, pero no ha hecho nada. A partir de mañana, si no sale con nosotras a recoger el polen de las flores, ¡no tendrá miel!

Las Obreras de la Colmena

Pedro y la iguana

Pedro apagó el televisor cuando su padre le dijo que era hora de acostarse. El niño subió las escaleras y comenzó a cepillarse los dientes. Entonces su madre le preguntó si le había puesto comida a la iguana. El niño respondió que no. ¿Y le había cambiado el agua? La misma respuesta.

—¿Y tú no dijiste que te ocuparías de todo? —dijo su madre—. Hoy lo haré yo, pero a partir de mañana no podrás acostarte sin cumplir tus nuevos deberes. ¿Entendido?

1. ¿En qué se parecen los dos relatos?

_____

2. ¿Cuál es la diferencia entre los dos?

_____

3. ¿En qué se parecen Pedro y el Zángano?

_____

4. ¿Quién tiene un problema más grande, Pedro o el Zángano?

_____

5. ¿En qué se parecen las abejas obreras a la mamá de Pedro?

 Actividad para la casa Su niño o niña comparó y contrastó elementos de dos relatos. Cuéntele un cuento conocido y luego pídale que le cuente uno a usted. Juntos, comparen los personajes, argumentos y temas de ambos cuentos.

La mofeta y los ratones

Érase una vez una mofeta que vivía en un barrio tranquilo, pero la mofeta se sentía sola. Mofeta descansaba todos los días en un agujero hecho debajo de los escalones del porche. Y todas las tardes, Mofeta salía del agujero para buscar comida.

Pero debajo de los escalones del porche había otros animales que vivían allí. Había un grupo de ratones. Se pasaban el día hablando y correteando, y por las noches salían todos en busca de alimento. A Mofeta le parecía un grupo de ratones contentos. Así que una noche les preguntó si podía ir con ellos.

—De ninguna manera —dijo el jefe de los ratones—. Somos ratones y tú no tienes mucha pinta de ratón. Así que no puedes venir con nosotros.

Justo entonces llegaba la temporada de frío y la comida resultaba cada vez más difícil de hallar. Los ratones seguían saliendo todas las noches, pero no encontraban mucho que comer. Mofeta también volvía hambrienta a su agujero. Y de nuevo preguntó a los ratones si podía ir con ellos.

—No —dijo el líder de los ratones—. Ya te lo dijimos antes y te lo volvemos a decir ahora. ¡No, no y no!

Esa noche se desató una tormenta terrible, y el agua y la nieve cayeron a montones sobre la tierra. Los ratones se acurrucaron entre sí, aterrorizados por los sonidos provocados por el azote del viento.

—¿Cómo vamos a conseguir comida ahora?— se lamentaron.

Mofeta, sin esperar ni un momento, salió bajo la tormenta en busca de comida para los ratones. El frío viento a punto estuvo de lanzarla por los aires pero ella, para evitarlo, se mantenía lo más cerca posible del suelo. Finalmente, Mofeta encontró unos bocados de comida y regresó corriendo al agujero del porche.

Cuando Mofeta llegó, los ratones estaban tan agradecidos por la comida que la hicieron miembro especial de su familia.

Y desde entonces vivieron todos felices juntos en el agujero del porche.

Características clave de un cuento de hadas
- Cuento imginario que puede incluir actos heroicos.
- Inicia "Érase une vez..."
- Termina "... y vivieron felices por siempre".
- Los personajes son buenos o malos.

1. ¿Qué problema tiene Mofeta?

_____

_____

2. ¿Qué sucede que resuelve esos problemas?

_____

_____

Nombre _____

Vocabulario

Instrucciones Escribe en el espacio en blanco la palabra del recuadro que corresponde con el significado de la oración.

1. El bebé es tan lindo que es _____.

2. Con tanto insistir, Alex _____ consiga que su papá le deje tener un perro.

3. Mi abuelo ayuda a muchas personas; es muy _____.

4. He ganado tres _____ jugando béisbol.

5. La _____ es un animal tropical.

6. Ser mayor y responsable es ser _____.

7. Mamá le va a _____ a mi papá que yo quiero una mascota.

Instrucciones Haz una línea para unir cada palabra con su definición

8. adorable   que siente pena por el dolor de otras personas

9. compasivo   listo para tomar responsabilidades

10. iguana   animal reptil de los trópicos

11. maduro   simpático, que se hace querer

12. mencionar   decir

Comparar y contrastar

En una hoja de papel aparte, escribe dos párrafos en los que compares y contrastes personajes y eventos del cuento *Quiero una iguana*.

Actividad para la casa Su niño o niña identificó y usó palabras de vocabulario de *Quiero una iguana*. Lean un cuento sobre un niño o niña que quiere una mascota, o sobre iguanas. Comenten el cuento usando las palabras de vocabulario de esta semana.

Sustantivos singulares y plurales

Un **sustantivo singular** se refiere a una sola persona, animal, lugar o cosa. Un **sustantivo plural** se refiere a más de una persona, animal, lugar o cosa.

Singular	El carpintero hace una mesa.
Plural	Los carpinteros hacen sillas y bancos.

Para formar el plural se agrega una -s a casi todos los sustantivos que terminan en vocal: *casas, vasos, ojos*. Se añade -es a casi todos los sustantivos que terminan en consonante.

tejar/tejares   vid/vides

Las palabras terminadas en -s forman el plural de dos maneras diferentes, dependiendo de la sílaba en que recaiga el acento. Si la palabra va acentuada en la última sílaba, se añade –es.

autobús/autobuses

Si el acento recae en cualquier otra sílaba, la forma de plural es la misma que la del singular.

el lunes/los lunes

Instrucciones Escribe *S* si el sustantivo subrayado es singular y *P* si es plural.

1. Una iguana es un reptil.   S

2. La iguana pertenece al orden de los escamosos.   S

3. Nunca se deben alimentar con espinacas.   S

4. Debes rellenar su casa de tierra.   S

5. Las tortugas también son reptiles.   S

Instrucciones Copia los sustantivos plurales de cada oración.

6. Las iguanas se alimentan de frutas y verduras.

_____

7. No comen todos los días las mismas cosas.

_____

8. Los miércoles le doy flores de hibisco.

_____

Actividad para la casa Su niño o niña estudió los sustantivos singulares y plurales. Diga: *Veo un(a) [algo de la casa]* y pídale que diga el plural de ese sustantivo.

Nombre _____

Acentuación: Palabras agudas

Palabras de ortografía			
valor	así	pizarrón	cartel
balón	cartón	allí	español
tercer	bastón	será	lamentó
compás	están	detrás	

Palabras que faltan Escribe la palabra de ortografía que falta.

1. Las cartillas de estudio están _____ .

2. _____ una época para compartir en familia.

3. Mi hermana está en _____ grado.

4. Nos hace falta un _____ para poder jugar.

5. Ese _____ es muy llamativo.

6. Ésta es una caja de _____ .

7. El _____ del abuelo ha sido muy útil.

8. Ésta es la primera vez que uso un _____ para dibujar un círculo.

9. Quiero aprender muy bien el idioma _____ .

10. Sofía _____ mucho no llegar a la fiesta.

11. Yo uso el _____ para escribir y dibujar.

12. Marina y José _____ de viaje.

Antónimos Escribe la palabra de ortografía que significa lo contrario.

13. cobardía _____

14. de esta manera no _____

15. delante _____

Actividad para la casa Su niño o niña está aprendiendo palabras agudas. Para practicar en casa, diga oraciones con palabras agudas y pídale que las escriba.

Guía para calificar: Escritura para exámenes: Cuento de hadas

Características de la escritura	4	3	2	1
Enfoque/Ideas	Cuento emocionante con personajes interesantes; sucesos mágicos o heroicos	Buen cuento con personajes desarrollados; algo mágicos o heroicos	El cuento tiene algún enfoque en los personajes; los sucesos no son muy mágicos ni heroicos.	El cuento no tiene enfoque en los personajes; los sucesos no son mágicos ni heroicos.
Organización	Clara secuencia de sucesos	Habilidad de seguir una secuencia de sucesos	Poca claridad en la secuencia de sucesos	No hay secuencia en los sucesos
Voz	El escritor muestra interés en el cuento y los personajes.	El escritor muestra algún interés en el cuento y los personajes.	El escritor no está interesado en el cuento o en los personajes.	El escritor no se enfuerza por demonstrar interés en el cuento o en los personajes.
Lenguaje	Fuerte uso de verbos expresivos para dar vida al cuento	Buen intento en el uso de verbos expresivos	Uso deficiente de verbos expresivos; el cuento es monótono	No hubo esfuerzo por usar verbos expresivos.
Oraciones	Usa oraciones claras de tipos variados y longitud	Oraciones de pocos tipos y longitud	Oraciones de similar tipo y longitud	No hay variedad en la longitud y tipo de oraciones
Normas	Pocos errores o ninguno, uso apropiado de sustantivos singulares y plurales	Varios errores pequeños, uso de sustantivos singulares y plurales	Muchos errores, débil uso de sustantivos singulares y plurales	Numerosos errores graves, uso incorrecto de sustantivos singulares y plurales

Vocabulario • Palabras poco comunes

- A veces puedes hallar el significado de una palabra al mirar las otras palabras y oraciones que la rodean.
- Las claves del contexto son aquellas palabras que rodean una **palabra poco común** y te ayudan a hallar su significado.

Instrucciones Lee el siguiente cuento acerca de una niña que va a una nueva escuela. Luego, contesta las preguntas. Busca claves del contexto mientras lees.

Cassie dudó por un momento. Luego, pasó la mano por su cabello rojo oscuro, respiró profundo y abrió la puerta de su nuevo salón de clases.

Tú debes ser Cassie —le dijo la maestra, sonriendo—. Yo soy la maestra Roberts. Bienvenida a la escuela South Street.

La maestra le mostró dónde colgar su chaqueta. Después, le presentó a una niña de cabello negro corto.

—Cassie —le dijo la maestra—, ella es Betty. Hoy te va a ayudar.

Betty sonrió.

—Hola —le dijo—. Me gusta tu cabello. Siempre quise tener el cabello castaño rojizo.

Cassie sonrió. Se sentía un poco tímida cuando le hablaban de su cabello rojo. Aunque Betty parecía amable.

En ese momento, un niño y una niña comenzaron a discutir acerca de la computadora.

—No —dijo la niña furiosa—. No te la voy a dar. Todavía es mi turno.

—Marta, ¿qué dije acerca de ser obstinada? —le preguntó la maestra seriamente.

Betty le murmuró en el oído a Cassie.

—Así es Marta. Cuando no quiere hacer algo, puede ser muy terca.

1. ¿Qué palabras usa Betty para describir el cabello de Cassie? _____

2. ¿Qué es *castaño?* ¿Qué claves te ayudan a saberlo?_____

_____

3. ¿Qué significa *le presentó?* ¿Qué claves te ayudan a saberlo?

_____

4. ¿Qué significa *obstinada?* ¿Qué dice Betty que te ayuda a saber su significado?

_____

Actividad para la casa Su niño o niña usó claves del contexto para hallar el significado de nuevas palabras. Trabajen juntos para identificar palabras poco comunes en un artículo y para encontrar claves del contexto que los ayuden a entender esas palabras. Confirme los significados con su niño o niña.

Mapas

- Los **mapas** son dibujos de lugares que muestran ciudades, estados o países.

- Algunos **mapas** muestran dónde están ubicados accidentes geográficos como colinas, montañas, valles, desiertos o lagos.

- La clave del mapa indica lo que representan los símbolos en un mapa.

Instrucciones Estudia este mapa de Texas. Úsalo para contestar las preguntas.

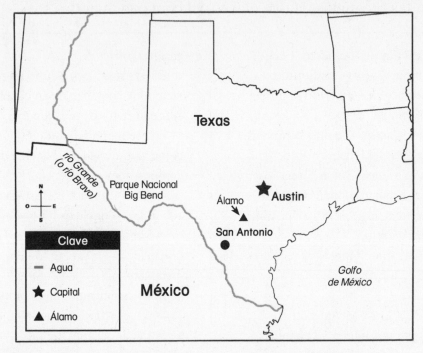

1. ¿Qué formación natural es la frontera entre Texas y México?

_____

2. ¿Cuál es la capital de Texas?

_____

3. ¿Qué masa de agua está al sureste de Texas?

_____

4. ¿En qué ciudad está el Álamo?

_____

Escuela + Hogar **Actividad para la casa** Su niño o niña identificó sitios geográficos en un mapa de Texas. Juntos, estudien un mapa de Texas. Ayúdele a ubicar el lugar donde viven y otros sitios que hayan visitado.

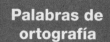
Acentuación: Palabras agudas

Corrige la información Encierra en un círculo cuatro palabras de ortografía mal escritas. Escribe las palabras correctamente.

El (español) es el (tercer) idioma más hablado, contando a los que lo hablan como primera o segunda lengua, por detras del chino mandarín y del inglés. Se originó como un dialecto del latín en provincias del actual norte de España, de alli su nombre.

Palabras de ortografía

____ valor
____ así
____ tercer
____ cartel
____ balón
____ cartón
____ bastón
____ están
____ pizarrón
____ allí
____ será
____ detrás
____ compás
____ español
____ lamentó

1. _____
2. español
3. tercer
4. detrás

Corrige palabras Encierra en un círculo la palabra que está bien escrita. Escríbela sobre la línea.

5. (valor)   balor   valor
6. (pizarrón) pisarron   pizarrón
7. baston   (bastón)   bastón
8. (cartel)   kartel   cartel
9. compás   compas   compás
10. carton   cartón   carton
11. valón   balón   balon
12. así   aci   así
13. estan   están   están
14. será   sera   será
15. lamentó   lamemto   lamentó

Escuela + Hogar

Actividad para la casa Su niño o niña está aprendiendo a identificar y corregir palabras agudas. Pídale que haga un aviso con palabras agudas.

© Pearson Education, Inc., 3

Sustantivos singulares y plurales

Marca el plural de cada sustantivo subrayado.

1 Mi iguana sigue el compás con la cabeza.

- ⬭ compás
- ⬭ compases
- ⬭ compasos

2 La iguana come manzana.

- ⬭ manzanasas
- ⬭ manzanaz
- ⬭ manzanas

3 Mi iguana es un reptil.

- ⬭ reptiles
- ⬭ reptils
- ⬭ reptileses

4 A las iguanas les gusta la lluvia.

- ⬭ lluvia
- ⬭ lluviases
- ⬭ lluvias

5 El viernes llevé a mi iguana al veterinario.

- ⬭ vierneses
- ⬭ viernes
- ⬭ viernesos

Actividad para la casa Su niño o niña se preparó para tomar un examen de sustantivos singulares y plurales. Digan por turnos nombres de reptiles y pídale que escriba el plural de cada uno.

Graves

Instrucciones Lee las palabras. Encierra en un círculo las palabras **graves**. Luego, subraya la **penúltima** sílaba de cada una.

1. hallaban   halló   hallará

2. rápido   enseguida   ya

3. amarillo   púrpura   gris

4. café   té   desayuno

5. brincó   saltará   brincaron

Instrucciones Lee las palabras del recuadro. Escribe las palabras que llevan **acentuación** en la **penúltima** sílaba.

| bailarina   años   mágico   bailar   puntitas   calor |

6. _____

7. _____

8. _____

Escuela + Hogar

Actividad para la casa Su niño o niña identificó palabras graves. Ayúdelo a escribir un breve cuento con las palabras que escribió en las líneas 6 a 8.

Idea principal y detalles

- La **idea principal** contesta la pregunta: "¿De qué trata el cuento?" Los **detalles** son pequeños datos de información que ayudan a decir de qué trata el cuento.

Instrucciones Lee el siguiente texto.

Sandra vio todo tipo de piedras de colores en la playa. Quería hacer una colección de algo. Entonces, decidió que iba a coleccionar piedras.

Llenó su mochila de piedras rojas, amarillas, negras y con puntos.

Después, las llevó a casa.

Cuando llegó, Sandra buscó un lugar donde guardar las piedras. No las podía tener en su mochila para siempre.

Encontró una caja muy linda. Ordenó las piedras en la caja y las guardó en su propio cuarto.

Sandra le muestra su hermosa colección de piedras a todas las visitas.

Instrucciones Completa el organizador gráfico para contar de qué trata el cuento.

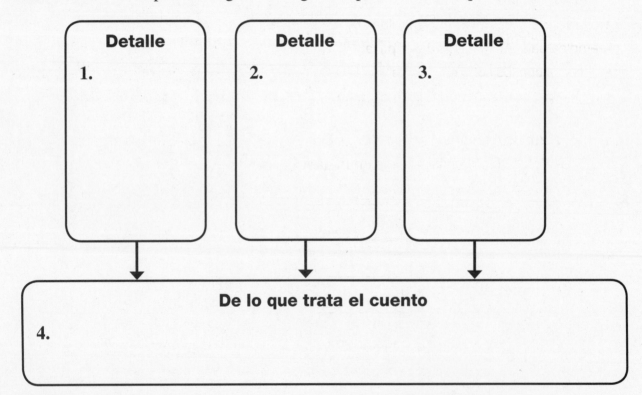

Detalle
1.

Detalle
2.

Detalle
3.

De lo que trata el cuento
4.

© Pearson Education, Inc., 3

Escuela + Hogar **Actividad para la casa** Su niño o niña halló la idea principal de un cuento. La idea principal es una oración que resume de lo que trata un cuento. Lea un texto como el de arriba y pida a su niño o niña que nombre algunos detalles. Luego escriba una oración que explique de qué trata el texto.

El Museo de Prudy de asombros indescriptibles

¿Dónde puedes ir para encontrar colecciones de cintas, lagartijas de plástico y la mayor cantidad de pelo de perro que jamás hayas visto? Puedes ir al Museo de Prudy de asombros indescriptibles. Es el museo más interesante del mundo. Nunca verás una colección como la que hay en el Museo de Prudy.

Hay muchos museos que tienen colecciones de arte o huesos de dinosaurio. Éste, sin embargo, es un museo muy especial. Puedes ver fascinantes colecciones de medias deportivas, bufandas, tarjetas postales de recuerdos, hojas y viejas cajas de caramelos. Todo ha sido cuidadosamente coleccionado y organizado por una joven muchacha. Este museo es la mayor atracción turística de la ciudad y tiene incluso una tienda de regalos.

Hacer una visita al Museo de Prudy de asombros indescriptibles te pondrá de buen humor. Tras realizar la visita, podrás ver la belleza de las cosas de tu vida diaria por todas partes.

Características clave de un anuncio persuasivo

- enuncia por qué una persona querría ir a un lugar o comprar algo
- da razones y detalles para respaldar los enunciados
- emplea palabras y frases descriptivas
- conecta con los sentimientos del lector

1. Lee el anuncio. ¿Cuál sería uno de los enunciados que se hace sobre el museo? ¿Qué razones y detalles respaldan este enunciado?

_____

_____

_____

_____

2. ¿Cómo trata el anuncio de conectar con los sentimientos del lector?

_____

_____

_____

Nombre _____

Vocabulario

Instrucciones Escoge la palabra del recuadro y escríbela junto a su definición.

> ### Marca las palabras que conoces
>
> ___apretujada ___pasatiempos
> ___determinación ___observamos
> ___espacio ___realizar
> ___exactamente

_____ **1.** de manera exacta

_____ **2.** lograr algo que uno quiere hacer

_____ **3.** diversiones

_____ **4.** decisión para hacer algo

_____ **5.** apretada entre mucha gente o muchas cosas

Instrucciones En cada oración falta una palabra. Encierra en un círculo, al final de la oración, la palabra que complete la oración.

6. Pintar es uno de sus _____ favoritos.   pasatiempos   espacios

7. Si estudio, puedo _____ mis sueños.   observar   realizar

8. La niña quería su propio _____.   espacio   pasatiempo

9. Desde la ventana _____ el arco iris.   realizamos   observamos

10. En las grandes ciudades, mucha gente vive _____.   determinada   apretujada

Escribe un aviso

En una hoja de papel aparte, escribe un aviso de alquiler. Describe el lugar y di por qué sería un buen espacio para alquilar. Usa el mayor número posible de palabras de vocabulario.

Escuela + Hogar

Actividad para la casa Su niño o niña identificó y usó palabras del vocabulario de *Mi propio cuartito*. Pídale que le cuente cuál era el problema de la niña del cuento y cómo lo resolvió. Comenten el cuento usando las palabras del vocabulario de esta semana.

Nombre _____

Otros sustantivos

Hay algunos sustantivos, como los terminados en –*z*, que forman el plural de manera especial. Hay otros sustantivos que van en singular, pero nombran a un grupo de seres o cosas.

- El plural de los **sustantivos que terminan en -z** se forman cambiando la *z* por *c* y añadiendo la terminación -*es*.

  luz/luces

  raíz/raíces

- Los sustantivos que van en singular pero nombran a un grupo de seres o cosas se llaman **sustantivos colectivos**. Siempre concuerdan con el verbo en singular. Son ejemplos de sustantivos colectivos: *bosque, equipo, familia, bandada, gente* o *rebaño*.

  El <u>equipo</u> ganó el partido.

Instrucciones Escribe el plural de los sustantivos subrayados.

1. En la pared, puse un <u>tapiz</u>. _____

2. Mamá oía la <u>voz</u> de mi hermano. _____

3. En la mesa había un <u>lápiz</u>. _____

4. Esa <u>vez</u> Carlos tuvo suerte. _____

5. Alberto no tenía suficiente <u>luz</u> para leer. _____

6. El águila es un ave <u>rapaz</u>. _____

Instrucciones Copia el sustantivo colectivo de cada oración.

7. El domingo mi familia celebró una fiesta. _____

8. La gente estaba muy contenta. _____

9. Vimos una bandada de pájaros. _____

10. Fuimos a pasear por el bosque. _____

Actividad para la casa Su niño o niña estudió otros sustantivos. Dígale algunos sustantivos acabados en -z, como *maíz, voz* o *cruz*, y pídale que diga el plural de cada una.

Repaso
Graves

Palabras que faltan Escribe la palabra de ortografía que falta.

1. El _____ es un árbol de tronco robusto y derecho.

2. El _____ es la moneda de los Estados Unidos.

3. Al combinar _____ con azul se obtiene verde.

4. Los _____ vividos se van y no vuelven.

5. La pantera es un animal muy _____.

6. Es _____ escalar esa montaña.

7. Me gusta coleccionar _____.

Combinaciones Subraya las palabras que están divididas en sílabas. Escribe la palabra sobre la línea.

8. Necesito tener mis cosas en or den. _____

9. Le encantaba el té con mucha a zú car. _____

10. Argentina a pe nas empató con Brasil. _____

11. Fue inú til intentar convencerlo. _____

12. En la mañana co men za ban las actividades. _____

13. En un suelo fér til puedes sembrar cualquier cosa. _____

14. La polea mó vil saca agua del pozo. _____

15. Para reciclar se utilizan bol sas de diferentes colores. _____

Actividad para la casa Su niño o niña está aprendiendo palabras *graves*. Para practicar en casa, pídale que pronuncie palabras y las divida en sílabas.

Título _____

A. _____

   1. _____

   2 _____

   3. _____

B. _____

   1. _____

   2. _____

   3. _____

C. _____

   1. _____

   2. _____

   3. _____

Nombre _____

Vocabulario • Palabras compuestas

- Algunas veces, vas a encontrar palabras que no conoces. Podrías ver si es una **palabra compuesta**, o sea, una palabra formada por dos palabras pequeñas. Cada palabra podría estar sola y tener un significado propio.

Instrucciones Lee las oraciones y subraya la palabra compuesta. Luego escribe las palabras que forman la palabra compuesta en las líneas.

1. Tengo un borrador y un sacapuntas.   _____ + _____

2. A la entrada del puerto hay un rompeolas.   _____ + _____

3. A mi madre le gusta el té de hierbabuena.   _____ + _____

4. Vivo enfrente del colegio.   _____ + _____

5. El incendio se produjo por un cortocircuito.   _____ + _____

6. La clase de inglés es al mediodía.   _____ + _____

7. En la cocina está el lavaplatos.   _____ + _____

8. Mañana habrá una tormenta de aguanieve.   _____ + _____

Instrucciones Lee las pistas. Piensa en una palabra compuesta que corresponda con la pista y escríbela en la línea.

9. Se usa para lavarse las manos.   _____

10. Por donde pasa la luz en el techo.   _____

11. Se pone sobre los papeles para que no se vuelen. _____

12. El básquetbol también se llama así.   _____

13. Cristal del automóvil en la parte delantera. _____

14. Se usa para cortarse las uñas.   _____

15. Ave muy veloz.   _____

Actividad para la casa Su niño o niña identificó y usó palabras compuestas. Escriba las palabras compuestas de esta página en tiras de papel separadas, mezcle las tiras de papel y pida a su niño o niña que saque una. Pídale que diga una oración con cada una o que diga las dos palabras que forman la palabra compuesta.

Nombre _____

Revistas

Instrucciones Lee el artículo de revista. Úsalo para contestar las preguntas.

Revista mensual para coleccionistas

Cómo organizar tus colecciones
por Sara Vega

Aunque todos amamos nuestras colecciones, normalmente tenemos demasiados objetos para mantenerlos en orden. Éstas son algunas sugerencias:

• Fija una meta o propósito para tu colección. Bota los objetos que no cumplen esa meta.

• Compra o construye pequeñas vitrinas. Así podrás ver lo que coleccionas.

• Haz una lista de todos los objetos de tu colección. Añade o quita objetos de la lista según sea necesario. Podrías hacer la lista en la computadora.

PARA LA VENTA

Figuras de acción
Más de 100 favoritos
Llamar a Mike 430-1874.

Monedas raras
Muchas monedas de Estados Unidos difíciles de encontrar 555-7372. Pregunta por Marcia.

1. ¿Cuál es el nombre de la revista?

_____

2. ¿Cuál es el título del artículo?

_____

3. ¿De qué trata el artículo?

_____

4. ¿Quién compraría esta revista?

_____

_____

5. Si estuvieras buscando monedas o tarjetas de deportes, ¿cómo usarías esta revista?

_____

_____

Actividad para la casa Su niño o niña leyó una página de una revista y contestó preguntas. Hojeen una revista para niños. Pida a su niño o niña que señale las diferentes partes. Pídale que sugiera otros artículos o materiales de lectura que se podrían encontrar en una revista como ésta.

© Pearson Education, Inc., 3

Repaso
Graves

Corrige la descripción Ana escribió sobre un cuento. Subraya la palabra que está dividida en sílabas. Encierra en un círculo cuatro palabras mal escritas en el informe. Escribe las cuatro palabras correctamente.

> El asúcar quemada le daba un tono
> a ma ri llo a la crema. Los invitados a penas
> comenzavan a sentir el olor del postre.

	Palabras de ortografía
	fértil
	azúcar
	móvil
	apenas
	inútil
	amarillo
	comenzaban
	años
	orden
	olmo
	difícil
	ágil
	bolsas
	dólar
	estampillas

1. _____ 2. _____

3. _____ 4. _____

Corrige palabras Llena el círculo de la palabra que está bien escrita y escríbela sobre la línea para completar la oración.

Palabras con ortografía difícil
- automóvil
- cóndor
- césped
- hábil
- regio

5. Completé mi álbum de _____.
   ○ estampillas   ○ estámpillas   ○ estampillás

6. Era _____ tratar de convencerlos.
   ○ inútil   ○ ínutil   ○ hinútil

7. La tierra _____ daba muchas cosechas.
   ○ fertíl   ○ fétil   ○ fértil

8. Era un atleta muy _____.
   ○ ágil   ○ ájil   ○ agil

Actividad para la casa Su niño o niña está aprendiendo palabras *graves*. Haga una lista con palabras de ortografía mal escritas y pídale que las pronuncie y escriba bien.

Mi propio cuartito

Marca el sustantivo que completa cada oración.

1 Me gustan todos los _____.

- ⬭ arrozes
- ⬭ arroces
- ⬭ arroses

2 Mamá teje _____.

- ⬭ tapises
- ⬭ tapizes
- ⬭ tapices

3 ¿Me cascas unas _____?

- ⬭ nueces
- ⬭ nueses
- ⬭ nuezes

4 Una _____ está formada por árboles.

- ⬭ arboledas
- ⬭ arboleda
- ⬭ árbol

5 Las _____ indican dónde están las pistas.

- ⬭ cruses
- ⬭ cruzes
- ⬭ cruces

© Pearson Education, Inc., 3

Actividad para la casa Su niño o niña se preparó para tomar un examen de otros sustantivos. Lean juntos un cuento. Pídale que identifique los plurales de sustantivos acabados en –z y los sustantivos colectivos.

Esdrújulas y sobresdrújulas

Instrucciones Lee estas palabras **esdrújulas y sobresdrújulas**. Escríbelas divididas en sílabas en las líneas. Encierra en un círculo la **antepenúltima** sílaba.

1. lámpara _____   **5.** cómpramelo _____

2. físico _____   **6.** dígamelo _____

3. rábanos _____

4. cámara _____

Instrucciones Lee el párrafo. Subraya las palabras **esdrújulas y sobresdrújulas**. Escríbelas en las líneas. Luego, encierra en un círculo las sílabas que llevan la **acentuación**.

—¡Levántate, chiquitina! ¡Es hora de ir a la escuela! —repetía la mamá de Clara. Pero Clara se sentía un poquito mal. Le dolía muchísimo la garganta.

—Mamá, ¿me traerías una tacita de té?

—Sí, aquí tienes. Tómalo todito. En un ratito iremos a ver al médico.

Afortunadamente, el doctor les dijo que no era nada grave, que sólo tenía que descansar y tomar muchos líquidos.

7. _____

8. _____

9. _____

10. _____

Escuela + Hogar **Actividad para la casa** Su niño o niña identificó palabras esdrújulas y sobresdrújulas. Anímelo a decir otras cinco palabras que lleven la acentuación en la antepenúltima sílaba. Si es necesario, usen un diccionario como ayuda.

Propósito del autor

- El **propósito del autor** es la razón por la que el autor escribe. Puede que el autor escriba para informar o enseñar, para entretener, para persuadir o para expresar pensamientos o sentimientos.

Instrucciones Lee el siguiente pasaje.

Plantar arbustos

DETENTE y responde a la Pregunta 1 de abajo.

La familia López acababa de construir una casa en el desierto. El único problema era que el sol brillaba con demasiada fuerza a través de las inmensas ventanas del lado sur.

Una mañana temprano, Papá y Abuelo plantaron unos arbustos por el lado sur de la casa.

—Me pregunto por qué habrán hecho eso —pensó Lupe.

DETENTE y responde a la Pregunta 2 de abajo.

Papá y Abuelo regaban los arbustos todos los días. Empezaron a crecer. Poco después, los arbustos se hicieron tan altos que impedían que los rayos del sol entraran por las ventanas.

—¡Ahora sé por qué hicieron eso! —pensó Lupe.

Instrucciones Completa el organizador gráfico para determinar el propósito del autor.

1. **Antes de leer** Lee el título. ¿Por qué razón podría el autor haber escrito un pasaje con este título?

   _____

2. **Mientras lees** Piensa en el propósito del autor. ¿Qué información nueva has aprendido?

   _____

3. **Después de leer** ¿Cuál crees ahora que fue el propósito del autor?

   _____

Actividad para la casa Su hijo o hija determinó el propósito del autor para escribir un cuento. Los propósitos pueden ser informar, persuadir, entretener o expresar sentimientos o ideas. Hablen sobre el propósito del autor para escribir algunos cuentos que su hijo conozca. Pídale a su hijo que dé razones de sus respuestas.

15 de septiembre de 2011

Querido Oso:

Trabajé muy duro este año para cultivar las verduras. Ahora tengo un montón de zanahorias y maíz. Tengo suficiente para compartirlo contigo. ¿Te gustaría venir a cenar alguna noche?

Podemos cenar maíz y zanahorias. Y también pan de maíz. Luego, de postre, probaremos el pastel de zanahorias. La capa del pastel será dulce y cremosa.

Contéstame, por favor. Dime si quieres venir el martes o el jueves.

Tu amigo,
Liebre

Características clave de una carta amistosa

- Incluye una fecha, un saludo y un final.
- Está escrita en un tono amistoso.
- Se suele escribir a alguien conocido.

1. Lee la carta. ¿Cuál es el propósito de la carta de Liebre a Oso?

_____

2. ¿Qué le pide Liebre a Oso en la carta?

_____

_____

Nombre _____

Vocabulario

Instrucciones Cada oración tiene una palabra subrayada. Encierra en un círculo la palabra al final de la oración que tiene el mismo significado que la palabra subrayada.

Marca las palabras que conoces

___abajo   ___listo
___arriba   ___perezoso
___engañaste   ___siembra
___fortuna   ___socios

1. Mi hermano <u>perezoso</u> no hace mandados.   flojo   rápido

2. Su <u>fortuna</u> la convierte en la mujer más rica del estado.   riqueza   cosecha

3. Juan es <u>listo</u> y no es fácil engañarlo.   inteligente   perezoso

4. El estante de <u>abajo</u> es de Ann.   profundo   inferior

5. La parte de <u>arriba</u> del edificio se va a derrumbar.   superior   larga

Instrucciones Escribe una palabra del recuadro para completar cada oración.

6. El granjero recogió su _siembra_ justo antes de las lluvias.

7. Su _fortuna_ era tan grande, que incluía cinco casas y dos fincas.

8. No volveré a jugar contigo, porque ayer me _engañastes_.

9. Trabajaremos como _socios_ para crear un negocio juntos.

10. El chico es _listos_ y gana todos los concursos.

Escribe un cuento

En una hoja de papel aparte, escribe acerca de dos granjeros que trabajan juntos en algo especial. Describe a los granjeros y lo que ocurre. Usa el mayor número posible de palabras de vocabulario.

Actividad para la casa Su niño o niña identificó y usó palabras de vocabulario de *Mitad y mitad*. Visiten la sección de verduras de un supermercado y pida a su niño o niña que identifique las partes de arriba y de abajo de las verduras que comemos. Anímele a usar el mayor número posible de palabras de vocabulario.

© Pearson Education, Inc., 3

Sustantivos masculinos y femeninos

Un **sustantivo** es una palabra que se refiere a una persona, animal, lugar o cosa. Ya sabes que los sustantivos son singulares o plurales. Los sustantivos también tienen género. Son de género **masculino** o género **femenino.** La mayoría de los sustantivos masculinos acaban en *-o*. La mayoría de los sustantivos femeninos acaban en *-a*.

| Sustantivos masculinos | El <u>oso</u> aceptó el <u>trato.</u> |
| Sustantivos femeninos | La <u>tortuga</u> ganó la <u>carrera.</u> |

Instrucciones Escribe *M* si el sustantivo subrayado es masculino o *F* si es femenino.

1. Me gusta la <u>fábula</u> de la liebre.   *f* _____

2. El oso tenía mucho <u>dinero.</u>   *m* _____

3. El oso era <u>vecino</u> de la liebre.   *m* _____

4. La <u>tierra</u> era muy fértil.   *f* _____

5. La familia de la liebre pasaba <u>frío.</u>   *m* _____

6. El oso no salía de la <u>cama.</u>   *F* _____

7. La liebre volvió a sembrar el <u>terreno.</u>   *m* _____

8. La <u>cosecha</u> fue muy abundante.   *F* _____

9. ¿Consiguió la liebre su <u>propósito?</u>   *m* _____

10. El bróculi tiene mucha <u>vitamina</u> C.   *F* _____

11. La liebre sacó el pan del <u>horno.</u>   *m* _____

12. El <u>oso</u> era muy perezoso.   *m* _____

© Pearson Education, Inc., 3

Actividad para la casa Su niño o niña estudió los sustantivos masculinos y femeninos. Nombre cosas de la casa y pídale que diga en cada caso si el sustantivo es masculino o femenino.

Acentuación de palabras esdrújulas y sobresdrújulas

Palabras de ortografía				
único	déjame	bróculi	físico	química
levántate	rábanos	década	lógico	práctica
brújula	dólares	sábado	dígamelo	cómico

Palabras que faltan Escribe la palabra de ortografía
que falta.

1. Es un día de la semana.   _____

2. Es la moneda de Estados Unidos.   _____

3. Período de tiempo que abarca 10 años.   _____

4. Rima con táctica.   _____

5. Algo muy simpático, que nos hace reír.   _____

6. Se usa para dar la orden de levantarse.   _____

Conexiones Escribe una palabra de la lista para cada expresión.

7. Un alimento muy saludable.   _____

8. Instrumento que se usa para medir la dirección.   _____

9. Ciencia que estudia la composición de la materia.   _____

10. Se dice de un deporte que requiere mucha actividad. _____

11. Cuando algo tiene sentido.   _____

12. Algo singular, que no se repite.   _____

13. Hortalizas de color rojo.   _____

14. Rima con llévame.   _____

15. Que me lo diga a mí.   _____

© Pearson Education, Inc., 3

Actividad para la casa Su niño o niña está aprendiendo a identificar palabras *esdrújulas* y *sobresdrújulas*.
Para practicar en casa, pídale que haga rimas y oraciones con palabras *esdrújulas* y *sobresdrújulas*.

Vocabulario • Claves del contexto

- Algunas veces, vas a encontrarte con una palabra que no conoces. Es posible que el autor use una palabra con el significado contrario, o sea, un **antónimo**, como clave para hallar el significado de la palabra.
- Usa **antónimos** como **claves del contexto** para hallar el significado de palabras desconocidas.

Instrucciones Lee cada oración. Una palabra está subrayada. Encierra en un círculo el antónimo de la palabra subrayada. Escribe el significado de la palabra subrayada en la línea.

1. Mi gaveta es la de abajo, la tuya es la de <u>arriba</u>.

_____

2. ¿Cómo pudiste decir algo tan tonto si tú eres tan <u>listo</u>?

_____

3. Después de tener una gran <u>fortuna</u>, se quedó en la pobreza.

_____

4. No desparrames las hojas, porque las tendremos que <u>juntar</u> otra vez.

_____

5. Antes eran <u>socios</u>, ahora son competidores en la venta de leche.

_____

6. Debes ser honesto conmigo, no me vayas a <u>engañar</u>.

_____

7. El gato estaba dormido, mientras el perro estaba <u>despierto</u>.

_____

8. Susy es tan trabajadora que nadie puede decir que es <u>perezosa</u>.

_____

Actividad para la casa Su niño o niña identificó y usó nuevas palabras relacionándolas con antónimos en un contexto. Lean un cuento y anime a su niño o niña a identificar palabras desconocidas. Luego, ayúdelo a buscar antónimos en el cuento que podrían ayudarle a hallar el significado de esas palabras desconocidas.

Enciclopedia

Una **enciclopedia** es un conjunto de libros, o **volúmenes**, que tienen entradas y artículos sobre muchos temas. Los volúmenes y las entradas están en orden alfabético. Las **palabras guía** muestran la primera y la última entrada de una página o de dos páginas opuestas. Las **enciclopedias electrónicas** muestran enlaces a los artículos sobre los temas que se quiere investigar.

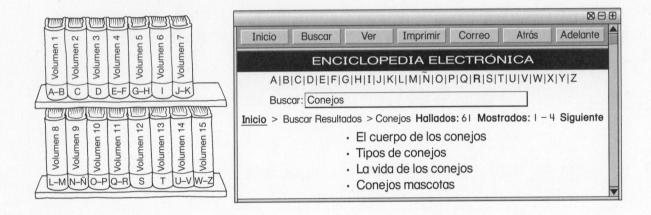

Instrucciones Usa la información de arriba para contestar las preguntas.

1. ¿Qué palabra o palabras usarías para hallar información acerca del clima del noroeste de Estados Unidos? Escribe el número del volumen donde buscarías.

_____

2. ¿Entre cuáles palabras guía se encuentra la entrada *tortuga*: **toldo/tomo, toro/tostado** o **trabajador/traje**? Escribe el número del volumen donde buscarías.

_____

3. Quieres comparar un cocodrilo con una serpiente. ¿Qué volúmenes usarías?

_____

4. ¿Cuántos artículos sobre conejos muestra la ventana de la enciclopedia electrónica?

_____

5. ¿Qué artículo leerías para aprender sobre el tamaño de los conejos?

_____

Actividad para la casa Su niño o niña identificó palabras y números de volúmenes para ubicar respuestas a preguntas sobre cómo usar una enciclopedia. Ayúdelo a escribir cuatro o cinco preguntas acerca de un tema que le interese. Pídale que use una enciclopedia, ya sea impresa o electrónica, para contestar las preguntas.

© Pearson Education, Inc., 3

Acentuación de esdrújulas y sobresdrújulas

Corrige los consejos Encierra en un círculo las cinco palabras mal escritas en el siguiente párrafo. Escribe las palabras correctamente.

> Ayer nuestro grupo tuvo la primera practíca de quimica. El experimento fue algo comicó. Mi equipo no fue el uníco que se divirtió. No nos parecía logico lo que teníamos que hacer.

1. _____   2. _____

3. _____   4. _____

5. _____

Corrige palabras Encierra en un círculo la palabra que está bien escrita. Escríbela.

6. digámelo   dígamelo   _____

7. físico   fisíco   _____

8. dólares   dolaréz   _____

9. decáda   década   _____

10. brújula   brujúla   _____

11. dejáme   déjame   _____

12. rabanos   rábanos   _____

Palabras de ortografía
único
levántate
brújula
déjame
rábanos
dólares
bróculi
década
sábado
físico
lógico
dígamelo
química
práctica
cómico

Palabras con ortografía difícil
véndeselo
científico
águila
rectángulo
hagámonos

© Pearson Education, Inc., 3

Actividad para la casa Su niño o niña está aprendiendo a identificar palabras *esdrújulas* y *sobresdrújulas*. Pídale que haga un aviso con este tipo de palabras, las pronuncie y las escriba.

Marca el sustantivo que es como el subrayado: masculino o femenino.

1 El trabajo del campo es cansado.

- ⬭ perro
- ⬭ cosecha
- ⬭ herramienta

2 Primero viene la siembra.

- ⬭ pájaro
- ⬭ pierna
- ⬭ grano

3 Hay que quitar la hierba.

- ⬭ arado
- ⬭ insecto
- ⬭ espiga

4 Luego se riega el cultivo.

- ⬭ rama
- ⬭ lluvia
- ⬭ cielo

5 Llega el tiempo de la cosecha.

- ⬭ pepino
- ⬭ pico
- ⬭ planta

© Pearson Education, Inc., 3

Escuela + Hogar **Actividad para la casa** Su niño o niña se preparó para tomar un examen de sustantivos masculinos y femeninos. Pídale que escriba una postal a un amigo usando sustantivos masculinos y femeninos.

Acentuación de adverbios interrogativos y exclamativos

Instrucciones Lee los siguientes adverbios interrogativos y exclamativos. Divídelos en sílabas en las líneas. Encierra en un círculo la sílaba que lleva la acentuación.

1. cuándo _____

2. cuántos _____

3. adónde _____

4. cuáles _____

Relacionar Completa las oraciones con la palabra de ortografía que corresponda. Escribe la palabra en la línea.

Palabras de ortografía			
cuánto	cuál	cómo	quién
cuántas	por qué	dónde	qué

5. ¿ cuanto _____ cuesta el libro?

6. ¿ cual _____ te gusta la amarilla o la roja?

7. ¡ cuantas _____ hojas han caído de los árboles después del viento!

8. ¿ porque _____ escogiste esta blusa?

9. ¿ como _____ te sientes del resfrío hoy?

10. ¿ quien _____ está golpeando la puerta?

11. ¡ que _____ lección tan difícil!

12. ¿ donde _____ vas a jugar esta tarde?

13. ¡ porgue _____ llueve hoy!

 Actividad para la casa Su niño o niña identificó adverbios interrogativos y exclamativos. Pídale que escriba oraciones con las palabras de ortografía.

Idea principal y detalles

La **idea principal** contesta la pregunta: "¿De qué trata el cuento?". Los **detalles** son pequeños datos de información que ayudan a explicar de qué trata el cuento.

Instrucciones Lee el siguiente cuento.

John se fue al bosque cuando estaba nevando. Sus botas dejaban huellas por donde caminaba.

"Puedo seguir mis huellas para regresar", pensó John. Y, por eso, no se fijó hacia dónde iba.

Pero cuando el sol salió y derritió la nieve, John quería salir del bosque y ya no estaban las huellas.

Entonces, John vio un águila volando en lo alto.

—Águila —dijo John—. Por favor, ayúdame a encontrar el camino.

El águila voló hacia el sur, luego hacia el oeste. John la siguió hasta que salió del bosque.

Instrucciones Completa el organizador gráfico para explicar de qué trata el cuento.

Detalle	Detalle	Detalle
1.	2.	3.

De lo que trata el cuento

4.

Actividad para la casa Su niño o niña halló la idea principal de un cuento. La idea principal es una oración que resume de lo que trata un cuento. Lea un cuento como el de arriba y pida a su niño o niña que nombre detalles y diga de qué trata el cuento.

Cómo hacer panqueques

Los panqueques son deliciosos y no muy difíciles de hacer. Veamos cómo hacerlos siguiendo unos sencillos pasos. Para hacer panqueques hay que cocinar, lo que puede resultar peligroso. Busca la ayuda de un adulto en la cocina.

En primer lugar, debemos reunir los ingredientes y las provisiones que nos hacen falta. Para mezclar la masa de panqueque queremos un recipiente y un mezclador. Para cocinar los panqueques vamos a necesitar una sartén y una espátula. También queremos tazas de medición para medir los ingredientes. Los ingredientes necesarios para los panqueques son los siguientes:

- 3 tazas de harina
- 1/2 taza de leche
- 1 taza de azúcar
- agua
- 1 huevo
- mantequilla

A continuación, queremos preparar la masa. Vierte la harina, el azúcar, el huevo y la leche en el recipiente. Mézclalos hasta que se conviertan en una masa uniforme. Añade el agua para que la masa no sea demasiado espesa. Remueve la masa para asegurarte de que no haya grumos.

Ahora es el momento de cocinar los panqueques. Lo repetimos de nuevo: asegúrate de que haya un adulto presente. Coloca la sartén sobre un hornillo encendido y añade la mantequilla. Una vez que se derrita, vierte la masa en la sartén para hacer un panqueque. Si la sartén es grande, podrás hacer más de un panqueque a la vez.

Una vez que la parte superior del panqueque se seque y empiecen a formarse burbujitas, vuélvelo del otro lado con la ayuda de la espátula. Deja que ese lado se cocine durante dos o tres minutos y, luego, saca el panqueque de la sartén y ponlo en un plato. Ponle un poco de mantequilla y jarabe de arce, ¡y disfruta de tu desayuno!

Características clave

- da una explicación paso a paso de cómo realizar una tarea específica
- ofrece la información y los detalles necesarios
- suele emplear órdenes y palabras de secuencia

1. ¿Qué provisiones necesitas para hacer panqueques?

_____

_____

2. Pon los siguientes pasos en orden:

_____

1. **Vierte la masa en la sartén.**
2. **Come los panqueques.**
3. **Mezcla la masa.**
4. **Reúne las provisiones.**

Nombre _____

Vocabulario

Marca las palabras que conoces

___baba   ___plataforma

___cazadoras   ___ramitas

___material   ___toneladas

___pico

Instrucciones Haz una línea para unir cada palabra con su definición.

1. pico   unidad de medida de peso igual a 2,000 libras

2. ramitas   la parte dura y saliente de la boca de las aves

3. material   superficie elevada del suelo donde se colocan personas o cosas

4. plataforma   ramas muy pequeñas de un árbol o de un arbusto

5. toneladas   cosa que se usa para hacer algo

Instrucciones Escoge una palabra del recuadro para completar cada oración. Escribe la palabra en la línea.

6. El alcalde se paró en la _____ para dar su discurso.

7. El puente es lo suficientemente fuerte para soportar diez _____ de peso.

8. Los ratones se esconden de las águilas y otras aves _____.

9. Puse mi mano en la _____ pegajosa de un caracol.

10. El pájaro tenía una cereza en su _____.

Escribe una entrada de diario

Imagina que estás observando un pájaro mientras hace su nido. En una hoja de papel aparte, escribe una entrada de diario que diga lo que el pájaro hizo. Usa el mayor número posible de palabras del vocabulario.

Actividad para la casa Su niño o niña identificó y usó palabras de vocabulario de *Nidos de pájaro asombrosos*. Busquen un libro sobre el mismo tema y léanlo juntos. Comenten el libro usando las palabras de vocabulario de esta semana.

Artículos

Los **artículos** son palabras que presentan a los **sustantivos.** Nos dicen cómo va a ser el sustantivo. Nos avisan si es singular o plural, masculino o femenino. Los artículos son *el* y *la, los* y *las, un* y *una, unos* y *unas.*

Masculino singular	El nido es un lugar seguro.
Masculino plural	Los tejedores hacen unos nidos curiosos.
Femenino singular	La hierba es una materia muy utilizada.
Femenino plural	Las águilas fabrican unas plataformas.

Instrucciones Copia cada artículo con el sustantivo al que presenta.

1. Todos los pájaros hacen nidos. _____

2. Tardan unas semanas en hacerlos. _____

3. Los nidos sirven para proteger los huevos. _____

4. El colibrí hace un nido pequeñísimo. _____

5. Hay una cotorra en el jardín. _____

6. Una salangana es un pajarito pardo. _____

7. Unos búhos asustaron a las niñas. _____

8. El gorrión estaba en una rama. _____

9. La plataforma del águila pesa más que un carro. _____

10. Protege a los polluelos de la lluvia y el viento. _____

© Pearson Education, Inc., 3

Actividad para la casa Su niño o niña estudió los artículos. Diga el sustantivo de dos cosas en singular y otras dos en plural y pídale que les ponga un artículo delante.

Acentuación de adverbios interrogativos y exclamativos

Palabras de ortografía			
cuánto	por qué	cuándo	porque
que	cuando	dónde	donde
cuántos	cuánta	quién	como
cuál	cómo	qué	

Palabras que faltan Escribe la palabra de ortografía que falta.

1. Es la palabra que usamos para saber cuál es el costo de un artículo.

1. _____

2. Si vemos algo que nos gusta usamos la palabra para decir: ¡_____ lindo!

2. _____

3. Usamos esta palabra para averiguar a qué lugar vamos.

3. _____

4. Usamos esta palabra para preguntar qué persona viene.

4. _____

5. La usamos para exclamar de qué forma nos gusta algo.

5. _____

6. Usamos esta palabra para poder elegir algo o alguien.

6. _____

Completar Escribe la palabra de ortografía que falta.

7. ¡_____ niños marchan en el desfile!

7. _____

8. Dijo _____ me llamaría temprano.

8. _____

9. ¡_____ tarde llegaste!

9. _____

10. ¿_____ está tocando el timbre?

10. _____

11. ¿_____ llueve tanto en primavera?

11. _____

12. ¿_____ cuesta esta bicicleta?

12. _____

13. ¿_____ llegamos?

13. _____

14. Nos llevó al desfile _____ quería sorprendernos!

14. _____

15. ¡_____ me gusta jugar al béisbol!

15. _____

Actividad para la casa Su niño o niña está aprendiendo a identificar adverbios interrogativos y exclamativos. Para practicar en casa, pídales que escriba oraciones con adverbios interrogativos y exclamativos.

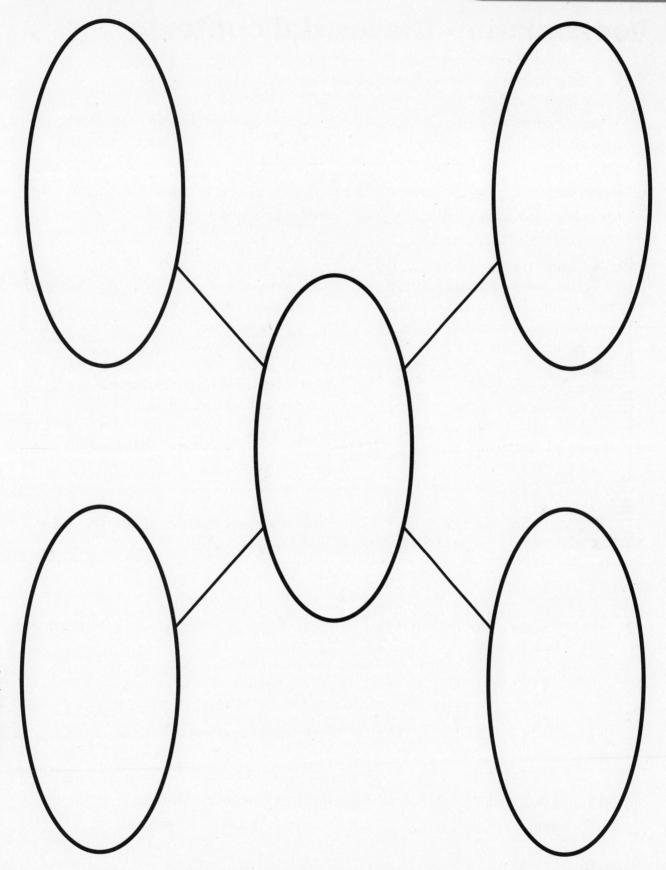

Vocabulario • Claves del contexto

- A veces puedes hallar el significado de una palabra al mirar las otras palabras y oraciones que la rodean.

- Las **claves del contexto** son aquellas palabras que rodean una palabra desconocida y te ayudan a hallar su significado.

Instrucciones Lee el siguiente texto. Luego, contesta las preguntas. Busca claves del contexto que te ayuden a hallar el significado de palabras desconocidas.

A Nancy le encantaba vivir cerca del agua. Le encantaba sentarse en el muelle de su casa, mirar la bahía y ver pasar las embarcaciones. La gente navegaba en pequeños barcos y botes porque la bahía estaba protegida de las olas grandes del océano.

Otra cosa que a Nancy le encantaba de su casa eran los árboles. Excepto por la parte que miraba hacia la bahía, había árboles por todos los lados.

A los pájaros también les encantaban los árboles. Cada mañana, apenas salía el sol, los pájaros la despertaban con sus canciones.
Cuando todos los pájaros cantaban al alba, era como escuchar una sinfonía de aves. Incluso ahora, lejos de su casa, Nancy puede imaginar la dulce melodía de los azulejos.

1. ¿Qué significa *embarcaciones*? ¿Qué claves te ayudaron a averiguarlo?

_____

_____

2. ¿Qué hora del día es el *alba*? ¿Qué palabras del texto te ayudaron a averiguarlo?

_____

_____

3. ¿Qué claves te ayudaron a averiguar lo que es una *sinfonía*?

_____

_____

4. ¿Con cuál de estas palabras está relacionada la palabra *melodía*?

⬭ árbol   ⬭ bote   ⬭ música

Escuela + Hogar

Actividad para la casa Su niño o niña usó las claves del contexto en un texto para hallar el significado de palabras desconocidas. Juntos, lean un libro que tenga palabras desconocidas. Pregúntele qué cree que significan esas palabras según el contexto. Usen un diccionario para confirmar los significados.

Parafrasear fuentes

Parafrasear significa decir lo mismo, pero con otras palabras.

Instrucciones Lee la siguiente entrada de una enciclopedia. Luego, parafrasea la información en las líneas de abajo.

La **codorniz de California**, *Callipepla californica*, también se llama codorniz del valle de California. Es un ave pequeña que vive por el suelo, y es el ave que representa al estado de California. Las codornices viven todo el año en California y en el sudoeste del país.

Estas aves son mayormente de color café y negro. Los machos tienen una corona café oscura y la cara negra. Tanto el macho como la hembra tienen un penacho de plumas curvo en la cabeza.

La codorniz de California vive en pequeños grupos conocidos como "bandadas". Un biólogo descubre la presencia de codornices en un área, buscando sitios donde estas aves crean "baños de polvo" al restregar su panza contra el polvo suave.

Estas aves merodean por el suelo, con frecuencia escarbando la tierra al igual que los pollos. A veces, se les ve buscando alimento a los lados de las carreteras. Su dieta consiste principalmente de semillas y hojas, pero también comen bayas e insectos.

Hacen nidos en el suelo en zonas de arbustos y en zonas de bosque abiertas en el oeste de América del Norte. Escarban la tierra y hacen un hueco poco profundo que cubren con plantas en el suelo, entre pastos y matorrales. La hembra, generalmente, pone unos 12 huevos. Cuando los polluelos rompen el cascarón, sus padres los cuidan.

_____

_____

_____

_____

_____

_____

_____

© Pearson Education, Inc., 3

Actividad para la casa Su niño o niña leyó una entrada de enciclopedia acerca de la codorniz de California, y luego parafraseó la información. Juntos, lean otra entrada de enciclopedia y pídale que le diga con sus propias palabras lo que leyó.

Acentuación de adverbios interrogativos y exclamativos

Corrige el párrafo Encierra en un círculo las cinco palabras mal escritas en el párrafo sobre la elección del representante de la clase. Escribe las palabras correctamente.

> Tenemos que elegir un representante de nuestra clase. ¿Cuando será la elección? ¿Como vamos a elegir? ¿Cuantos estudiantes se van a presentar? ¿A quien vamos a elegir? ¡Que problema! Tenemos muchas preguntas. Espero que el maestro nos explique.

1. _____   2. _____

3. _____   4. _____

5. _____

Palabras de ortografía

cuánto
por qué
cuántos
cuál
que
como
donde
cómo
cuándo
dónde
quién
qué
porque
cuánta
cuando

Corrige palabras Encierra en un círculo la palabra de ortografía que está bien escrita. Corrige la que está mal escrita y escríbela.

Palabras con ortografía difícil

quiénes
adónde

6. ¿Cómo sabes cual es el primer mes del año?   6. _____

7. ¡Cuanto quisiera saber adónde vamos!   7. _____

8. ¿Dónde y con quien vas a jugar?   8. _____

9. ¿Como y por qué se secaron los arboles del jardín? 9. _____

10. ¡Cuánta gente qué quiere votar!   10. _____

11. Era como el río dónde nos bañamos el año pasado. 11. _____

12. ¡Qué hermoso día y como me gusta estar al sol!   12. _____

Actividad para la casa Su niño o niña está aprendiendo a identificar y corregir adverbios interrogativos y exclamativos. Pídale que escriba un párrafo con estas palabras.

⬡ **Artículos** ⬡

Marca la palabra que es un artículo.

1 Las cotorras viven en palmeras.

⬭ palmeras

⬭ viven

⬭ Las

2 En las marismas anida la garza.

⬭ anida

⬭ la

⬭ en

3 ¿Quién tiene un pico puntiagudo?

⬭ un

⬭ tiene

⬭ Quién

4 El nido tenía unas crías de golondrina.

⬭ crías

⬭ de

⬭ unas

5 Ese nido parece una fruta verde.

⬭ fruta

⬭ parece

⬭ una

Actividad para la casa Su niño o niña se preparó para examinarse de artículos. Seleccione un texto sencillo de una revista y pídale que subraye los artículos.

Grupos consonánticos

Palabras de ortografía				
plumas	encontrar	padres	plaza	simple
traga	abrigado	posible	clavan	doble
plancha	florero	trompeta	grupo	declarar

Claves Lee la clave y escribe la palabra de ortografía.

1. Estar cubierto para el frío. _____

2. Son las que cubren a los pájaros. _____

3. Sinónimo de *hallar*. _____

4. Conjunto. _____

5. Cuidan a los niños. _____

6. Dos veces lo mismo. _____

7. Probable. _____

8. Quita las arrugas en la ropa. _____

9. Instrumento de viento. _____

Completa la palabra Escribe en cada palabra el grupo consonántico que falta y escribe la palabra completa.

10. _____ aga   _____

11. _____ orero   _____

12. _____ aza   _____

13. _____ avan   _____

14. sim _____ e   _____

15. de _____ arar   _____

© Pearson Education, Inc., 3

Actividad para la casa Su niño o niña está aprendiendo grupos consonánticos. Pídale que escriba las palabras de ortografía y que subraye las sílabas con grupos consonánticos.

Sustantivos comunes y propios

Instrucciones Escribe *C* si el sustantivo subrayado es un sustantivo común y *P* si es un sustantivo propio.

1. La Antártida es un <u>continente</u> muy especial.   _____

2. Está en el <u>Polo Sur</u>.   _____

3. El <u>clima</u> es muy duro.   _____

4. Es uno de los lugares más fríos de la <u>Tierra</u>.   _____

5. Sin embargo, allí anidan los <u>pingüinos</u>.   _____

6. También hay grandes bancos de <u>peces</u>.   _____

Instrucciones Subraya los sustantivos comunes y encierra en un círculo los sustantivos propios de las oraciones.

7. Los patos anidan cerca del Polo Norte.

8. Muchos animales emigran hacia Centroamérica en invierno.

9. Gaviotas muy variadas viven en la costa de Canadá.

10. En Canadá viven también lobos y osos.

11. ¿Qué tipo de alce vive en Groenlandia?

12. En Nueva Escocia hay gran variedad de gaviotas.

Acentuación: Palabras agudas

Palabras de ortografía				
valor	cartel	bastón	allí	compás
así	balón	están	será	español
tercer	cartón	pizarrón	detrás	lamentó

Rimas Escribe la palabra de ortografía que rima.

1. Ñol   □ _____

2. calor   ___ □ _____

3. ratón   ___ □ _____

4. marrón   ___ □ _____

5. comentó   ___ □ _____

6. patón   ___ □ _____

7. ejercer   ___ □ _____

Palabras que faltan Completa la oración con una palabra de ortografía.

8. Cuando llegues, entra por _____.

9. Los colores _____ sobre la mesa.

10. En este lugar _____ la fiesta.

11. _____ nos vamos a encontrar

será
detrás
allí
están

© Pearson Education, Inc., 3

 Actividad para la casa Su niño o niña está aprendiendo palabras agudas. Pídale que haga una lista de palabras agudas, las lea y divida en sílabas.

Nombre _____

Sustantivos singulares y plurales

Instrucciones Escribe *S* si el sustantivo subrayado es singular y *P* si es plural.

1. Las iguanas pertenecen al grupo de los <u>vertebrados</u>. _____

2. Como todos los vertebrados, respiran <u>oxígeno</u>. _____

3. Las iguanas nadan en <u>arroyos</u>. _____

4. Les encantan las <u>flores</u> de la alfalfa. _____

5. También les gusta mucho el <u>melón</u>. _____

Instrucciones Copia los sustantivos plurales de cada oración.

6. Allí están los vendedores de mascotas.

_____

7. Hay muchos tipos de reptiles.

_____

8. Las tortugas y las serpientes son reptiles.

_____

9. Las iguanas están cubiertas de escamas.

_____

10. A mis padres les gustan mucho los animales.

_____

Nombre _____

Acentuación: Palabras graves

Palabras de ortografía				
apenas	azúcar	móvil	orden	difícil
amarillo	comenzaban	olmo	bolsas	ágil
fértil	años	inútil	estampillas	dólar

Relaciona Traza una línea para conectar las dos partes de una palabra.
Escribe la palabra sobre la línea.

1. bol   til   _____

2. ol   pillas   _____

3. a   ños   _____

4. fér   mo   _____

5. estam   lar   _____

6. a   vil   _____

7. mó   car   _____

8. comen   sas   _____

9. azú   zaban   _____

10. dó   penas   _____

Divide palabras Escribe las palabras divididas en sílabas.

11. inútil   _____

12. amarillo   _____

13. orden   _____

14. ágil   _____

15. difícil   _____

© Pearson Education, Inc., 3

Actividad para la casa Su niño o niña está aprendiendo a identificar palabras graves. Pídale que haga una lista de palabras graves y que las lea y separe en sílabas.

Otros sustantivos

Instrucciones Escribe el plural de los sustantivos subrayados.

1. Lucila tiene que vencer su <u>timidez</u>.

_____

2. Una <u>nuez</u> tiene una cáscara muy dura.

_____

3. El abuelo tuvo una <u>vejez</u> tranquila.

_____

4. Mi hermano juega al <u>ajedrez</u>.

_____

5. En mi cuarto tengo una sola <u>luz</u>.

_____

Instrucciones Copia el sustantivo colectivo de cada oración.

6. La multitud llenaba las calles.

_____

7. Un banco de peces se acercó al barco.

_____

8. La manada pacía en los pastos.

_____

9. Pertenezco a un equipo de béisbol.

_____

10. El pinar está muy lejos.

_____

Acentuación: Palabras esdrújulas y sobresdrújulas

Palabras de ortografía				
único	déjame	década	dígamelo	práctica
levántate	rábanos	físico	química	cómico
brújula	bróculi	lógico	dólares	sábado

Pistas de significados Lee la pista. Escribe una palabra de ortografía para cada pista.

1. Ponte de pie. _____

2. Pedirle a alguien que te diga algo. _____

3. Llega después del viernes. _____

4. Diez años. _____

5. Vegetal de color verde. _____

6. Rima con *cantábamos* y *cortábamos*. _____

7. Ciencia. _____

8. Lo contrario de *ilógico*. _____

9. Original. _____

10. La usan los excursionistas y los navegantes. _____

Partes de palabra Escribe la palabra de ortografía que contiene la sílaba.

11. ja __ __ __ __ __ __

12. si __ __ __ __ __ __

13. prác __ __ __ __ __ __ __ __

14. res __ __ __ __ __ __ __

15. mi __ __ __ __ __ __ __

Actividad para la casa Su niño o niña está aprendiendo palabras esdrújulas y sobresdrújulas. Dele una hoja para que la divida en dos columnas y las rotule: esdrújulas o sobresdrújulas y escriba palabras según el grupo al que pertenecen.

Sustantivos masculinos y femeninos

Instrucciones Escribe *M* si el sustantivo subrayado es masculino o *F* si es femenino.

1. La liebre se echó a dormir en el <u>suelo</u>.   _____

2. La tortuga continuó la <u>carrera</u>.   _____

3. La liebre dio un <u>paso</u>.   _____

4. A la tortuga le daba <u>fatiga</u>.   _____

5. La tortuga entró primera en la <u>meta</u>.   _____

Instrucciones Copia las oraciones agregando un sustantivo masculino o femenino que las complete correctamente.

6. María tomó un _____ para cortar el pan.

_____

7. Se sirvió el té en una _____.

_____

8. Tomó azúcar del _____.

_____

9. Removió el té con una _____.

_____

10. El _____ era su comida preferida.

_____

Acentuación de adverbios interrogativos y exclamativos

Palabras de ortografía			
qué	como	cuándo	cuántos
que	cuál	cuánto	dónde
por qué	cuando	cuánta	porque
cómo	quién	donde	

Reemplaza Busca la palabra de ortografía que completa cada pregunta. Escribe la palabra sobre la línea.

1. La puerta está abierta.

   ¿_____ está la puerta?   1. _____

2. Dejé mi cuaderno sobre el escritorio.

   ¿_____ dejé mi cuaderno?   2. _____

3. Mario está muy feliz.

   ¿_____ está Mario?   3. _____

4. Mi mascota se llama Lanudo.

   ¿_____ es el nombre de mi mascota?   4. _____

5. Tiene cinco hermanos.

   ¿_____ hermanos tiene?   5. _____

6. Le tengo que pagar $5 por el libro.

   ¿_____ le tengo que pagar?   6. _____

Completa Escribe la palabra de ortografía que complete la oración.

7. ¿_____ viene con nosotros en el camión?   7. _____

8. ¡_____ simpática es Verónica!   8. _____

9. ¿_____ cuesta la televisión nueva?   9. _____

10. ¿_____ nos iremos de vacaciones?   10. _____

11. ¡_____ me gustaría aprender a tocar el piano! 11. _____

12. ¿_____ es el libro que tienes que leer para la escuela? 12. _____

Actividad para la casa Su niño o niña está aprendiendo a identificar adverbios interrogativos y exclamativos. Pídale que escriba un párrafo con muchas palabras de ortografía.

Artículos

Instrucciones Copia cada artículo con el sustantivo al que presenta.

1. Las águilas hacen grandes nidos.

_____

2. El nido protege a las crías.

_____

3. Unos pájaros hacen el nido en el suelo.

_____

4. La gaviota anida en los acantilados.

_____

5. Un halcón anidó encima de un edificio.

_____

Instrucciones Copia cada oración con el artículo entre ( ) que la completa correctamente.

6. Las gallinas ponen (un, el) huevo cada día.

_____

7. El pingüino anida sobre (un, la) tierra.

_____

8. A (unas, los) culebras les gustan los huevos.

_____

9. Las golondrinas anidan bajo (los, una) tejados.

_____

10. En ese nido hay (unas, unos) polluelos.

_____

Informe de instrucciones

Instrucciones Completa el organizador gráfico con la información de tu proyecto.

Tarea _____

Materiales _____

Introducción _____

_____

_____

_____

_____

Pasos _____

_____

_____

_____

_____

Conclusión _____

_____

_____

_____

_____

Nombre _____

Palabras de tiempo y orden

Instrucciones Añade palabras de tiempo y orden a cada uno de los siguientes cinco pasos. Luego añade una oración final usando una palabra de tiempo y orden. Cuenta qué puedes hacer con las flores.

1. Encuentra un florero bonito.

_____

_____

2. Recoge flores silvestres del campo.

_____

_____

3. Pon agua en el florero.

_____

_____

4. Coloca las flores en el agua.

_____

_____

5. Arregla las flores de manera vistosa.

_____

_____

6. _____

_____

Palabras expresivas

Cuando escribas, usa palabras expresivas y precisas para hacer que tu informe de instrucciones sea claro y fluya fácilmente.

Palabras generales: Mira el papalote ir por el aire.

Palabras precisas: Mira el papalote elevarse entre las nubes.

Instrucciones   Vuelve a escribir cada instrucción usando palabras más expresivas y precisas.

1. Corta el papel para tu papalote en una forma.

_____

_____

2. Haz tu papalote de un buen color.

_____

_____

3. Ponle algunos palitos a tu papalote.

_____

_____

4. Pon tu papalote alto en el cielo.

_____

_____

5. Usa tu papalote con otra gente.

_____

_____

Nombre _____

Informe de instrucciones

Instrucciones Luego de intercambiar borradores, lee el informe de tu compañero. Utiliza la Lista para revisar mientras tomas notas sobre el informe de tu compañero. Escribe tus comentarios o preguntas en las líneas. Ofrece cumplidos tanto como sugerencias de correcciones. Por turnos, hablen acerca del borrador del otro utilizando las notas que escribieron. Entrega tus notas a tu compañero.

Lista para revisar

Enfoque/Ideas
- ¿Está el informe de instrucciones enfocado en explicar una tarea o actividad?
- ¿Hay suficientes detalles en cada paso para explicar el proceso?

Organización
- ¿Están los pasos del proceso ordenados en orden lógico?
- ¿Tiene el informe un párrafo de introducción y un párrafo de conclusión?

Voz
- ¿Muestra el escritor entusiasmo y conocimiento?

Lenguaje
- ¿Ayudan las palabras de tiempo y orden y las palabras expresivas y precisas a hacer que los pasos y la secuencia sean claros y coherentes para la audiencia?

Oraciones
- ¿Se usan mandatos con verbos expresivos para explicar los pasos?

Cosas que pienso que están bien _____

_____

_____

Cosas que pienso que pueden mejorar _____

_____

_____

Diptongo, triptongo

Instrucciones Lee las siguientes palabras. Divídelas en sílabas en las líneas. Luego, encierra en un círculo la sílaba que tiene el **diptongo** *au, ua, ai* o *ia*.

1. noticias _____

2. guardábamos _____

3. aplaudieron _____

4. vainilla _____

5. automáticos _____

Instrucciones Lee las palabras del recuadro. Encierra en un círculo las palabras que tienen **diptongo**. Subraya las palabras que tienen **triptongo**. Luego, escribe las palabras en la columna correspondiente.

buey   vaivén   gracias   Camagüey   paisaje

diptongo

6. _____

7. _____

8. _____

triptongo

9. _____

10. _____

© Pearson Education, Inc., 3

Escuela + Hogar **Actividad para la casa** Su niño o niña identificó palabras que tienen diptongo y palabras que tienen triptongo. Pídale que piense en otras cinco palabras que tengan diptongo o triptongo y que escriba oraciones con ellas.

Sacar conclusiones

- Una **conclusión** es una decisión que tomas después de haber pensado en los hechos y en los detalles que leíste.
- También puedes sacar una **conclusión** usando lo que ya sabes.
- Luego, hazte esta pregunta: "¿Tiene sentido mi **conclusión**?".

Instrucciones Lee el siguiente texto. Luego, completa la tabla para sacar una conclusión.

Los Martínez salieron temprano de casa. Demoraron casi toda la mañana en llegar a la playa.

Cuando llegaron, todos saltaron del carro. José y Cindy corrieron al mar. Carlos caminó por la playa buscando piedras. Miranda jugó en la arena. Casi ni paran para almorzar.

Al final del día, se puso el sol. Cuando oyeron la llamada de sus padres para regresar a casa, ninguno quería irse.

Hecho o detalle

1. ¿Qué ocurrió a la hora del almuerzo?

Hecho o detalle

2. ¿Qué pasó cuando llegó el momento de irse?

CONCLUSIÓN

3.

4. ¿Tiene sentido tu conclusión? Explica tu respuesta.

_____

_____

Actividad para la casa Su niño o niña sacó una conclusión a través de dos hechos o detalles de un cuento. Un buen lector saca conclusiones a medida que lee, usando hechos del cuento o sus conocimientos previos. Dele dos hechos o detalles a su niño o niña. Por ejemplo: "Sam llena la bañera con agua" y "el perro se escapa corriendo". Pídale que saque una conclusión. (El perro no quiere bañarse).

Nombre _____

Un día duro en la granja de pasas

La semana pasada llegaron nuevos trabajadores a la granja de pasas. Pero estos trabajadores, a la hora de trabajar, no sabían lo que hacían. Una vez llegué al campo, encontré bandejas con uvas todavía no maduras como para convertirse en pasas. Y claro, no podía colgar esas uvas de nuevo en las viñas.

En otras bandejas sí que encontré las uvas correctas. Pero, sin embargo, no había la suficiente cantidad de uvas en las bandejas.

Así que reuní a los nuevos trabajadores todos juntos. Me puse de pie sobre un cajón y les grité. Les dije que habían hecho mal las cosas, y luego les dije la forma correcta de hacerlas. Dijeron que sentían haber hecho un mal trabajo, y entonces yo me sentí mal por haberles gritado. Pero qué puedo hacer: soy el responsable de mi granja.

Aún así, no estuvo mal haber hablado con los nuevos trabajadores. Al día siguiente, ¡hicieron todas las cosas bien!

Características clave de la ficción

- Cuenta una historia imaginada.
- Incluye personajes.
- Incluye un ambiente.
- Sigue una secuencia de sucesos hasta que llega a un punto culminante.

---

1. Lee el cuento. El **ambiente** es cuándo y dónde sucede el cuento. ¿Cuál es el ambiente de esta historia?

_____

2. ¿Por qué se siente mal el narrador casi al final del cuento? ¿No debería haber hablado el narrador con los trabajadores?

_____

_____

_____

_____

Vocabulario

Marca las palabras que conoces			
área	cultivar	pasa	artificial
conservante	parra	prueba	

Instrucciones Llena el espacio en blanco con la palabra del recuadro que mejor complete la oración.

1. Después de esta sequía, no podremos _____ nada.

2. El _____ del patio es mayor que la del jardín.

3. Es un _____ muy bueno para los frutos secos.

4. La _____ de uvas creció por toda la cerca.

5. Hicieron una _____ del producto con expertos invitados.

Instrucciones Une la palabra con su significado. Haz una línea de la palabra a su definición.

6. pasa   que no es natural

7. conservante   superficie

8. artificial   uva seca

9. cultivar   que conserva algo, especialmente alimentos

10. área   sembrar, plantar y cosechar

Escribe una carta

En una hoja de papel aparte, escríbele una carta a un amigo o a un familiar sobre una planta que te gustaría plantar. Usa el mayor número posible de palabras de vocabulario.

Actividad para la casa Su niño o niña identificó y usó palabras de vocabulario de *¿Cómo pasa la vida de una pasa?* Léale un cuento o un artículo acerca de jardines urbanos. Comenten el cuento o artículo usando las palabras de vocabulario de esta semana.

Verbos de acción y verbos copulativos

Un **verbo** es una palabra que dice qué hace o qué es una persona, animal o cosa. Los **verbos de acción** son palabras que indican acción. Los **verbos copulativos** no indican acción, sino que unen el sujeto con las palabras del predicado.

Verbo de acción	Yo <u>planté</u> flores en el jardín.
Verbo copulativo	Las flores <u>son</u> tulipanes.

Instrucciones Una de las palabras subrayadas en cada oración es un verbo. Escribe esa palabra.

1. La pasa <u>es</u> una uva <u>seca</u>. _____

2. Las uvas se <u>cultivan</u> en <u>tierras</u> soleadas. _____

3. La pasa <u>está</u> <u>muy</u> dulce. _____

4. Las uvas <u>crecen</u> en <u>verano</u>. _____

Instrucciones Copia las oraciones. Subraya el verbo de cada una.

5. Las pasas se recolectan en otoño.

_____

6. Los trabajadores atan las parras a alambres.

_____

7. La gente compra pasas en el supermercado.

_____

8. Las pasas son saludables y naturales.

_____

Actividad para la casa Su niño o niña estudió los verbos de acción y los copulativos. Pídale que diga algunos verbos de acción que describan algo que haya hecho hoy.

Diptongos y triptongos

Palabras de ortografía				
cuando	reina	boina	buey	gracias
enviar	fuerza	veinte	diario	ruina
miedo	autores	bailar	mediana	rey

Diptongos Escribe en la línea la palabra de la oración que contiene diptongo *ua, au, ia* o *ai*.

1. Cuando llego de jugar, me lavo las manos. _____

2. A diario compraba el periódico. _____

3. Al terminar la cena, doy las gracias. _____

4. Voy a enviar la carta por correo. _____

5. Me encanta bailar. _____

6. Ana tiene estatura mediana para su edad. _____

7. Los autores vinieron a la feria del libro. _____

Relaciona palabras Ordena el diptongo de cada palabra. Escribe la palabra sobre la línea.

8. niabo _____

9. yube _____

10. ery _____

11. iurna _____

12. irena _____

13. diome _____

14. teinve _____

15. zarefu _____

Actividad para la casa Su niño o niña está escribiendo palabras con *diptongo* o *triptongo*. Pídale que lea y escriba las palabras aprendidas.

Título	
Personaje	**Ambiente**

Sucesos **I.** Primero	

2. Después	

3. Luego	

4. Final	

Nombre _____

Vocabulario • Claves del contexto

- Los **homófonos** son palabras que se pronuncian igual pero tienen diferente ortografía y significado.

- Una forma de hallar el significado de un homófono es usar las palabras que lo rodean en una oración.

---

sé del verbo saber
se pronombre personal y reflexivo

de preposición
dé del verbo dar

casa vivienda
caza forma sustantiva del verbo cazar

rallar desmenuzar algo con un rallador de cocina
rayar trazar rayas
ola onda que se forma en el mar
hola saludo

Instrucciones Lee las oraciones y las palabras subrayadas. Luego, escribe el significado de cada palabra subrayada en la línea.

1. Cuando llegó, no me dijo ni <u>hola</u>. Yo <u>sé</u> que está enojada conmigo.

_____

2. Para hacer pizza, hay que <u>rallar</u> mucho queso o, <u>de</u> lo contrario, no queda rica.

_____

3. Mi hermanita quiere que yo le <u>dé</u> mi cuaderno, pero estoy segura de que lo va a <u>rayar</u>.

_____

4. Cerca de <u>casa</u> está prohibida la <u>caza</u>.

_____

5. Casi <u>se</u> ahoga con una <u>ola</u> gigante.

_____

Actividad para la casa Su niño o niña usó claves del contexto para identificar el significado de varios homófonos, o palabras que suenan igual pero se escriben de forma diferente y tienen distinto significado. Por turnos, nombren palabras que suenen igual (por ejemplo, *echo* y *hecho*) y formen oraciones que muestren cada uno de los significados.

Catálogo de tarjetas

Las bibliotecas usan un **catálogo de tarjetas** o una **base de datos** computarizada para organizar su material. Un libro se puede buscar por su autor, título o tema. Busca el apellido del autor seguido de su nombre. Cuando encuentres el libro, ya sea en la tarjeta o en la computadora, verás un **número de referencia**. Cada libro de una biblioteca tiene su propio número de referencia colocado en el lomo.

Instrucciones Abajo, aparece una entrada de una base de datos de un libro sobre jardinería. Usa la entrada para contestar las preguntas.

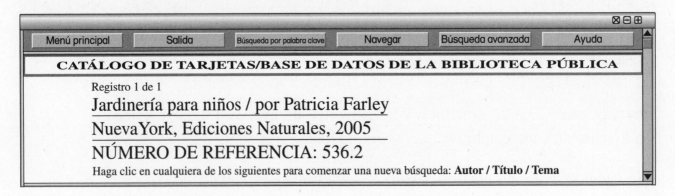

1. Si quieres buscar este libro por su autor, ¿qué escribirías?

   _____

2. ¿Cuál es el número de referencia de este libro?

   _____

3. Si quieres buscar este libro por su tema, ¿qué escribirías en la base de datos?

   _____

4. Quieres encontrar un libro sobre jardinería. ¿En qué palabra harías clic para empezar la búsqueda?

   _____

5. ¿En qué año fue publicado este libro?

   _____

Actividad para la casa Su niño o niña contestó preguntas acerca de una base de datos de una biblioteca. Si es posible, vayan a una biblioteca para observar una base de datos computarizada. Si no, miren algunos libros y pregúntele cómo buscar por tema, autor y título.

Diptongos y triptongos

Revisa un informe La maestra de Juanito puso a toda la clase a hacer un informe acerca de las principales causas de contaminación ambiental. Encierra en un círculo las palabras con diptongo mal escritas y escríbelas bien sobre la línea.

Palabras de ortografía
cuando
reina
boina
diario
ruina
enviar
fuerza
veinte
bailar
mediana
miedo
autores
buey
gracias
rey

Caundo llego a casa hago mis tareas y descanso. Después, con mi hermanito nos ponemos a bialar. Es algo que hacemos a dairio. Cuando terminamos, le digo gracais y le doy un beso.

1. _____   2. _____

3. _____   4. _____

Revisa las palabras Encierra en un círculo la palabra que tiene uno de los diptongos aprendidos y escríbela sobre la línea.

5. Necesitas mucha fuerza para levantar pesas.   _____

6. No le tengo miedo a la oscuridad.   _____

7. Los autores del libro me lo firmaron.   _____

8. Voy a enviar tu regalo mañana.   _____

9. La reina del baile lucía muy linda.   _____

10. Me encanta usar boina en invierno.   _____

11. Mi hermana mayor ya cumplió los veinte años.   _____

Actividad para la casa Su niño o niña está aprendiendo palabras con *diptongo* o *triptongo*. Pídale que escriba palabras de ortografía y las deletree.

La vida de una pasa

Verbos de acción y verbos copulativos

Marca la palabra que es un verbo.

1 En abril llueve a menudo.

- ⬭ menudo
- ⬭ En
- ⬭ llueve

2 Las parras necesitan agua.

- ⬭ necesitan
- ⬭ agua
- ⬭ parras

3 Junio es un mes soleado.

- ⬭ soleado
- ⬭ es
- ⬭ mes

4 Las parras crecen mucho en esta época.

- ⬭ en
- ⬭ época
- ⬭ crecen

5 La uvas se secan al sol.

- ⬭ uvas
- ⬭ secan
- ⬭ se

Escuela + Hogar

Actividad para la casa Su niño o niña se preparó para examinarse sobre los verbos de acción y copulativos. Pídale que se invente dos oraciones sobre un trabajo que le interesa y que identifique el verbo de cada oración.

Nombre _____

Hiato

Instrucciones Lee el siguiente párrafo. Encierra en un círculo las palabras que tienen **hiato**. Luego, escribe las palabras en las líneas.

El señor Bermúdez es maestro de literatura. En sus clases, trabaja con distintos libros de cuento y de poesía. A los niños les gustan mucho las historias sobre héroes medievales. También les gusta recitar poemas. Además, el señor Bermúdez siempre les habla sobre la vida de los poetas.

1. _____

2. _____

3. _____

4. _____

5. _____

Instrucciones Lee las palabras del recuadro. Subraya las que tienen **hiato**. Luego, divide esas palabras en sílabas en las líneas.

> aeropuerto   paisaje   oasis   caoba   aplausos

6. _____

7. _____

8. _____

© Pearson Education, Inc., 3

Actividad para la casa Su niño o niña identificó palabras que tienen hiato *ao, ae, oa* y *oe*. Pídale que le lea las palabras 1 a 8. Luego, ayúdele a crear un pequeño poema.

Personaje y ambiente

- Los **personajes** son las personas o los animales de un cuento.
- Conocemos a los personajes a través de lo que hacen y dicen.
- El **ambiente** es dónde y cuándo ocurre un cuento.

Instrucciones Lee el siguiente texto. Luego, contesta las preguntas.

Moira y Lucía se ofrecieron a ayudar a la maestra Kominski a limpiar el salón de clases cuando tuvieran tiempo. Un viernes, después de la escuela, mientras la ayudaban a limpiar los estantes de libros, alguien vino a buscar a la maestra.

—Enseguida regreso, niñas —les dijo.

Ambas continuaron quitándole el polvo a los estantes y ordenando los libros. De repente, Moira tropezó con Lucía e hizo que el brazo de Lucía chocara contra un florero. El florero se cayó al suelo y se rompió en mil pedazos.

—Oh, no —dijo Lucía—. Corre, vayámonos antes de que regrese la maestra y vea que fue culpa nuestra.

—Eso es tonto —dijo Moira—. De todos modos, sabrá que fuimos nosotras. Es mejor que se lo contemos.

—Tienes razón —dijo Lucía.

En ese momento, entró la maestra Kominski y las niñas le contaron lo que había pasado. Se ofrecieron a comprarle un nuevo florero.

—Tranquilas —les dijo la maestra—. Me parece bien que me lo hayan dicho. No era un florero costoso, así que no se preocupen por pagármelo. Ayúdenme a secar el agua que se regó.

1. ¿Cuál es el ambiente de este cuento? _____

2. ¿Cómo sabes que a las niñas les gusta su maestra y que disfrutan ayudándola?

_____

3. ¿Por qué crees que Lucía dijo que se fueran cuando se rompió el florero?

_____

4. Di cómo es cada personaje.

_____

5. ¿Cómo crees que se sintieron por no tener que comprar otro florero?

_____

Actividad para la casa Su niño o niña respondió preguntas acerca de los personajes de un cuento. Juntos, lean un cuento o vean un programa de televisión. Comenten por qué los personajes hicieron lo que hicieron.

El alce y el tábano

[*Ambiente: En la ribera de un río. Alce bebe agua del río. Castor, Oso, Pato y Tábano se encuentran reunidos cerca de allí*].

Narrador: Los animales están preocupados. Alce lleva bebiendo del río desde hace mucho tiempo, y temen que en poco tiempo deje el río seco. Si eso sucede, Castor no tendrá donde construir su represa, Oso no tendrá lugar donde pescar y Pato no tendrá sitio donde ir a nadar.

Castor: ¿Qué más podemos hacer para que Alce deje de beberse el río? Los troncos que dejé ir río abajo apenas rebotaron en él sin conseguir que dejase de beber.

Oso: Mis enojados gruñidos no lo asustan.

Pato: Y a mis furiosos graznidos los ignora.

Tábano: ¡Yo impediré que Alce se beba toda el agua del río!

Castor, Oso y Pato: ¡Qué! ¿Y cómo podrá una mosquita asustar a un alce inmenso?

¡Si tú no eres ni inteligente, ni fuerte ni valiente!

Tábano: [*zumbando hacia Alce*] ¡Ya verán ustedes!

Narrador: Mientras los demás animales miraban incrédulos, Alce dejó de beber de repente del río. Y entonces comenzó a sacudir la cola y a morderse el cuello, hasta que finalmente se enfadó de tal modo por las picaduras de Tábano, que dio media vuelta y echó a correr, saltando y pisoteando con sus grandes patas hasta formar profundos agujeros en el río —así es como se formó el Gran Cañón, con empinadas paredes y el río en el fondo. Y cuando Tábano regresó junto a los demás animales, todos le ovacionaron y nunca dudaron de nuevo del pequeño insecto volador.

Características clave de una obra de teatro

- Tiene personajes con guión y a veces sin guión que representan la historia.
- Los personajes con guión tienen partes donde hablan llamadas *diálogos*.
- Incluyen una descripción del escenario.
- Tienen un problema fundamental que debe resolverse (argumento).

---

1. ¿Cuál es el problema del cuento? Encierra en un círculo el párrafo donde aparezca.

_____

_____

2. ¿Cómo se resuelve el problema? Encierra en un círculo el párrafo donde aparezca.

_____

_____

Vocabulario

Marca las palabras que conoces

___abetos   ___mamíferos

___cuernos   ___narrador

___imaginarse   ___se abrieron

Instrucciones Escribe la palabra de vocabulario junto a su definición.

_____ **1.** árboles parecidos a los pinos que crecen en Europa, Asia y América del Norte

_____ **2.** persona que cuenta una historia

_____ **3.** huesos que salen de la frente de algunos animales como los venados

_____ **4.** animales que se alimentan de leche materna

_____ **5.** hacerse una imagen o una idea en la mente

Instrucciones Escribe la palabra del recuadro que complete correctamente la oración.

6. El venado tenía enormes _____.

7. _____ las cajas para ver qué había dentro.

8. Ana quiso _____ un mundo en paz.

9. Los coyotes y los alces son animales _____.

10. Los _____ están cubiertos de nieve.

Escribe un poema

En una hoja de papel aparte, escribe un poema acerca de algo maravilloso que imagines. Usa el mayor número posible de palabras de vocabulario.

Actividad para la casa Su niño o niña identificó y usó palabras de vocabulario de *¡Empujemos el cielo!* Jueguen a imaginar cosas que no existen. Túrnense para que cada uno de ustedes añada algo nuevo a lo que imaginó el otro.

© Pearson Education, Inc., 3

Verbos principales y auxiliares

Hay verbos que necesitan otro verbo que los ayude. Estos verbos que ayudan se llaman **auxiliares.** El verbo al que ayudan se llama **principal.** *Haber, estar* e *ir* son verbos auxiliares que ayudan al verbo principal de la oración.

Haber   Los jefes se **han** reunido.

El verbo auxiliar *han* ayuda al verbo principal *reunido.*

Ir   Esta tarde **van a** cortar un árbol.

El verbo auxiliar *van a* ayuda al verbo principal *cortar.*

Estar   **Están** mirando el cielo.

El verbo auxiliar *están* ayuda al verbo principal *mirando.*

Instrucciones Subraya el verbo principal junto con su verbo auxiliar en cada oración.

1. El jefe está tallando un bello tótem.

2. Lo van a colocar a la entrada del poblado.

3. Los niños han aprendido la historia de su pueblo.

Instrucciones Fíjate en el verbo subrayado de cada oración. Escribe *P* si es el verbo principal y *A* si es el auxiliar.

4. Todos están <u>colaborando</u> en la cosecha. _____

5. Las mujeres <u>han</u> plantado las semillas. _____

6. Las muchachas van a <u>regar</u> las plantas. _____

Actividad para la casa Su niño o niña estudió los verbos principales y auxiliares. Lean juntos un cuento y pídale que identifique verbos principales y auxiliares.

Hiato

Palabras de ortografía				
canoa	trae	caer	roedor	peatón
toallas	maestro	oasis	leones	caoba
noroeste	leer	teatral	anchoa	caos

Palabras con *ao, ae, oa, oe* Escribe la palabra con hiato simple *ao, ae, oa* u *oe* que se encuentre en cada oración.

1. Nos secamos las manos con las toallas. _____

2. La tía Ana trae a mi primo Nicolás. _____

3. El maestro Óscar nos enseña arte. _____

4. Me encanta leer cómics. _____

5. En los desiertos hay oasis. _____

6. El peatón tiene el derecho de vía. _____

7. El ratón es un roedor. _____

8. Yo vivo al noroeste de la ciudad. _____

Significado de las palabras Escribe en la línea la palabra de la lista que tenga un significado igual o parecido al de la palabra dada.

9. dramático _____

10. felinos _____

11. bote _____

12. desorden _____

13. pez _____

14. resbalar _____

15. árbol _____

canoa
caer
leones
anchoa
teatral
caoba
caos

Actividad para la casa Su niño o niña está escribiendo palabras con *hiato simple*. Pídale que lea y escriba las palabras aprendidas.

Vocabulario • Diccionario y glosario

- A veces, te vas a encontrar con palabras que no conoces. Usar un **glosario** o un **diccionario** te ayudará a hallar el significado de la palabra desconocida.

- Un **glosario** tiene significados de palabras importantes de un libro. Un **diccionario** tiene los significados de muchísimas palabras. Ambos tienen las palabras en orden alfabético.

---

brasa *SUSTANTIVO* Trozo de leña encendido.
bruma *SUSTANTIVO* Niebla.
coyote *SUSTANTIVO* Una especie de lobo pequeño de América del Norte.

extenuado *ADJETIVO* Muy cansado; agotado.
imaginarse *VERBO* Hacerse una imagen o idea mental.
tiritaba *VERBO* Temblaba de miedo, de frío o de fiebre.

Instrucciones Lee el cuento. Busca la definición de las palabras subrayadas en un diccionario y escríbelas en las líneas.

Ray estaba perdido. Era de noche y hacía frío. Tenía hambre y se sentía extenuado. Comenzó a imaginarse lo bien que estaría en casa, calientito. No había traído una chaqueta y estaba temblando.

De repente, oyó un ruido entre los arbustos. Alzó la mirada y vio a un coyote que lo miraba sonriendo. Ray tiritaba de miedo. El coyote parecía feroz, pero le habló amablemente.

—Haré fuego —dijo el coyote, y fue a traer leña.

Al poco tiempo, estaban sentados, calentándose junto al fuego.

—Ahora te llevaré a casa —dijo luego el coyote. Agarró una brasa y guió a Ray a través del bosque de abetos. Pronto llegaron a casa —Adiós —dijo, despidiéndose.

—Gracias —respondió Ray, y se quedó mirando al coyote mientras desaparecía entre la oscuridad y la bruma.

1. extenuado _____

2. imaginarse _____

3. coyote _____

4. tiritaba _____

5. brasa _____

6. bruma _____

Escuela + Hogar

Actividad para la casa Su niño o niña usó un diccionario para hallar el significado de varias palabras. Juntos, lean un libro de no ficción. Usen el glosario del libro o un diccionario para buscar el significado de palabras desconocidas.

Nombre _____

Tesauro

Un **tesauro** incluye palabras con sus sinónimos (palabras con el mismo o parecido significado) y sus antónimos (palabras con significados opuestos). La mayoría de programas de procesador de textos tienen un tesauro que te puede ayudar a elegir la palabra correcta.

Instrucciones Usa la entrada en el tesauro para contestar las preguntas.

Entrada   **Definición**

Callado persona que está sin hablar
El niño está callado porque está dormido.

Sinónimos → **Silencioso** que no hace ruido
Me gusta el bosque porque es silencioso.

Reservado persona que no habla mucho
Enrique es tímido y reservado.

Antónimo → Antónimo: hablador

1. ¿Cuál es la entrada de esta muestra de tesauro? _____

2. ¿Cuál de los sinónimos de *callado* completa mejor esta oración?
   Como es muy _____, prefirió no dar su opinión. _____

3. ¿Qué palabra describe al niño de la siguiente oración?
   El hijo de mi prima <u>no se calla</u> ni un minuto. _____

4. ¿Cómo podrías usar un tesauro para hallar otros antónimos de *callado*?

   _____

   _____

5. ¿De qué manera podrías usar un tesauro para hacer las tareas de la escuela?

   _____

   _____

Actividad para la casa Su niño o niña contestó preguntas acerca de una entrada de tesauro. Juntos, lean un cuento. Elija palabras apropiadas para que su niño o niña las busque en un tesauro, o diccionario de sinónimos y antónimos.

Hiato

Corrige una carta Encierra en un círculo las cuatro palabras mal escritas. Escribe bien las palabras y la última oración.

> Querido masetor:
>
> La actividad teratal quedó muy buena. Pudimos reel sobre las personajes en el programa. Y lo mejor es que el micrófono no se llegó a raec!

1. _____ 2. _____

3. _____ 4. _____

5. _____

Palabras que faltan Rellena el círculo de la palabra que está bien escrita y escríbela sobre la línea.

6. La _____ navega en los ríos.   _____

○ canoa   ○ canea   ○ canaa

7. El _____ es un punto cardinal.   _____

○ noraeste   ○ noroeste   ○ noroesto

8. Debo ordenar mi habitación porque es un _____.   _____

○ coas   ○ caso   ○ caos

Palabras de ortografía

canoa
toallas
noroeste
trae
maestro
leer
caer
oasis
teatral
roedor
leones
anchoa
peatón
caoba
caos

Palabras con ortografía difícil

aeropuerto
extraer
aerosol

© Pearson Education, Inc., 3

 Escuela + Hogar

Actividad para la casa Su niño o niña está aprendiendo a identificar y corregir palabras con *hiato simple*. Pídale que escriba palabras de ortografía y las deletree.

> Verbos principales y auxiliares

Marca el verbo principal de cada oración en 1, 2 y 3, y el auxiliar en 4 y 5.

1 Allí siempre ha habido grandes árboles.

- ⬭ ha
- ⬭ habido
- ⬭ ha habido

2 La tribu ha cortado un abeto.

- ⬭ ha cortado
- ⬭ cortado
- ⬭ cortado un

3 Está trabajando la madera.

- ⬭ está
- ⬭ trabajando
- ⬭ trabajando la

4 Estoy tallando un cuenco.

- ⬭ tallando
- ⬭ Estoy
- ⬭ tallando un

5 El cuenco va a quedar muy bien.

- ⬭ quedar
- ⬭ va a quedar
- ⬭ va

Escuela + Hogar

Actividad para la casa Su niño o niña se preparó para examinarse sobre los verbos principales y auxiliares. Pregúntele sobre lo que hizo hoy en la escuela; pídale que use oraciones con un verbo principal y otro auxiliar, como *he hecho*.

Nombre_____

Sufijos *-ando, -iendo, -mente*

Instrucciones Agrega el **sufijo** *-ando*, *-iendo* o *-mente* a cada palabra base. Luego, escribe las palabras formadas en las líneas.

1. caminar   +   -ando   = _____

2. correr   +   -iendo = _____

3. seguir   +   -iendo = _____

4. anterior +   -mente = _____

5. alegre   +   -mente = _____

Instrucciones Agrega el **sufijo** *-ando*, *-iendo* o *-mente* a cada palabra base entre ( ) para completar la oración correctamente. Escribe las palabras formadas en las líneas.

_____ **6.** Los pájaros están (volar) sobre el tejado.

_____ **7.** La niña estaba (festejar) su cumpleaños número seis.

_____ **8.** Nos quedamos (admirar) el paisaje durante varias horas.

_____ **9.** Llegó a casa y encontró al gato (dormir) en su cama.

_____ **10.** El volumen de la música que estás (escuchar) está muy alto.

_____ **11.** Necesitas pensar (lógica) para contestar las pregutnas del examen.

_____ **12.** Me gusta ir (semana) a la casa de mis abuelos.

Actividad para la casa Su niño o niña formó palabras con los sufijos *-ando*, *-iendo* y *-mente*. Pídale que vuelva a leer las palabras de los ejercicios 1 al 12 y ayúdele a escribir oraciones con ellas.

Fuentes gráficas

- Una **fuente gráfica** es una imagen que te ayuda a entender mejor lo que lees.
- Algunas fuentes gráficas comunes son las tablas, gráficas y diagramas.

Instrucciones Estudia la siguiente fuente gráfica. Luego, contesta las preguntas.

Las peores erupciones volcánicas del mundo				
Volcán	País	Año	Muertes	Causa principal de muertes
Tambora	Indonesia	1815	92,000	Hambruna
Etna	Sicilia	1683	60,000	Terremotos
Krakatoa	Indonesia	1883	36,000	Tsunami
Monte Pelé	Martinica	1902	29,000	Asfixia por ceniza
Ruiz	Colombia	1985	25,000	Avalanchas de lodo
Etna	Sicilia	1669	20,000	Desconocida
Unzen	Japón	1782	15,000	Colapso volcánico, tsunami
Laki	Islandia	1783	9,800	Hambruna/Avalanchas de lodo?
Kelut	Indonesia	1919	5,000+	Avalanchas de lodo
Galunnnung	Indonesia	1882	4,000	Avalanchas de lodo
Vesubio	Italia	1631	4,000+	Avalanchas de lodo y lava

(Fuente: Almanaque del New York Times de 2002)

1. ¿Qué muestra esta tabla?

_____

2. ¿Dónde ocurrió la erupción volcánica más reciente?

_____

3. ¿En que país se ha producido el mayor número de erupciones volcánicas?

_____

4. ¿Qué volcán de la tabla entró en erupción más de una vez? _____

5. Usa la tabla para sacar una conclusión acerca de las erupciones volcánicas.

_____

_____

Actividad para la casa Su niño o niña estudió una fuente gráfica y contestó preguntas sobre ésta. Busque en un periódico alguna gráfica sencilla. Juntos, estudien la gráfica y luego hágale preguntas sobre ésta.

805 Calle Oak
Pine Plains, NY 12523
24 de enero de 20__

Profesora Anne Shea
Museo de Astronomía
789 Calle Main
Pine Plains, NY 12523

Estimada Profesora Anne Shea:

En mi clase de tercer grado hemos estado estudiando las estrellas. Le escribo porque tengo una pregunta sobre las estrellas oscilantes. ¿Es verdad que este tipo de estrellas puede expandirse y contraerse como un corazón cuando late? ¿Y que, además, algunas de estas estrellas tienen pulsaciones regulares mientras que otras tienen latidos irregulares?

Le agradecería si pudiera responder a mis preguntas sobre este tipo de estrellas. Me gustaría escribir un informe para presentarlo a la clase. Gracias por su atención.

Le saluda atentamente,

Ben Chung

Características clave de una carta formal

- Se escriben en un formato de carta formal: encabezamiento, dirección, saludo, cuerpo, cierre y firma
- Son cortas y concisas
- Tienen un tono respetuoso
- No incluyen información personal innecesaria

---

1. ¿Qué palabras forman el saludo?

_____

2. Encierra en un círculo el texto de la carta donde el escritor muestra respeto.

3. Escribe dos ejemplos de concordancia sujeto-verbo que aparezcan en la carta.

_____

Vocabulario

Instrucciones Escoge la palabra de vocabulario del recuadro y escríbela junto a su significado.

_____ **1.** los lugares y las comunidades de seres vivos que habitan en ellos

_____ **2.** animales que ponen y nacen de huevos

_____ **3.** tiempo atmosférico característico de una región

_____ **4.** franja de tierra que está a lo largo de la orilla del mar

_____ **5.** sustancias que el cuerpo necesita para obtener energía y desarrollarse

Marca las palabras que conoces

___ **ecosistemas**
___ **clima**
___ **fauna**
___ **litoral**
___ **manglar**
___ **nutrientes**
___ **ovíparos**
___ **silvestres**

Instrucciones Escoge una palabra del recuadro que complete correctamente la oración y escríbela en la línea.

6. En las orillas de los caminos crecen cientos de flores _____.

7. El león es un animal de la _____ africana.

8. En las islas del Caribe, el _____ es caluroso.

9. Los mangles son las plantas que crecen en un _____.

10. Todos los seres vivos necesitamos _____ para desarrollarnos.

Escribe una descripción

En una hoja de papel aparte, haz una descripción de uno de tus animales preferidos. Incluye información sobre su apariencia física, dónde habita y qué come. Di si es un animal en peligro de extinción.

Actividad para la casa Su niño o niña identificó y usó palabras de vocabulario nuevas de *Plumas y cantos*. Juntos, lean un artículo sobre pájaros. Comenten el artículo usando las palabras de vocabulario de esta semana.

Concordancia entre sujeto y verbo

El sujeto y el verbo de una oración tienen que estar de acuerdo, o **concordar**. El final del verbo cambia según quién realiza la acción:

Yo como

Tú comes

Él/Ella/Usted come

Nosotros/Nosotras comemos

Ellos/Ellas/Ustedes comen

Instrucciones Elige el verbo entre ( ) que concuerda con el sujeto. Copia la oración.

1. El zumbador rufo (son, (es)) un colibrí.

   El zumbador rufo es un colibri

2. Los colibríes ((emiten), emites) sonidos agudos.

   _____

3. Yo (querrían, (querría)) un libro de pájaros.

   _____

4. Los bosques (está, (están)) llenos de vida.

   _____

5. La guacamaya (tienen, (tiene)) una voz fuerte.

   _____

6. Mi papá y yo (voy, (vamos)) de excursión.

   _____

7. ¿Cómo se ((llama,) llamas) ese pájaro.

   _____

8. Los jilgueros jóvenes (escucha, (escuchan)) a los adultos.

   _____

© Pearson Education, Inc., 3

Actividad para la casa Su niño o niña estudió la concordancia entre sujeto y verbo. Pídale que diga una oración sobre algo que pasó en la escuela y que explique cómo concuerdan el sujeto y el verbo.

Sufijos *-ando, -iendo, -mente*

Escribe la palabra de ortografía que falta

1. Estuvimos _____ hasta muy tarde en la escuela.

2. Vamos _____ despacio por la ladera de la montaña.

3. _____ hacemos un dúo muy artístico.

4. Crees que lo harás _____ pero no es tan fácil.

5. Estuve _____ toda la mañana del domingo.

6. El payaso nos mantuvo _____ toda la fiesta.

7. Fuimos _____ pues la tienda quedaba cerca.

8. Fuimos _____ en fila al comedor de la escuela.

9. _____ hacemos las tareas después de las clases.

Palabras de ortografía

subiendo
saliendo
trabajando
completamente
suavemente
fácilmente
realmente
simplemente
normalmente
cantando
caminando
durmiendo
silbando
riendo
entrando

Completar Lee la palabra y escríbela con el sufijo que corresponda.

10. completo: _completamente_

11. silbar: _____

12. simple: _____

13. suave: _____

14. salir: _____

15. real: _____

Actividad para la casa Su niño o niña está aprendiendo a escribir y leer palabras con los sufijos *-ando, -iendo, -mente*. Pídale que escriba cinco oraciones con las palabras de ortografía.

Gráfica SQA

Tema _____

Lo que **S** abemos	Lo que **Q** ueremos saber	Lo que **A** prendemos

Vocabulario • Diccionario / Glosario

- Puedes usar un **diccionario** o un **glosario** para buscar el significado de una palabra desconocida.
- Las palabras están en **orden alfabético** en un diccionario o en un glosario.

Instrucciones Lee las siguientes oraciones. Una palabra está subrayada. Usa la muestra de una página de glosario para escribir la definición de la palabra subrayada en la línea.

---

adaptación • morada

adaptación *s. f.* característica que ayuda a un ser vivo a vivir en su medio ambiente

amenazado *adj.* en peligro de extinción

contaminación *s. f.* alteración del agua, del aire o de la tierra causada por sustancias dañinas

germinar *v.* empezar a crecer las semillas

hábitat *s. m.* lugar donde vive de forma natural una planta o un animal

morada *s. f.* vivienda de un animal o de una persona

---

1. La guacamaya verde es un pájaro <u>amenazado</u> porque los ladrones roban sus polluelos.

_____

2. La forma del pico de un ave es una <u>adaptación</u> que la ayuda a comer lo que necesita.

_____

3. La <u>morada</u> de las águilas está escondida en la cima de las montañas.

_____

4. Los océanos son el <u>hábitat</u> de muchas aves marinas, como el pelícano.

_____

5. En las grandes ciudades hay mucha <u>contaminación</u>.

_____

6. Para <u>germinar</u>, las semillas necesitan luz, agua, nutrientes y buena temperatura.

_____

Actividad para la casa Su niño o niña identificó y usó palabras relacionadas con el tema de *Plumas y cantos*. Juntos, lean un artículo sobre aves en peligro de extinción o sobre el hábitat de un ave preferida por su niño o niña. Anímele a buscar en un diccionario o en un glosario las palabras desconocidas.

Nombre _____

Almanaque

Un **almanaque** es un libro de hechos y datos que se publica una vez al año. Existen dos tipos de almanaques. El **almanaque del agricultor** contiene datos sobre el tiempo, la astronomía y las mareas de los océanos. El **almanaque de información general** contiene hechos, datos e información de muchas categorías. El almanaque es el libro más actualizado disponible.

Instrucciones Usa la página del almanaque para contestar las preguntas.

Almanaque de 2007

Premios y reconocimientos

Medalla Newbery, 2000–2005

La primera Medalla Newbery de la Asociación Estadounidense de Bibliotecas fue entregada en 1922. Esta medalla la recibe el mejor escritor de libros infantiles. Solamente la reciben autores estadounidenses. La medalla fue nombrada así en honor al inglés John Newbery, el primer editor de libros para niños.

2000 Christopher Paul Curtis, *Bud, Not Buddy*	2004 Kate DiCamillo, *The Tale of Despereaux*
2001 Richard Peck, *A Year Down Yonder*	2005 Cynthia Kadohata, *Kira-Kira*
2002 Linda Sue Park, *A Single Shard*	2006 Lynne Rae Perkins, *Criss Cross*
2003 Avi, *Crispin: The Cross of Lead*	

1. ¿Quién ganó la Medalla Newbery en 2001? _____

2. ¿Bajo cuál categoría aparece esta información?

_____

3. ¿Pertenece esta página a un almanaque del agricultor o a un almanaque de

información general? ¿Cómo lo sabes? _____

_____

_____

4. ¿Cuál es el título del mejor libro para niños de 2005? _____

5. Da un ejemplo del tipo de información que podrías encontrar en un almanaque del agricultor.

_____

_____

Actividad para la casa Su niño o niña contestó preguntas acerca de una página de un almanaque. Muéstrele un almanaque y anímele a observar varias secciones, como el índice.

208 Investigación

Nombre _____

Sufijos -ando, -iendo, -mente

Completar Usa las siguientes palabras de ortografía para
completar las palabras que faltan en la narración.

fácilmente	cantando	entrando
silbando	subiendo	riendo

_____ al parque vi a unas niñas

_____ mientras jugaban. Vi una

ardilla _____ a un árbol. Un coro de

niños estaba _____ una canción.

_____ una melodía llegué hasta el

lago _____, sólo tuve que seguir las
señales del camino.

Agrupación de palabras Escribe el resto de las palabras de
ortografía en la columna que corresponda.

-ando	-iendo	-mente
1.	3.	5.
2.	4.	6.
		7.
		8.
		9.

Palabras de ortografía

subiendo
saliendo
trabajando
completamente
suavemente
fácilmente
realmente
simplemente
normalmente
cantando
caminando
durmiendo
silbando
riendo
entrando

Palabras con ortografía difícil

súbitamente
felizmente
cosiendo

Actividad para la casa Su niño o niña está aprendiendo a leer y escribir palabras con los sufijos -ando,
-iendo, -mente. Pídale que escriba una narración con las palabras de ortografía y palabras con ortografía
difícil.

Concordancia entre sujeto y verbo

Marca el verbo que completa la oración.

1 Los ecosistemas _____ muy delicados.

  ⬭ es

  ⬭ son

  ⬭ eres

2 México _____ muchos bosques.

  ⬭ tienen

  ⬭ tengo

  ⬭ tiene

3 Mi hermano y yo _____ plumas.

  ⬭ coleccionamos

  ⬭ colecciono

  ⬭ coleccionas

4 El zumbador rufo _____ hasta Alaska.

  ⬭ viajo

  ⬭ viaja

  ⬭ viajamos

5 Allí, tú _____ oír un jilguero.

  ⬭ podría

  ⬭ podríamos

  ⬭ podrías

Actividad para la casa Su niño o niña se preparó para tomar un examen de la concordancia entre sujeto y verbo. Muéstrele una oración en un periódico y pídale que identifique el sujeto y el verbo de la misma y que le explique cómo concuerdan.

Prefijos *pre-, dis-, des-, in-*

Instrucciones Agrega el **prefijo** *pre-, dis-, des- o in-* a cada palabra base. Escribe las palabras formadas en las líneas.

1. pre- + fabricar = _____

2. dis- + culpar = _____

3. pre- + decir = _____

4. dis- + poner = _____

5. des- + confianza = _____

6. in- + seguro = _____

Instrucciones Agrega el **prefijo** *pre-, dis-, des- o in-* a cada palabra base para completar cada oración correctamente.

(sentimiento) **7.** Mi tío tuvo el _____ de que iba a perder su trabajo.

(conforme) **8.** Juan está _____ con su actuación.

(escolar) **9.** Mi hermanita está en _____.

(gusto) **10.** Los científicos tuvieron un _____ porque no descubrieron lo que necesitaban.

(móvil) **11.** Sentí miedo y me quedé _____.

(afinado) **12.** No me gusta cuando la cantante canta _____.

© Pearson Education, Inc., 3

Actividad para la casa Su niño o niña agregó los prefijos *pre-, dis-, des-, in-* a distintas palabras. Diga a su niño otras palabras base, como *juzgar, venir, traer, culpa*. Pídale que forme nuevas palabras agregando los prefijos que practicó en esta página.

Nombre _____

Generalizar

- En una lectura hay ideas que se parecen de varias maneras. Para unirlas todas, puedes hacer una **generalización**.
- Algunas **palabras clave** son *la mayoría, muchas, muchos, todas, todos, pocos, pocas.*

Instrucciones Lee el siguiente texto.

> Los mamíferos son animales que necesitan respirar aire. La mayoría de los mamíferos tienen crías. Las hembras de los mamíferos dan leche a sus crías.
>
> Las ballenas grises viven en los océanos. Antes de tener su cría, la madre busca un lugar seguro en el mar, generalmente, cerca de la costa. Cuando la cría nace, otra ballena hembra la empuja hacia la superficie para que respire. Después, la mamá ballena alimenta al ballenato.

Instrucciones ¿Son las ballenas grises animales mamíferos? Completa la tabla. Haz una generalización.

Ejemplo	Ejemplo	Ejemplo
1. ¿Respiran aire las ballenas grises?	2. ¿Tienen crías las ballenas grises?	3. ¿Le dan leche las ballenas grises a sus crías?

Generalización

4. Las ballenas grises son

5. ¿Cómo te ayudaron las respuestas a las preguntas de los ejemplos a hacer una generalización?

Actividad para la casa Su niño o niña hizo una generalización al hallar ejemplos de maneras en que se parecen las cosas. Dibuje un organizador gráfico como el de arriba. Escriba ejemplos de tres maneras en que se parecen los perros (los perros ladran, mueven la cola, tienen pelo). Luego, ayude a su niño o niña a hacer una generalización acerca de los perros.

El bebé encuentra un nuevo hogar por Jess Salvatore

Al principio, Diego Salvatore no sabía lo que era. Era pequeño y rosado. Estaba en el suelo al lado de un árbol de su patio trasero. Y parecía necesitar ayuda.

El sábado, sorpresa

Diego encontró el bebé animal el sábado por la mañana. Lo envolvió con cuidado en una vieja toalla y lo metió en una caja de zapatos. Luego, habló con otros muchachos de su calle, pero nadie sabía lo que era.
—Pensaba que era un cachorro —dijo Brandon, un amigo de Diego.
Entonces decidieron enseñarlo a la Sra. Sing. La Sra. Sing vive al lado de Diego y le encantan los animales. Tiene muchos pajaritos, peces y un tanque con cangrejos ermitaños.

Misterio resuelto

La Sra. Sing les dijo que era una ardilla bebé. Llamó al Centro de Fauna y Flora y le dijeron que se harían cargo del animal.
—Todas las primaveras rescatamos a muchas ardillas bebé —dijo Alice, trabajadora del centro—. Se suelen caer de los nidos.

La Sra. Sing y Diego fueron al Centro después del almuerzo. Dejaron a la ardilla con Alice y también hicieron una donación al Centro. Su donación ayudará al Centro a rescatar a otros animales jóvenes y heridos.

Características clave de un artículo periodístico

- tiene un titular y una pequeña introducción para llamar la atención
- contesta las principales interrogantes como quién, qué, cuándo, cómo, dónde y por qué
- describe un suceso actual e incluye información importante sobre el suceso

---

1. ¿Cuál es el verbo del titular? ¿Qué partes de la introducción te llaman la atención?

_____

_____

2. Escribe la primera oración del modelo que te diga **qué** ocurrió.

_____

3. Escribe las citas que aparecen en el artículo periodístico. Pon una estrella al lado de la persona experta.

_____

_____

Vocabulario

Instrucciones Lee los siguientes pares de oraciones.
Usa una palabra del recuadro para completar cada par de
oraciones. Usa claves del contexto como ayuda.

1. El rayo cayó en medio del bosque y quemó muchos
   árboles. Por eso dicen que ha sido la
   tormenta más fuerte.

2. El pájaro cantó una bella canción. La
   melodia era dulce y triste.

3. Los niños se acercaron a la maestra. Terminó
   rodeada por toda la clase.

4. Estaba preocupada por el examen. Esperó _nerviosament_ los resultados.

5. El agua corría por un arroyo angosto. El arroyo era un _____ que
   llevaba el agua al mar.

Instrucciones En las siguientes oraciones, hay dos palabras subrayadas. Encierra en un
círculo la palabra que tiene sentido en la oración. Usa claves del contexto como ayuda.

6. El buque entró a la bahía / tormenta que está cerca de la aldea.

7. Nos llevamos los suministros / asentamientos necesarios para el campamento.

8. Cerca de la costa hay asentamientos / suministros que se fundaron a principios de
   siglo.

9. El músico dedicó la sinfonía / bahía a los estudiantes de tercer grado.

10. Desde que oí la canción en la radio, no he dejado de tararear su melodía / sinfonía.

Escribe una escena para una obra de teatro

En una hoja de papel aparte, escribe una escena corta de una obra acerca de una
persona que se comunica con un animal. Usa el mayor número posible de palabras
de vocabulario.

Actividad para la casa Su niño o niña usó palabras de vocabulario de *Una sinfonía de ballenas*. Léale un
cuento o un artículo sobre animales. Pídale que señale las palabras desconocidas. Juntos, traten de hallar
el significado de cada palabra usando otras palabras que estén cerca.

El presente, el pasado y el futuro

El **tiempo verbal** dice cuándo se realiza la acción. Un verbo está en **presente** cuando la acción ocurre ahora. Un verbo está en **pasado** cuando dice que la acción ya ocurrió. El **futuro** dice que la acción va a ocurrir más adelante.

Presente	Una ballena <u>nada</u> cerca de la playa.
Pasado	La ballena <u>subió</u> a la superficie para respirar.
Futuro	Las demás ballenas pronto <u>aparecerán</u>.

Instrucciones Di el tiempo del verbo subrayado en cada oración. Escribe *presente, pasado* o *futuro*.

1. A mí me <u>gustan</u> las ballenas beluga. _____

2. <u>Disfrutarás</u> de la música de las ballenas. _____

3. Estas ballenas <u>atravesaron</u> el océano Ártico. _____

4. Las ballenas <u>volverán</u> el año que viene. _____

Instrucciones Copia cada oración con el verbo entre ( ) que la completa correctamente.

5. Luis (estudia, estudió) las ballenas el año pasado.

_____

6. Dentro de poco las (verá, vio) en el mar.

_____

7. En estos momentos (preparó, prepara) su viaje.

_____

8. Mañana se (marchó, marchará) de viaje.

_____

© Pearson Education, Inc., 3

Actividad para la casa Su niño o niña estudió los verbos en presente, pasado y futuro. Pídale que forme una oración sobre algo que vio volviendo de la escuela e identifique el tiempo del verbo de la oración.

Palabras de ortografía

Identificar Separa las palabras de ortografía en prefijo y base. Haz un círculo alrededor del prefijo y subraya la base. Luego escribe el prefijo y la base separados en la línea.

1. desnivel _____

2. inaceptable _____

3. previsto _____

4. desilusión _____

5. prefabricado _____

6. dispar _____

7. insoportable _____

Pistas del contexto Escribe en la línea una palabra de ortografía que complete la oración.

8. Si no estudias serás _____ de pasar el examen.

9. El arroz _____ es fácil de hacer.

10. El aire es un recurso _____ .

11. Me siento _____ con la decisión del juez

12. La defensa intentó _____ al jurado.

13. Nuestro equipo estaba en _____ con el equipo de cuarto grado.

14. Fue una reunión _____ para preparar la actividad.

15. No puedes _____ todo el trabajo que hemos hecho.

© Pearson Education, Inc., 3

Actividad para la casa Su niño o niña está estudiando palabras con prefijos *pre-, dis-, des-, in-*. Para que practique en la casa, pídale que lea y escriba las palabras aprendidas.

¿Qué?, ¿quién?, ¿dónde?, ¿cuándo?, ¿por qué? y ¿cómo?

¿Qué ocurrió?

¿Quién estaba allí?

¿Dónde ocurrió?

¿Cuándo ocurrió?

¿Por qué ocurrió?

¿Cómo ocurrió?

Vocabulario • Claves del contexto

- A veces puedes hallar el significado de una palabra al mirar las otras palabras y oraciones que la rodean.
- Las claves del contexto son aquellas palabras que rodean una palabra desconocida y te ayudan a hallar su significado.

Instrucciones Lee el siguiente texto. Luego, contesta las preguntas. Busca claves del contexto mientras lees.

Laura se bajó del autobús de la escuela y caminó hacia la puerta de la casa, donde la esperaba Luisa, su hermana mayor. Al llegar al jardín, escuchó un gemido. Se detuvo, miró a su alrededor, pero el origen del gemido parecía invisible, no podía ver qué o quién lo producía. Entró en el jardín, guiándose por los gemidos, y finalmente lo vio detrás del rosal. Un cachorro pequeño la miraba con desconfianza, como si tuviera miedo de ella, desde su escondite. El perrito, de aspecto bastante inusual, estaba echado inmóvil, con su pelambre blanca cubierta de barro y hojas. Parecía estar muy asustado y hambriento.

Laura lo recogió con cuidado y, previendo la reacción de su hermana, pues sabía que era alérgica a los perros, le dijo:

—Sólo lo cuidaremos hasta que se ponga bien, y después se lo daremos a una familia que pueda tener mascotas.

Su hermana se sonrió, le abrió la puerta y le dijo:

—Nunca podré visitarte en tu trabajo cuando seas grande. ¡Estoy segura de que vas a estudiar veterinaria!

1. ¿Qué palabras usa el autor para describir al perrito?

_____

2. ¿Qué significa *invisible*? ¿Qué claves te ayudan a saberlo?

_____

3. ¿Qué significa *desconfianza*? ¿Qué claves te ayudan a saberlo?

_____

4. ¿Qué significa *previendo*? ¿Por qué la niña prevé la reacción de su hermana?

_____

Actividad para la casa Su niño o niña usó las claves del contexto para hallar el significado de nuevas palabras. Trabajen juntos para identificar palabras desconocidas en un artículo y para encontrar claves del contexto que los ayuden a entender esas palabras.

Tomar notas y registrar hallazgos

A medida que haces una investigación, es importante que **tomes notas** y **registres los hallazgos**. Anotar la información importante le dará un enfoque a tu investigación. Una buena manera es que organices tus notas como ideas principales y detalles o como respuestas a preguntas que tienes sobre un tema.

Instrucciones Mira la tabla de abajo. Lee el párrafo y resalta o subraya la información importante a medida que lees. Luego, registra tus hallazgos, o sea, la información que hallaste, en las listas para completarlas.

Animales albinos

Imagina a un animal que parece un venado pero que es diferente. Tiene pelo blanco y ojos rosados. La cola, las orejas y todo lo demás es igual. Sólo el color es distinto. Este animal es un venado albino. Los albinos tienen una característica que los hace diferentes de los otros animales de su especie. Un animal albino no tiene pigmento en su piel, pelo u ojos. Por eso, su piel, pelaje o plumas son blancos. Los venados no son los únicos animales albinos. También hay perros, ardillas, leopardos y hasta pájaros albinos.

Por qué son blancos	**Rasgos**	**Clases de animales**
tienen características diferentes	se ven iguales a los demás	perros
		leopardos
		ardillas
1. _____ _____	2. _____ _____	
	3. _____	4. _____
		5. _____

© Pearson Education, Inc., 3

Actividad para la casa Su niño o niña leyó un párrafo y anotó información importante en categorías. Ayúdele a buscar un párrafo en un libro de referencia, en un texto de no ficción o en un sitio Web. Pídale que tome notas sobre la información importante del párrafo.

Nombre _____

Prefijos *pre-, dis-, des-, in-*

Revisa una nota Fabián envió una nota a su hermana que está de vacaciones. Encierra en un círculo las palabras mal escritas. Escribe bien las palabras en la línea.

Palabras de ortografía

insoportable
incapaz
previsto
dispar
desunir
desilusión
desnivel
disconforme
prefabricado
precocido
inagotable
deshacer
inaceptable
desventaja
informal

Querida hermana,

Me dio deselusión no poder despedirte personalmente. No tenía privisto limpiar la patita del gatito que se lastimó. Espero que te puedas dishacer de tus problemas en estas vacaciones. Espero la diversión sea imagotable.

Un abrazo,

Tu hermano Fabián.

1. _____

2. _____

3. _____

4. _____

Revisa las palabras Rellena el círculo de la palabra bien escrita.

5. ⬭ isoportable   ⬭ ensoportable   ⬭ insoportable

6. ⬭ imformal   ⬭ informal   ⬭ iformal

7. ⬭ dispar   ⬭ despar   ⬭ disspar

8. ⬭ disnivel   ⬭ dessnivel   ⬭ desnivel

9. ⬭ precocido   ⬭ pricocido   ⬭ prcocido

10. ⬭ desventaja   ⬭ deventaja   ⬭ disventaja

Actividad para la casa Su niño o niña está aprendiendo palabras con prefijos *pre-, dis-, des-, in-*. Pídale que lea las palabras y que explique su significado.

El presente, el pasado y el futuro

Marca el verbo que completa la oración. Usa el tiempo entre ( ).

1 Tú _____ ballenas en el mar. (futuro)

⬭ avistarás

⬭ avistas

⬭ avistaste

2 Muchas _____ en aguas frías. (presente)

⬭ vive

⬭ viven

⬭ vivieron

3 Las ballenas _____ en invierno. (futuro)

⬭ emigraron

⬭ emigran

⬭ emigrarán

4 Las ballenas _____ mucho. (presente)

⬭ viajaron

⬭ viajé

⬭ viajan

5 Éstas _____ una familia. (pasado)

⬭ formas

⬭ forman

⬭ formaron

© Pearson Education, Inc., 3

Actividad para la casa Su niño o niña se preparó para examinarse sobre verbos en presente, pasado y futuro. Lean juntos un cuento y señale una oración. Pídale que identifique el tiempo verbal.

Nombre _____

Prefijos *ante-*, *bi-*, *tri-*, *re-*

Instrucciones Escribe la palabra del recuadro que corresponde a cada definición.

_____ **1.** el día antes de ayer

_____ **2.** que tiene dos colores

_____ **3.** vehículo de tres ruedas

_____ **4.** escribir de nuevo

> reescribir
> bicolor
> anteayer
> triciclo

Instrucciones Lee las oraciones. Subraya las palabras que tienen los **prefijos** *ante-*, *bi-*, *tri-* y *re-*. Luego, escríbelas en las líneas.

5. Sin querer, le di un codazo a mi hermano en el antebrazo. _____

6. Mi tía es bilingüe porque habla dos idiomas. _____

7. La bandera de Colombia es tricolor. _____

8. La maestra nos dijo que teníamos que reciclar el papel. _____

Escuela + Hogar

Actividad para la casa Su niño o niña identificó los prefijos *ante-*, *bi-*, *tri-* y *re-*. Busquen otras palabras con esos prefijos. Luego, escriban las palabras y, por turnos, digan oraciones.

Causa y efecto

- Una **causa** es la razón por la cual pasa algo. El **efecto** es lo que pasa.
- Una **causa** puede tener más de un efecto.
- Un **efecto** puede tener más de una causa.
- Cuando los escritores describen causas y efectos, generalmente usan **palabras clave** como **porque, por lo tanto, como** o **debido a**.

Instrucciones Lee el siguiente texto. Subraya las palabras clave que muestren causas y efectos. Luego, completa las causas y los efectos que falten.

Charles Willson Peale (1741–1827) nació en la colonia estadounidense de Maryland. Como era pintor, decidió mudarse a Filadelfia, la ciudad más grande de las colonias. Peale estaba de acuerdo con la guerra por la independencia estadounidense, por lo tanto, pintó cuadros de muchos de los patriotas de su época.

Debido a que Peale tenía un gran sentido del humor, a veces pintaba con un estilo llamado *trompe l'oeil*. En francés, eso significa "engañar al ojo". Una pintura al estilo *trompe l'oeil* engaña al que la mira porque el dibujo es tan realista, que la persona lo confunde con algo real y concreto.

El *Grupo en la escalera* es una pintura de Peale que retrata a dos de sus hijos en una escalera. Los niños son de tamaño real y están mirando al observador. Uno de ellos parece estar subiendo las escaleras. Peale construyó un marco de puerta real para el alto y angosto lienzo. Construyó un escalón de madera macizo y lo colocó debajo. Como el escalón es igual al resto de la escalera, la pintura parece real. Un día, el general George Washington fue a visitar a Peale. Se sacó el sombrero y saludó a los dos muchachos de la escalera, pensando que eran reales.

1 Causa: _____

Efecto: Peale se mudó a Filadelfia.

2. Causa: Peale tenía un gran sentido del humor.

Efecto: _____

3. Causa: Peale construyó un marco de puerta y un escalón real para su *Grupo en la escalera.*

Efecto: _____

4. Causa: _____

Efecto: George Washington saludó cuando pasó cerca de la obra *Grupo en la escalera.*

Actividad para la casa Su niño o niña aprendió las causas, los efectos y las palabras clave de un texto. Juntos, lean otro artículo sobre Charles Willson Peale. Pídale a su niño o niña que identifique las causas y los efectos del texto.

Un cuento de dos patios de recreo

Hay dos patios de recreo donde me gusta ir a jugar. El primero está en el Parque Grant. El otro está en el Parque de la Ciudad. Tienen algunas cosas en común, pero también diferencias.

Los dos patios se parecen en algunas cosas. El patio del Parque Grant tiene un tobogán y columpios. El tobogán es muy alto. En el patio también hay un carrusel, en el que me gusta girar muy rápido. En el patio del Parque de la Ciudad también hay un tobogán, un carrusel y columpios. El tobogán también es alto, y el carrusel también es muy divertido.

Los patios también son diferentes en algunas cosas. El Parque Grant queda cerca de mi casa, por lo que podemos caminar hasta allí. El Parque de la Ciudad está en el centro, por lo que hay que manejar para ir allí. El suelo del patio del Parque Grant es de gravilla, mientras que suelo del patio del Parque de la Ciudad es de arena. Los patios también se diferencian en sus columpios. El patio del Parque Grant tiene columpios blandos que se doblan cuando te sientas en ellos. Los columpios del patio del Parque de la Ciudad son más duros y recios.

Así que, los dos patios se parecen en algunas cosas y se diferencian en otras. Pero lo más importante de todo es que, ¡los dos son divertidos para jugar en ellos!

Características clave de una composición de comparación y contraste

- Muestra cómo dos cosas son similares y diferentes.
- Incluye detalles de apoyo y explicaciones.
- Termina con una conclusión.

---

1. ¿Qué dos cosas se comparan y contrastan?

_____

_____

2. ¿En qué se parecen los patios de recreo? ¿En qué se diferencian?

_____

_____

_____

_____

_____

Nombre _____

Vocabulario

Instrucciones Escoge la palabra de vocabulario y escríbela junto a su significado.

Marca las palabras que conoces

- ✓ fijamente
- ✓ invisibles
- ✓ majestuoso
- ✓ noble
- ✓ rocoso
- ✓ sobrevivientes
- ✓ tema
- ✓ venenosas

1. la idea central de un escrito _tema_

2. que viven _Sobreviviente_

3. lleno de rocas _rocoso_

4. que no se ven _Invisibles_

5. que son peligrosas o dañinas _venenosas_

6. impresionante _majestuoso_

7. sin moverse _fijamente_

8. bueno, que se le tiene respeto y admiración _noble_

Instrucciones En cada una de las siguientes oraciones, subraya la palabra entre ( ) que tenga sentido en la oración. Usa las claves del contexto como ayuda para elegir la palabra correcta.

9. El paisaje de las montañas impresiona; es (fijamente, <u>majestuoso</u>).

10. Hay que tener cuidado con algunas serpientes porque son (<u>venenosas</u>, noble).

11. En una noche de cielo nublado las estrellas son (venenosas, <u>invisibles</u>).

12. El suelo de la zona de montañas es (tema, <u>rocoso</u>).

Causa y efecto Subraya la respuesta correcta basada en el cuento *Junto a un cacto*.

13. ¿Por qué los animales del desierto viven junto al cacto saguaro? Les gustan las flores del cacto. <u>El cacto los salva del calor de las arenas.</u>

14. ¿Por qué el niño creyó que no vivía ningún animal en el desierto? Él no veía bien. <u>Los animales salen de noche.</u>

© Pearson Education, Inc., 3

Actividad para la casa Su niño o niña identificó y usó palabras de vocabulario de *Junto a un cacto*. Lean de nuevo la lectura y comenten cómo viven los animales en el desierto.

Verbos irregulares

La terminación es la parte del verbo que cambia. En la mayoría de los verbos, la raíz no cambia. Sin embargo, en los **verbos irregulares** la raíz también cambia.

Presente	La lechuza se <u>va</u>.
Pasado	<u>Vinieron</u> los zorros.
Futuro	Por la noche <u>hará</u> fresco.

Éstos son algunos verbos irregulares.

Infinitivo	Presente	Pasado	Futuro	Participio
decir	digo	dije	diré	dicho
hacer	hago	hice	haré	hecho
ir	voy	fui	iré	ido
poder	puedo	pude	podré	podido
poner	pongo	puse	pondré	puesto
saber	sé	supe	sabré	sabido
salir	salgo	salí	saldré	salido
ser	soy	fui	seré	sido
tener	tengo	tuve	tendré	tenido
traer	traigo	traje	traeré	traído

Instrucciones Copia la forma correcta del verbo irregular entre ( ).

1. Ya se (ha ponido, ha puesto) el sol. _____

2. Los zorros (salderán, saldrán) al anochecer. _____

3. (Hago, Hazo) el dibujo de un saguaro. _____

4. Los escorpiones (vieron, veron) la luna. _____

5. La lechuza (pode, puede) ver de noche. _____

Actividad para la casa Su niño o niña estudió los verbos irregulares. Tome un periódico o una revista y pídale que identifique alguna forma verbal irregular.

Prefijos *ante-, bi-, tri-, re-*

Palabras de ortografía

bianual	anteojos	trimestre	bimensual
antepasado	reproducir	releer	bicicleta
rehacer	antebrazo	antesala	anteayer
tricolor	recomponer	reunión	

Agrupación de palabras Agrupa las palabras de acuerdo al significado del prefijo.

trimestre	tricolor	releer	rehacer
bicicleta	bianual	antesala	anteayer

Pertenece a dos: 1. _____   2. _____

Pertenece a tres: 3. _____   4. _____

Hacer otra vez: 5. _____   6. _____

Viene antes: 7. _____   8. _____

Claves Use la clave para encontrar la palabra que falta.

9. La _____ duró toda la mañana.

10. Un _____ mío era indígena americano.

11. El examen _____ es el más difícil.

12. Tuvimos que _____ todo el mapa que se había roto.

13. Con estos _____ podrás ver a los jugadores que están más lejos.

14. El artista piensa _____ las imágenes en un tamaño más grande.

15. El lanzador se lastimó el _____.

Actividad para la casa Su niño o niña está aprendiendo a leer y escribir palabras con los prefijos *ante-, bi-, tri-, re-*. Pídale que escriba oraciones con las palabras de ortografía.

Guía para calificar: Escritura para exámenes: No ficción narrativa

Características de la escritura	4	3	2	1
Enfoque/ Ideas	Composición excelente, expone causa y efecto de manera eficaz	Buena composición, expone causa y efecto	Composición débil, pobre exposición de causa y efecto	Composición pobre, no usa causa y efecto
Organización	Ideas importantes claramente ordenadas	Ideas importantes algo ordenadas	Ideas importantes desordenadas y confusas	No hay ideas importantes
Voz	El escritor muestra interés en el tema	El escritor muestra algo de interés en el tema	El escritor muestra poco interés en el tema	El escritor no muestra ningún interés en el tema
Lenguaje	Uso eficaz de las palabras de comparación y contraste	Buen uso de las palabras de comparación y contraste	Débil uso de las palabras de comparación y contraste	Uso incorrecto o no usó las palabras de comparación y contraste
Oraciones	Oraciones de variada longitud y principio	Oraciones de poca diversidad en longitud y principio	Oraciones de semejante longitud y principio	No hay variedad en la longitud y principio de las oraciones
Normas	Muy pocos o ningún error, uso apropiado de verbos irregulares	Varios pequeños errores, uso de verbos irregulares	Muchos errores, débil uso de verbos irregulares	Numerosos errores, no usó verbos irregulares

© Pearson Education, Inc., 3

Vocabulario • Prefijos

- Muchas palabras están formadas por un **prefijo** y por una palabra base. Los prefijos pueden tener una o dos sílabas. Siempre están al principio de la palabra.
- Si sabes el significado de un prefijo, será más fácil hallar el significado de la palabra completa.

Instrucciones Cada una de las oraciones de abajo tiene una palabra en negrilla. Usa la tabla para hallar el significado del prefijo. Usa el prefijo para definir la palabra completa. Escribe la definición en la línea.

Prefijos	Significados	Ejemplos
súper-	en grado superior	superfino
contra-	contrario	contradecir
en-	entre o dentro	enlatar
in-	negación o no	incumplir
sub-	debajo de	subterráneo
sobre-	arriba de	sobresalir

1. El desierto no parece un lugar **superpoblado**.

_____

2. Uno diría que no se puede **encontrar** nada vivo.

_____

3. Pero sabemos que hay un mundo **invisible**.

_____

4. Un mundo que **contradice** lo que sabíamos hasta ahora.

_____

5. El desierto es un mundo de **sobrevivientes**.

_____

Actividad para la casa Su niño o niña identificó y usó prefijos. Lean un artículo sobre un ecosistema. Anímele a usar prefijos para definir palabras desconocidas.

Periódico

Un **periódico** es una publicación impresa donde están publicadas las noticias del día.

Instrucciones Lee el siguiente artículo sobre periódicos. Luego, contesta las preguntas que siguen.

Los periódicos están impresos en grandes hojas de papel que se doblan. Incluyen fotografías, avisos de publicidad y artículos. La publicidad ayuda a cubrir los costos de publicar un periódico.

Estados Unidos es un país demasiado grande como para tener un periódico nacional. Muchas ciudades grandes y pueblos pequeños publican su propio periódico. Los periódicos de las grandes ciudades se imprimen cada día con las noticias más actuales. Es más probable que los periódicos de los pueblos pequeños se impriman una vez por semana.

Los periódicos están divididos en secciones. Las secciones más comunes son las siguientes:

- **Primera página:** artículos importantes sobre sucesos de Estados Unidos y del mundo
- **Noticias locales:** artículos sobre la ciudad o el pueblo donde se publica el periódico
- **Deportes:** los resultados del día anterior y artículos sobre partidos y deportistas
- **Finanzas:** artículos sobre los sucesos financieros más importantes
- **Entretenimiento:** reseña de películas, eventos, reportajes sobre artistas, crucigramas y juegos

Todos los artículos tienen un título. El título dice, en pocas palabras, de lo que trata el artículo. Al leer el título, el lector sabe si el artículo le interesa o no.

1. ¿Cuál es el propósito del título?

_____

2. ¿Por qué los periódicos tienen avisos de publicidad?

_____

3. ¿En qué sección buscarías los resultados de los partidos de béisbol de ayer?

_____

4. ¿En qué sección buscarías un artículo sobre la huelga de pilotos en todo el país?

_____

© Pearson Education, Inc., 3

Actividad para la casa Su niño o niña aprendió acerca de varias secciones de un periódico. Muéstrele el periódico de hoy. Hojeen las secciones y pídale que explique qué información encontrarán en cada sección.

Prefijos *ante-, bi-, tri-, re-*

Palabras de ortografía			
bianual	anteojos	trimestre	bimensual
antepasado	reproducir	releer	bicicleta
rehacer	antebrazo	antesala	anteayer
tricolor	recomponer	reunión	

¡División! Divide las palabras en sílabas.

1. tricolor: _____ - _____ - _____

2. releer: _____ - _____ - _____

3. bicicleta: _____ - _____ - _____ - _____

4. anteayer: _____ - _____ - _____ - _____

5. reproducir: _____ - _____ - _____ - _____

6. antebrazo: _____ - _____ - _____ - _____

7. triciclo: _____ - _____ - _____

8. reunión: _____ - _____

9. bianual: _____ - _____ - _____

Palabras de ortografía difícil
tricentenario
bíceps
reinstaurar

Definido Lee la definición y escribe la palabra de ortografía que corresponde.

10. Ancestro: _____

11. Parte delantera del brazo: _____

12. Tres meses: _____

13. Volver a hacer: _____

14. Que precede a la sala: _____

15: Ocurre cada dos meses: _____

Actividad para la casa Su niño o niña está aprendiendo leer y escribir palabras con los prefijos *ante-, bi-, tri-, re-*. Pídale que escriba oraciones con las palabras de ortografía.

© Pearson Education, Inc., 3

> **Verbos irregulares**

Marca la forma correcta del verbo.

1 Esta noche, la lechuza _____ .

- ⬭ salirá
- ⬭ saldará
- ⬭ saldrá

2 Las ratas _____ a su madriguera.

- ⬭ ieron
- ⬭ fueron
- ⬭ yeron

3 Esta mañana, _____ sol.

- ⬭ ha hecho
- ⬭ ha hacido
- ⬭ he hecho

4 Yo _____ un ciempiés en una caja.

- ⬭ trao
- ⬭ traió
- ⬭ traigo

5 El saguaro se _____ .

- ⬭ caió
- ⬭ cayó
- ⬭ callió

Escuela + Hogar

Actividad para la casa Su niño o niña se preparó para examinarse sobre los verbos irregulares. Dígale algún verbo irregular como *saber* o *poder* y pídale que haga una oración sobre sí mismo con el verbo en presente.

Diptongos y triptongos

Palabras de ortografía				
cuando	reina	boina	diario	ruina
enviar	fuerza	veinte	bailar	mediana
miedo	autores	buey	gracias	rey

Clasifica y corrige Tacha la sílaba que sobra. Escribe la palabra sobre la línea.

1. cuan do da _____

2. bai lar da _____

3. mie do te _____

4. gro gra cias _____

5. auto res a _____

6. ta fuer za _____

7. me dia na ma _____

8. me rui na _____

9. go boi na _____

10. dia rio ma _____

Opuestos Completa la oración con la palabra de ortografía que corresponda.

11. Me invitaron a ___ pero estaba muy cansada. _____

12. Dos décadas son ___ años. _____

13. La carreta iba tirada por un ___ enorme _____

14. Su casa era una ___ después del terremoto. _____

15. El ___ es la pieza clave del ajedrez. _____

Actividad para la casa Su niño o niña está aprendiendo a escribir palabras con diptongos y triptongos. Para practicar en casa, pídale que lea un cuento, escriba y luego marque los diptongos y triptongos.

Verbos de acción y verbos copulativos

Instrucciones Una de las palabras subrayadas en cada oración es un verbo. Escribe esa palabra.

1. Los cosechadores <u>recogen</u> la uva cada <u>otoño</u>. _____

2. Las <u>plantas</u> <u>brotan</u> en primavera. _____

3. Las ramas <u>se</u> <u>sujetan</u> a alambres. _____

4. Las parras <u>son</u> de crecimiento bastante <u>rápido</u>. _____

5. Las parras en invierno <u>están</u> dormidas. _____

Instrucciones Subraya el verbo de cada oración. Escribe *A* si es un verbo de acción y *C* si es copulativo.

6. Los trabajadores empaquetan las pasas en diez minutos.

_____

7. Las pasas están al sol por tres semanas.

_____

8. Las pasas son nutritivas y ricas en calcio.

_____

9. Se empaquetan en distintos tipos de cajas.

_____

10. Se guardan en grandes cajas.

_____

Hiato

Palabras de ortografía				
canoa	trae	caer	leones	leer
toallas	maestro	oasis	peatón	caoba
noroeste	roedor	teatral	anchoa	caos

Cambio de palabras Cambia la palabra clave. Escribe la palabra nueva.

Palabra clave	**Cambia**	**Palabra de la lista**
1. canta	**t** por **o**	_____
2. cae	**c** por **tr**	_____
3. leonas	**as** por **es**	_____
4. traer	**tr** por **c**	_____
5. chasis	**ch** por **o**	_____
6. preveer	**prev** por **l**	_____
7. ratón	**ra** por **pea**	_____
8. anchos	**s** por **a**	_____
9. caes	**e** por **o**	_____

Completa Completa las siguientes oraciones con palabras de la lista.

10. Al salir de la piscina nos secamos con _____ de colores.

11. La escuela de Margarita queda al _____ de la ciudad.

12. El _____ nos enseñó sobre animales tropicales.

13. La actividad _____ atrajo mucho público.

14. Las ratas son un tipo de _____.

15. Mi cama es de color _____.

Actividad para la casa Su niño o niña está escribiendo palabras con hiato simple. Pídale que escriba y encierre en círculos las palabras con hiato simple que se encuentran en la lista.

Verbos principales y auxiliares

Instrucciones Escribe el verbo principal y el auxiliar de cada oración.

1. Los hombres están cazando en el bosque.

Verbo principal: _____

Verbo auxiliar: _____

2. Las mujeres han plantado maíz.

Verbo principal: _____

Verbo auxiliar: _____

3. Los niños están pescando en el lago.

Verbo principal: _____

Verbo auxiliar: _____

4. Van a poner el pescado en el secadero.

Verbo principal: _____

Verbo auxiliar: _____

5. Estoy leyendo un libro sobre los indígenas americanos.

Verbo principal: _____

Verbo auxiliar: _____

Instrucciones Fíjate en el verbo subrayado en cada oración. Escribe *P* si es el verbo principal y *A* si es el auxiliar.

6. Una mujer <u>está</u> trenzando una cesta. _____

7. La va a <u>usar</u> para llevar fruta. _____

8. Las muchachas han <u>cortado</u> una piel de ciervo. _____

9. <u>Están</u> haciendo mocasines. _____

10. Se los <u>van</u> a poner en la fiesta. _____

Sufijos *-ando, -iendo, -mente*

Palabras de ortografía

subiendo	suavemente	normalmente	silbando
saliendo	fácilmente	cantando	riendo
trabajando	realmente	caminando	entrando
completamente	simplemente	durmiendo	

Sufijo confundido Las palabras de ortografía están mal escritas. Escribe las palabras correctamente.

1. cantiendo _____

2. normaliendo _____

3. fáciliando _____

4. subiente _____

5. completandante _____

6. rienmente _____

7. entriendo _____

8. solbiendo _____

9. realiendo _____

10 saliendamente _____

Completa la oración Escribe la palabra de ortografía que completa cada oración.

11. Fuimos _____ desde la escuela hasta el parque.

12. Todo el equipo está _____ para resolver el problema.

13. _____ llámame si me necesitas.

14. Pedro acariciaba _____ a su mascota.

15. Visité a Carmen pero estaba _____.

Actividad para la casa Su niño o niña está aprendiendo a escribir palabras con los sufijos *-ando, -iendo, -mente*. Pídale que subraye todas las palabras con esos sufijos en esta página.

Concordancia entre sujeto y verbo

Instrucciones Elige el verbo entre ( ) que concuerda con el sujeto. Escribe el verbo.

1. El loro (son, es) un hermoso pájaro.   _____

2. Mi papá y yo (observamos, observo) pájaros.   _____

3. Muchas aves tropicales (está, están) en peligro.   _____

4. Tú (estudia, estudias) la vida de los pájaros.   _____

5. Yo (quieres, quiero) ser ornitólogo.   _____

Instrucciones Elige el verbo entre ( ) que concuerda con el sujeto. Escribe la oración.

6. Ustedes (vas, van) de viaje a Panamá.

_____

7. Mi hermano y yo (tengo, tenemos) libros sobre la selva.

_____

8. Muchos animales (habita, habitan) en la selva.

_____

9. El jaguar (son, es) el mayor felino de la selva americana.

_____

10. Los manatíes (vivo, viven) en el agua.

_____

Nombre _____

Prefijos *pre-, dis-, des-, in-*

Palabras de ortografía

insoportable	incapaz	previsto	dispar	desunir
desilusión	desnivel	disconforme	prefabricado	precocido
inagotable	deshacer	inaceptable	desventaja	informal

Prefijos
pre-, dis-, des-, in-

Formar palabras Une los prefijos en la columna izquierda con las palabras bases en la columna de la derecha y forma las palabras de ortografía. Escribe cada palabra en una línea.

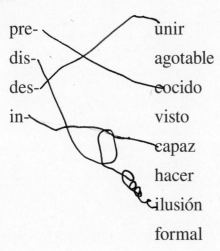

pre-　　　unir

dis-　　　agotable

des-　　　cocido

in-　　　visto

　　　capaz

　　　hacer

　　　ilusión

　　　formal

1. _____

2. _____

3. _____

4. _____

5. _____

6. _____

7. _____

8. _____

Pistas Busca la palabra de ortografía que quiere decir lo mismo que la pista. Escribe la palabra en la línea.

9. que no está conforme

10. no hay quien lo soporte

11. que no tiene par

12. que no es aceptable

13. que no está a nivel

14. que ha sido fabricada anteriormente

15. que tiene la ventaja en contra

9. _____

10. _____

11. _____

12. _____

13. _____

14. _____

15. _____

Escuela + Hogar

Actividad para la casa Su niño o niña está aprendiendo palabras con prefijos *pre-, dis-, des-, in-*. Para practicar en la casa pregúntele qué palabras de ortografía le resultan más difíciles y ayúdele a escribirlas.

El presente, el pasado y el futuro

Instrucciones Di el tiempo del verbo subrayado en cada oración. Escribe *presente*, *pasado* o *futuro*.

1. Los científicos <u>investigaron</u> sobre las ballenas.   _____

2. Estos mamíferos acuáticos <u>viven</u> en el mar.   _____

3. <u>Hallarás</u> delfines en el acuario.   _____

4. Las ballenas <u>atraviesan</u> el océano en busca de alimento.   _____

5. Ayer <u>vi</u> una ballena desde la costa.   _____

Instrucciones Copia cada oración con el verbo entre ( ) que la completa correctamente.

6. Los delfines (llegaron, llegarán) dentro de poco.

_____

7. Hace unos días, (vi, veo) un documental sobre ballenas.

_____

8. Ayer, la ballena (empezará, empezó) a cantar.

_____

9. La ballena azul (es, era) el animal más grande que hoy existe.

_____

10. Mañana (fui, iré) al acuario.

_____

Prefijos *ante-, bi-, tri-, re-*

Palabras de ortografía			
bianual	anteojos	trimestre	bimensual
antepasado	reproducir	releer	bicicleta
rehacer	antebrazo	antesala	anteayer
tricolor	recomponer	reunión	

Completar Usa las palabras de ortografía para completar las siguientes oraciones.

1. Los _____ me permitieron ver el barco desde lo lejos.

2. La pelota le golpeó el _____.

3. Un _____ tiene tres meses.

4. Me olvidé del cuento así que lo voy a _____.

5. La exposición muestra la historia de nuestros _____.

Conexiones Conecta con una línea el prefijo con la palabra base. Escribe la palabra completa.

ante

6. color _____

7. unión _____

8. componer _____

9. sala _____

tri

10. producir _____

11. mensual _____

bi

12. cicleta _____

13. anual _____

re

14. hacer _____

15. ayer _____

Actividad para la casa Su niño o niña está aprendiendo a leer y escribir palabras con los prefijos *ante-, bi-, tri-, re-*. Pídale que escriba una narración con algunas de la palabras de ortografía.

Verbos irregulares

Instrucciones Copia la forma correcta del verbo irregular entre ( ).

1. Los animales (querrán, querirán) comida.

_____

2. Mi hermano (ha puesto, ha ponido) una caseta para pájaros.

_____

3. Los zorros (traieron, trajeron) ardillas.

_____

4. Las flores (huelen, olen) a primavera.

_____

5. El monstruo de Gila (podió, pudo) dormir.

_____

Instrucciones Copia cada oración con el verbo subrayado en el tiempo que se indica entre ( ).

6. Los ratones salir de sus madrigueras. (futuro)

_____

7. Esta noche, la lechuza ir de caza. (futuro)

_____

8. Ayer no venir nadie a la casa. (pasado)

_____

9. La manada de zorros comenzar a aullar. (presente)

_____

10. Mañana, nosotros saber qué pasó. (futuro)

_____

Tabla de causa y efecto

Instrucciones Muchos de los sucesos en la naturaleza tienen más de una causa y un efecto. Completa la tabla con cada causa y efecto que ayudan a explicar el suceso acerca del que planeas escribir en tu ensayo.

Suceso natural	
Causa	**Efecto**

Usar orden lógico

Instrucciones: Elige una oración de la caja que continúe lógicamente cada una de las oraciones numeradas de más abajo. Escribe la letra de la segunda oración en la línea. Luego escribe una tercera oración que continúe lógicamente las dos primeras.

A. La casa está muy sucia.

B. La casa estaba muy llena de gente.

C. La casa es muy chica.

D. La casa estaba totalmente oscura.

E. La casa estaba muy tranquila.

F. La casa está desocupada.

---

1. Ayer por la noche se cortó la electricidad por seis horas.

   Segunda oración: _____

   Conclusión lógica:

   _____

2. Nuestros vecinos se mudaron el año pasado.

   Segunda oración: _____

   Conclusión lógica:

   _____

3. No había nadie en la casa cuando Jim llegó de su práctica de béisbol esa mañana.

   Segunda oración: _____

   Conclusión lógica:

   _____

4. La aspiradora dejó de funcionar.

   Segunda oración: _____

   Conclusión lógica:

   _____

Nombre _____

Combinar oraciones

Cuando revisas, puedes combinar oraciones cortas y simples para formar oraciones compuestas. Asegúrate de que las dos oraciones estén relacionadas. Usa una de las conjunciones *y, pero* u *o*.

Oración simple: El fuego duró tres días. Casi todo el bosque fue destruido.
Oración compuesta: El fuego duró tres días y casi todo el bosque fue destruido.

Instrucciones Combina cada par de oraciones simples con las conjunciones *y, pero* u *o* para hacer oraciones compuestas.

1. Las llamas se propagaban de árbol a árbol. Un humo negro llenó el cielo.

_____

_____

2. Las personas podían quedarse en sus casas. Podían ir a los refugios.

_____

_____

3. Los bomberos trabajaron día y noche. No podían controlar el fuego.

_____

_____

4. No había llovido en semanas. El bosque estaba muy seco.

_____

_____

5. El bosque volverá a crecer. Es difícil imaginar árboles creciendo aquí.

_____

_____

Nombre _____

Corrección 2

Instrucciones Corrige estas oraciones. Encuentra los errores de ortografía, gramática y normas del lenguaje. Usa las marcas de corrección para señalar los cambios.

Marcas de corrección	
Borrar (eliminar)	⌐͝2
Agregar	∧
Ortografía	◯
Letra mayúscula	≡
Letra minúscula	/

1. Los granjeros plantas en sus campos y cosecha diferentes cultivos.

2. ¿cómo se plantan semillas en la naturaleza para que crezcan nuevas plantas

3. La naturaleza tiene un propio cistema para plantar semillas.

4. Dispersan de muchas formas

5. Algunas semillas tienen paracaídas o halas que les permiten vuelo en los días ventosos.

6. Las semillas que vuelan pueden cayó en el agua y llegar a neuvos lugares.

7. Otras semillas llegan a nuevos lugares por animales que comen frutas contienen semillas.

8. Algunas semillas viaján a nuevos lugares pegándose a persona o animal.

Ahora corrige el borrador de tu ensayo de causa y efecto. Luego, utiliza la versión revisada y corregida para hacer una copia final de tu ensayo. Finalmente, comparte tu trabajo escrito con tu audiencia.

Palabras con *ga, go, gu, gue, gui, güe, güi*

Instrucciones Encierra en un círculo la palabra entre ( ) que mejor complete cada oración. Luego, escribe la palabra en la línea.

_____

1. Después de practicar, Juan dejó la (guitarra/guinda) sobre la cama.

_____

2. La (vergüenza/cigüeña) tiene plumas.

_____

3. (Perseguí/Conseguí) monedas en el bolsillo de mi pantalón.

_____

4. Encontré (agüita/pingüino) en el suelo del pasillo.

_____

5. Me (guiñó/siguió) el ojo desde la camilla.

_____

6. Me iré cuando (despliegue/despegue) el avión.

_____

7. Me di un (gozo/golpe) en la rodilla.

_____

8. Necesito (gasolina/gato) para mi auto.

_____

9. Me da mucho (gusto/gusano) ir a pescar.

Instrucciones Lee las palabras del recuadro. Fíjate si la palabra tiene **ga, go, gu, gue, gui, güi** o **güe**. Escribe la palabra en la serie correspondiente.

| golpe | bilingüe | lengüita | guisante | pliegue | gasto |

enjuague, merengue

10. _____

lingüista, pingüino

11. _____

lengüeta, antigüedad

12. _____

guiso, guión

13. _____

gasolina, pegamento

14. _____

gota, goma

15. _____

Actividad para la casa Su niño o niña usó palabras con *ga, go, gu, gue, gui, güe* y *güi*. Pídale que vuelva a leer las palabras con esas sílabas de los ejercicios anteriores. Juntos, escriban un poema o un verso usando algunas de esas palabras.

© Pearson Education, Inc., 3

Generalizar

- A veces, es posible hacer una **generalización** sobre las cosas que leíste.
- Una **generalización** muestra cómo algunas cosas se parecen entre sí.
- Busca ejemplos. Pregúntate qué tienen en común.

Instrucciones Lee la siguiente lectura. Luego, completa el diagrama para hacer una generalización.

> Cuando yo era niña, me gustaba leer libros. Recuerdo que me gustaban los relatos sobre niñas que encontraban mascotas perdidas. Me encantaban los relatos de niñas que cantaban en los hospitales. Me fascinaban los cuentos de niñas que rescataban a niños perdidos.
>
> Mi mamá siempre me decía que donara mi colección de libros a la biblioteca. Pero los guardé todos.
> Los tuve por muchos años. Hasta que un día, cerca del cumpleaños de mamá, los vendí para comprarle un regalo. Ella nunca supo cómo pagué por ese regalo que tanto le gustó.

Ejemplo   **Ejemplo**   **Ejemplo**

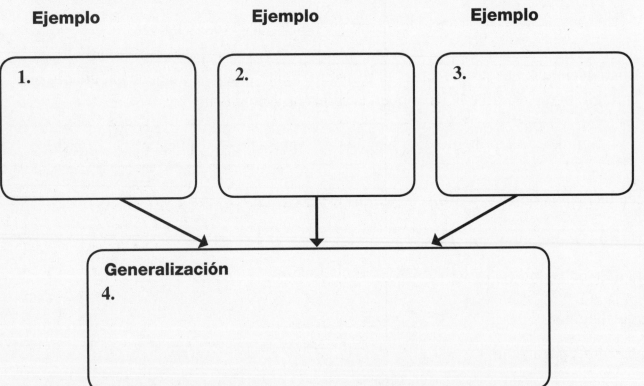

1.

2.

3.

Generalización

4.

Escuela + Hogar **Actividad para la casa** Su niño o niña leyó una lectura corta que tiene ejemplos a través de los cuales el lector puede hacer una generalización. Jueguen un juego. Muéstrele tres objetos y pregúntele qué tienen en común. Pídale que haga una generalización sobre los objetos.

Diversión en el hielo

El *curling* es un deporte peculiar y divertido que todo el mundo debería probar. Es un deporte que se juega sobre una superficie helada, como en un estanque helado o en una pista de hielo. Para jugar, una persona lanza una grande y pesada piedra hacia el centro de diana o *tee*. Mientras tanto, otros jugadores van barriendo el hielo para que la piedra vaya más rápida o más lenta.

El *curling* es un buen deporte para la gente que vive en lugares con largos inviernos. Es especialmente popular en las zonas donde se congelan los ríos y los estanques en invierno. Si te gustan otros deportes de invierno como el *hockey* sobre hielo, el patinaje artístico o el esquí, seguramente también te guste el *curling*.

En el *curling* es muy importante el compañerismo característico en los deportes. Antes de jugar, tu equipo debe estrechar la mano de los miembros del otro equipo mientras se desean un "buen *curling*". Una vez finalizado el juego, se vuelven a estrechar la mano. Se puede aprender mucho sobre compañerismo jugando al *curling*.

El *curling* también es una buena manera de pasar el rato con tus amigos. Tú y tus compañeros tendrán que practicar bastante para ser buenos "lanzando", es decir, deslizando las piedras y consiguiendo que se detengan justo en los lugares precisos. Los equipos tienen que aprender a trabajar en equipo.

Así que la próxima vez que quieras pasar un rato divertido sobre el hielo, ¡prueba a jugar al *curling*!

Características clave de un texto persuasivo

- Se toma una postura sobre un tema.
- Trata de influir en la opinión del lector.
- Ofrece detalles para respaldar la opinión.
- Puede instar al lector a que haga algo o actúe.

---

1. ¿Cuál es propósito de este ensayo persuasivo?

_____

2. ¿Qué razones emplea el autor para conseguir su propósito?

_____

_____

3. ¿Qué razón consideras la más persuasiva?

_____

Nombre _____

Vocabulario

Marca las palabras que conoces

___ básquetbol   ___ popular   ___ se enfermó

___ deportes   ___ redoble   ___ tableros

___ guardia   ___ riendas

Instrucciones Une la palabra con su significado. Haz una línea desde la palabra hasta su definición.

1. guardia   tabla que sostiene cestas para jugar básquetbol

2. tableros   grupo de gente que se ocupa de defender algo

3. popular   muy conocido

4. redoble   permiten controlar o dirigir algo

5. riendas   un toque repetido de tambor

Instrucciones Usa una palabra de vocabulario del recuadro para completar cada oración.

6. El _____ es un deporte en el que hay que embocar una pelota en una red alta.

7. A nuestra familia le encantan los _____ como el tenis y el fútbol.

8. Uno de los jugadores clave del equipo _____ y no pudo jugar el domingo pasado.

9. Toda la audiencia estaba pendiente del puntaje del partido que se veía en los _____.

10. En el entre tiempo la banda salió al ritmo del _____ del tambor.

Escribe un ensayo

En una hoja de papel aparte, escribe un ensayo acerca de tu deporte favorito. Explica por qué todos deberíamos jugar y disfrutarlo y por qué es el mejor deporte del mundo. Usa el mayor número posible de palabras de vocabulario.

Actividad para la casa Su niño o niña identificó y usó palabras de *El hombre que inventó el básquetbol.* Lean o comenten sobre su deporte favorito. Traten de usar las palabras de vocabulario de esta semana.

Pronombres personales

Los **pronombres personales** son palabras que sustituyen a los sustantivos. Los **pronombres personales en singular** se escriben en lugar de los sustantivos en singular: *yo, mí, me, tú, ti, te, él, ella, usted, se, lo, la, le.* Los **pronombres personales en plural** sustituyen a los sustantivos en plural: *nosotros, nosotras, nos, ellos, ellas, ustedes, se, los, las, les.*

James Naismith inventó el básquetbol.

Él lo inventó.

Instrucciones Subraya los pronombres personales de cada oración.

1. Él comenzó a botar la pelota y la lanzó a la cesta.

2. Nosotras lo mirábamos asombradas.

3. Los estudiantes adoptaron el deporte y ahora lo practican sin parar.

4. Él inventó el básquetbol en dos semanas y se lo mostró a los estudiantes.

5. El pivote se entrenaba todos los días.

6. Yo me puse a jugar también con ellos.

7. Nosotros no habíamos visto nada igual.

8. Estuve viendo el partido. ¿Lo viste tú también?

9. Juan y yo te vimos jugando al básquetbol.

10. Comencé a jugar y ellos me pasaron la pelota.

Actividad para la casa Su niño o niña estudió los pronombres personales. Digan oraciones sobre miembros de su familia y pídale que sustituya los nombres por pronombres personales.

Palabras con *ga, go, gu, gue, gui, güe, güi*

Palabras de ortografía				
ganado	gotera	aguja	guepardo	guitarra
pingüino	desagüe	galopa	gusano	guisado
bilingüe	ganso	antiguo	gorrión	ceguera

Clave Usando la clave adivina y escribe la palabra de ortografía que corresponde.

1. Enfermedad de la vista. _____

2. Un pájaro que nada y no vuela. _____

3. Alguien que habla dos idiomas. _____

4. Un instrumento musical. _____

5. Que cabalga. _____

6. Sistema de evacuación del agua. _____

7. Ave parecida a un pato. _____

8. Felino muy veloz. _____

Completa la oración Usa una de las palabras de ortografía para completar las oraciones.

9. El _____ de carne quedó delicioso.

10. Un _____ se posa en esa rama cada mañana.

11. En la maceta encontré un _____.

12. El reloj de la plaza es muy _____.

13. Manejaba la _____ con gran destreza.

14. Al cerrar bien la llave se acabó la _____.

15. El _____ pastaba al borde de su finca.

Actividad para la casa Su niño o niña está aprendiendo a leer y escribir palabras con *ga, go, gu, gue, gui, güe, güi*. Díctele las palabras de ortografía en voz alta, una a la vez, y pídale que las deletree en voz alta.

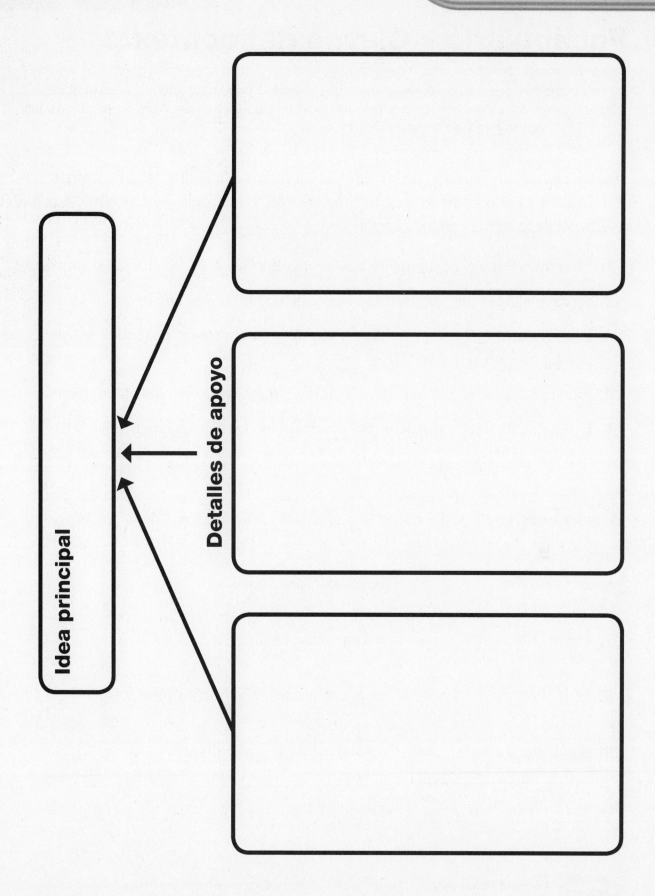

Idea principal

Detalles de apoyo

Vocabulario • Claves del contexto

- Es posible que cuando estés leyendo te encuentres con una palabra que no conoces. Usa las **claves del contexto** la próxima vez que algo así te pase. Mira las palabras y las oraciones que rodean la palabra poco común.

Instrucciones En cada una de las siguientes oraciones hay dos palabras entre ( ). Subraya la palabra que tiene sentido en la oración. Usa las claves del contexto como ayuda para escoger la palabra correcta.

1. Mientras chupó el néctar de cada flor, el colibrí (aleteó, se esforzaba) sin parar.

2. Se cayó al agua por no prestar (desprecio, atención) a lo que hacía.

3. Los jugadores del equipo contrario son unos (fanfarrones, instantáneos) que creen que juegan mejor que nosotros.

4. El escalador (se esforzaba, aleteó) por caminar hasta la cima de la montaña.

5. Los niños fueron (antipáticos, esforzados) y no le dieron la bienvenida al nuevo estudiante.

Instrucciones Une la palabra con su significado. Haz una línea de la palabra a su definición.

6. se esforzaba   que les falta amabilidad

7. aleteó   concentración en algo

8. antipáticos   que hacen alarde de lo que no son

9. fanfarrones   luchaba contra las dificultades

10. atención   agitó las alas

Actividad para la casa Su niño o niña usó claves del contexto para entender mejor nuevas palabras. Lean un artículo sobre animales con alas (aves e insectos). Ayúdele a usar claves del contexto para definir palabras poco comunes.

© Pearson Education, Inc., 3

Nombre _____

Diccionario

- Usa un **diccionario** para encontrar el significado de palabras desconocidas.

- Las palabras de un diccionario están en **orden alfabético**.

- Las **palabras guía** que están en la parte de arriba de la página muestran la primera y la última entrada de esa página.

Instrucciones Lee las siguientes oraciones. Una palabra está subrayada. Usa la página de diccionario de muestra para escribir la definición de la palabra subrayada.

alarde • volteretas	**concentrarse** *v.* prestar atención; enfocarse
alardear *v.* presumir para impresionar a los demás	**hosco** *adj.* que es brusco y poco amable
apreciar *v.* reconocer lo bueno que tienen los demás	**planear** *v.* volar con las alas extendidas
	volteretas *s. f.* vueltas ligeras en el aire

1. El pájaro dio varias <u>volteretas</u> antes de caer en picado al mar.

_____

2. Para tener amigos hay que <u>apreciar</u> sus cualidades.

_____

3. Nadie le pide un favor al vecino de enfrente porque es muy <u>hosco</u>.

_____

4. El cocinero cerró la cocina para <u>concentrarse</u> en la receta.

_____

5. Juanita siempre va al parque a <u>alardear</u> de sus buenas notas.

_____

6. Mi vista favorita en la montaña es ver al águila <u>planear</u>.

_____

Actividad para la casa Su niño o niña usó un diccionario para definir palabras desconocidas. Busque un diccionario escolar. Jueguen a que usted cubre una página y sólo le deja ver las palabras guía. Su niño o niña deberá nombrar y definir cinco palabras que estén en esa página.

Palabras con *ga, go, gu, gue, gui, güe, güi*

Palabras de ortografía				
ganado	gotera	aguja	guepardo	guitarra
pingüino	desagüe	galopa	gusano	guisado
bilingüe	ganso	antiguo	gorrión	ceguera

Corregir la palabra Las palabras de ortografía están mal escritas. Escribe las palabras correctamente.

Palabras de ortografía difícil
sinvergüenza
ambigüedad
piragua

1. pingüeino: _____

2. cegera: _____

3. desague: _____

4. janso: _____

5. gualopa: _____

6. guetarra: _____   7. aguija: _____

8. antigüo: _____   9. gorion: _____

10. bilingüie: _____   11. gepardo: _____

Palabras confundidas En estas oraciones se mezclaron la palabras de ortografía. Encierra en un círculo la palabra que no va y escribe la palabra correcta en el espacio al fin de la oración.

12. El guepardo voló hacia el nido. _____

13. El desagüe pastaba a lo lejos. _____

14. Para poner un botón necesitas galopa e hilo. _____

15. El plato de bilingüe fue todo un éxito en la cena. _____

Actividad para la casa Su niño o niña está aprendiendo a leer y escribir palabras con *ga, go, gu, gue, gui, güe, güi*. Pídale que escriba un cuento corto con algunas de las palabras de ortografía.

Pronombres personales

Marca el pronombre personal que completa la oración.

1 El tío Peter _____ pidió paciencia a James.

- ⬭ se
- ⬭ los
- ⬭ le

2 El básquetbol es un juego divertido. Naismith _____ inventó.

- ⬭ las
- ⬭ lo
- ⬭ tú

3 Nosotros jugamos al básquetbol, pero también _____ gusta verlo.

- ⬭ nos
- ⬭ ustedes
- ⬭ lo

4 James se casó con Maude Sherman; _____ conoció jugando básquetbol.

- ⬭ les
- ⬭ me
- ⬭ la

5 Yo prefiero el básquetbol; _____ , el béisbol.

- ⬭ nos
- ⬭ se
- ⬭ ustedes

© Pearson Education, Inc., 3

Actividad para la casa Su niño o niña se preparó para tomar un examen de los pronombres personales. Lean juntos un cuento y pídale que identifique los pronombres personales que aparecen.

Palabras con *h*

Instrucciones Encierra en un círculo las palabras del recuadro que tengan *h* entre vocales. Luego, escribe las palabras en las líneas.

> bahía   huella   cacahuate   cohete   almohada
>
> hora   vehículo   hijo   huevo

Palabras con *h* entre vocales

1. _____

2. _____

3. _____

4. _____

5. _____

Instrucciones Lee las oraciones. Encierra en un círculo las palabras que tengan *h* en el medio.

6. Antes de coser, hay que enhebrar el hilo en la aguja.

7. Está prohibido comer durante la lección.

8. Pegué el papel con cinta adhesiva.

9. La nadadora casi se ahoga antes de llegar a la meta.

10. En el jardín de mis abuelos, los búhos salen cuando empieza a oscurecer.

© Pearson Education, Inc., 3

 Escuela +Hogar **Actividad para la casa** Su niño o niña identificó y escribió palabras que tienen *h*. Juntos, escriban oraciones usando las palabras de los ejercicios 1 a 10. Pida a su niño o niña que subraye la sílaba que tiene la letra *h* en cada palabra.

Fuentes gráficas

- Una **fuente gráfica** es una imagen que te ayuda a entender mejor lo que lees.
- Hay muchos tipos de fuentes gráficas, mapas, fotos, ilustraciones, gráficas y diagramas.

Instrucciones Estudia la siguiente fuente gráfica. Luego, contesta las preguntas.

1. ¿Qué muestra este mapa? ¿Cómo lo sabes?

_____

_____

2. ¿Cuál es el estado que está más al oeste en el mapa? ¿Cuál es el que está más al este?

_____

3. ¿Cuál es el estado que parece ser el más grande?

_____

4. Busca el estado donde vives. ¿Qué estados limitan con tu estado?

_____

5. ¿Cuál es el estado que limita con menos estados? ¿Con cuántos estados hace frontera?

_____

Actividad para la casa Su niño o niña observó una fuente gráfica y contestó preguntas sobre ella. Miren un mapa de la ciudad donde ustedes viven. Hágale preguntas sobre el mapa a su niño o niña.

Un día en el desierto

Era un día caluroso y seco en el desierto que se extiende más allá de mi madriguera. Barry y yo nos encontrábamos construyendo un fuerte en la arena. Barry es mi mejor amigo. Nosotros somos lagartos, más habitualmente conocidos como lagartos de Gila. Barry no sólo construye buenos fuertes, sino que además me hace reír.

El sol de mediodía hizo que incluso el tiempo se volviera más seco y cálido. Así que Barry y yo decidimos marcharnos a casa. Pero, ¿dónde estaba nuestra casa? Los dos nos pusimos a mirar en todas las direcciones y nada nos parecía familiar. Lo único que había eran grandes extensiones de tierra arenosa por todas partes. Nos habíamos adentrado demasiado en el desierto.

—Caminemos en esta dirección —sugerí yo. Y poco después avanzábamos trotando, dejando atrás un sendero en la arena formado por nuestras escamosas colas. Como cada vez nos pusimos más nerviosos, comenzamos a correr.

—¿A cuánta distancia te puedes adentrar en el desierto? —preguntó Barry repentinamente.

—No lo sé, Barry. ¿A *cuánta* distancia te puedes adentrar tú? —pregunté yo.

—Sólo te puedes adentrar hasta la mitad del desierto porque, después de eso, empiezas a *salir* de él.

Empecé a reír tan fuerte que casi choco contra un cactus. Y cuando finalmente miré hacia arriba, pude ver en la distancia un afloramiento rocoso, el mismo afloramiento que da sombra a la entrada de mi madriguera.

Características clave de un cuento imaginativo
- cuenta una historia inventada que no ha sucedido realmente
- tiene un argumento que llega a un punto culminante
- tiene personajes animales o humanos en la historia
- tiene un escenario que revela dónde y cuándo sucede el cuento

1. Subraya la oración que sea la más emocionante del argumento.

_____

2. Dibuja un círculo alrededor de los personajes del cuento.

_____

3. Dibuja un cuadrado alrededor de las palabras que indican el ambiente.

_____

Vocabulario

Instrucciones Une la palabra con su significado.
Haz una línea de la palabra a su definición.

Marca las palabras que conoces
__cataratas __mareas
__desiertos __profundidad
__escapar __promedio

1. promedio   huir de algo o alguien

2. desiertos   subidas y bajadas del nivel de agua del mar

3. profundidad   la cantidad usual o normal

4. escapar   áreas con muy poca lluvia

5. mareas   lo profundo que es algo

Instrucciones Escribe la palabra del recuadro que mejor concuerde con la pista.

6. Esto es lo que hacen los animales para no ser enjaulados. _____

7. Estas caídas de agua son impresionantes. _____

8. Aquí a veces se ve solamente arena. _____

9. Es importante medirla para bucear en el fondo del mar. _____

10. Están relacionadas con los océanos. _____

Escribe un folleto de viaje

En una hoja de papel aparte, escribe un folleto de viaje que describa un lugar y las cosas que se pueden ver ahí. Usa el mayor número posible de palabras de vocabulario.

Actividad para la casa Su niño o niña identificó y usó palabras de vocabulario de *El más caliente, el más frío, el más alto, el más hondo*. Lean un artículo de no ficción sobre las Ciencias de la Tierra. Hablen de distintos accidentes geográficos. Anímele a usar palabras de vocabulario en la conversación.

Pronombres en la oración

El pronombre personal es a veces el **sujeto** de la oración.

Ellos fueron de viaje al desierto.

Los pronombres que pueden ser sujeto de la oración son:

yo   nosotros/nosotras   tú/usted   ustedes   él/ella   ellos/ellas

Otras veces, el pronombre personal es parte del **predicado.** En ese caso, es un **complemento** (también llamado objeto) del verbo.

Susana agarró el lápiz.   Susana lo agarró.

Lo sustituye a *lápiz.*

Algunos pronombres complementos del verbo son: *me, te, se, lo, la, le, nos, los, las, les.*

Instrucciones Copia los pronombres personales de cada oración.

1. El río está lleno de peces, los vi con mis propios ojos. _____

2. En el desierto, el sol te puede quemar. _____

3. Los volcanes activos me fascinan. _____

4. Tú investigas y luego les pasas el informe. _____

Instrucciones Escribe *S* si el pronombre subrayado es el sujeto. Escribe *C* si el pronombre es un complemento del verbo.

5. El vulcanólogo es un científico. Él estudia los volcanes. _____

6. El Vesubio es un volcán activo. Lo vi por televisión. _____

7. Mamá visitó la ciudad de Pompeya. La lava del Vesubio la cubrió. _____

8. Ella volvió asombrada por la belleza de las ruinas. _____

© Pearson Education, Inc., 3

Actividad para la casa Su niño o niña estudió los pronombres en la oración. Lean una noticia de periódico y pídale que busque pronombres que son sujetos y otros que son complementos del verbo.

Palabras con *h*

Palabras de ortografía				
bahía	habitante	cacahuate	cohete	almohada
hielo	bohemio	ahorros	hinchar	horrible
ahora	herida	prohibido	humo	huracán

Completa la oración Escribe la palabra de ortografía que completa la oración.

1. Un _____ es una tormenta muy fuerte.   _____

2. El _____ se derrite con el calor.   _____

3. Una _____ es una entrada de mar.   _____

4. Para ir a la luna se necesita un _____.   _____

5. La _____ de plumas es muy blanda.   _____

6. Está _____ mascar chicle en clase.   _____

7. Tendremos que curarte esa _____.   _____

8. El _____ tostado y saladito es delicioso.   _____

Relaciona Escribe la palabra de ortografía que es sinónimo de la palabra dada.

9. residente   _____

10. en este momento   _____

11. tormenta devastadora   _____

12. dinero guardado   _____

13. agua congelada   _____

14. nave aeroespacial   _____

15. muy feo, espantoso   _____

cohete
huracán
horrible
hielo
habitante
ahorros
ahora

© Pearson Education, Inc., 3

Escuela + Hogar

Actividad para la casa Su niño o niña está aprendiendo el uso de la *h*. Para practicar en casa, escriba palabras de ortografía sin la *h* y pídale que las escriba correctamente.

Título	
Personajes	**Ambiente**

Sucesos **1. Primero**	

2. Después	

3. Luego	

4. Final	

Vocabulario • Diccionario y glosario

- Puedes usar un **diccionario** o un **glosario** para hallar el significado de palabras desconocidas.

- Las palabras de un diccionario o de un glosario están en **orden alfabético**.

- Un diccionario te indica, al lado de cada entrada, si la palabra es un *verbo (v.)*, un *sustantivo masculino (m.)* o *femenino (f.)*, un *adjetivo (adj.)* o un *adverbio (adv.)*.

Instrucciones Lee las siguientes oraciones. Una palabra está subrayada. Usa la página de glosario de muestra para escribir la definición de la palabra subrayada.

---

medio ambiente • fosa oceánica

medio ambiente *s. m.* las condiciones que rodean a un organismo y afectan su crecimiento

erupción *s. f.* salida de gases y lava a la superficie de la Tierra

extrema *adj.* mucho más de lo usual; muy intensa

precipitación *s. f.* agua, nieve o granizo que cae a la Tierra

registran *v.* escriben, anotan o graban algo para usar como referencia en el futuro

fosa oceánica *s. f.* zona alargada, estrecha y profunda del fondo del mar

---

1. Los historiadores <u>registran</u> la historia en libros, en periódicos y en otros medios.

_____

2. Cuando un lugar recibe poca o ninguna <u>precipitación</u>, recibe el nombre de desierto.

_____

3. Para hacer vidrio, la temperatura del horno tiene que ser <u>extrema</u>.

_____

4. Los científicos no pueden predecir cuándo entrará en <u>erupción</u> un volcán.

_____

5. Los gatos pueden crecer en cualquier <u>medio ambiente</u>, excepto donde el frío es extremo.

_____

6. Una <u>fosa oceánica</u> es el medio ambiente de extraños peces y pulpos.

_____

Actividad para la casa Su niño o niña identificó y usó palabras de vocabulario de *El más caliente, el más frío, el más alto, el más hondo.* Lean un libro sobre los grandes desiertos del planeta. Anime a su niño o niña a usar un diccionario para hallar el significado de palabras desconocidas.

Gráfica de barras

Las **gráficas de barras** comparan cantidades y números. Las barras pueden ser horizontales o verticales. Las palabras de la gráfica indican lo que se está comparando. El final de cada barra está alineado con un número.

Instrucciones La siguiente gráfica de barras muestra las cinco distancias más largas recorridas por una pelota de béisbol en un concurso de lanzamientos. Usa la gráfica para contestar cada pregunta.

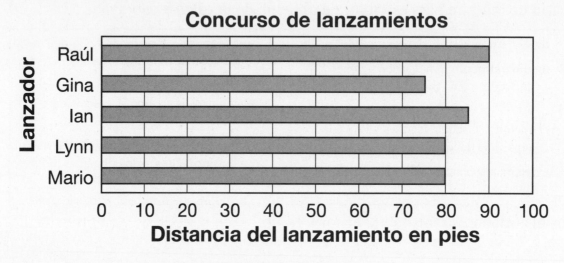

1. ¿Cuál es la distancia del lanzamiento más largo?

_____

2. ¿Quién lanzó la pelota a menos distancia?

_____

3. ¿A qué distancia lanzó Ian la pelota?

_____

4. ¿Quiénes lanzaron la pelota a la misma distancia?

_____

5. ¿Qué distancia hay entre el lanzamiento más lejano y el más corto?

_____

Actividad para la casa Su niño o niña interpretó una gráfica de barras para contestar preguntas. Reúna datos sobre su familia, como alturas, edades, pesos y tallas. Ayúdele a hacer una gráfica de barras con esta información.

Palabras con *h*

Corrige un informe Encierra en un círculo las palabras de ortografía mal escritas. Escribe bien las palabras.

> Ayer en la tarde pasó un veículo a alta velocidad y le causó una erida a un perro que cruzaba la calle como un coete. Está proibido exceder la velocidad máxima.

Palabras de ortografía
1. bahía
2. habitante
3. cacahuate
4. cohete
5. almohada
6. hielo
7. bohemio
8. ahorros
9. hinchar
10. horrible
11. ahora
12. herida
13. prohibido
14. humo
15. huracán

1. _____   **2.** _____

3. _____   **4.** _____

Corrige las palabras Encierra en un círculo la palabra que está bien escrita. Escríbela sobre la línea.

Palabras de ortografía difícil
vehículo
exhausto
adhesiva

5. baíha bahía _____

6. cacahuate cacauate _____

7. habitante abitante _____

8. haorros ahorros _____

9. almoada almohada _____

10. adhesiva hadesiva _____

11. prohibido prohivido _____

12. boemio bohemio _____

© Pearson Education, Inc., 3

Actividad para la casa Su niño o niña está aprendiendo el uso de la *h*. Para practicar en casa, escriba palabras de ortografía sin la *h* y pídale que las escriba correctamente.

> **Pronombres en la oración**

Marca el pronombre que va en cada oración.

1 _____ viven en Alaska.

  ⬭ Nosotros

  ⬭ Ellos

  ⬭ Tú

2 _____ iré a Alaska.

  ⬭ Él

  ⬭ Ella

  ⬭ Yo

3 A María _____ gustan los alces.

  ⬭ las

  ⬭ le

  ⬭ nos

4 Juan fotografió unos alces y _____ dibujó.

  ⬭ la

  ⬭ nos

  ⬭ los

5 Había focas y _____ observamos con prismáticos.

  ⬭ las

  ⬭ os

  ⬭ nos

Escuela + Hogar

Actividad para la casa Su niño o niña se preparó para tomar un examen de los pronombres en la oración. Comenten alguna visita que hicieron a un zoo. Pida a su niño o niña que identifique los pronombres en las oraciones que dicen, indicando si se trata de sujetos o de complementos.

Palabras con *g, j, x*

Formar palabras Escoge la sílaba correcta del ( ) para formar la palabra. Luego escribe la palabra formada en la línea.

1. (je/ge) + me + los = _____

2. Te + (jas/xas) = _____

3. te + (gi/ji) + do = _____

4. (ge/je) + la + ti + na = _____

Relacionar Escribe la palabra correcta del ( ) para completar la oración. Escribe la palabra en la línea.

5. El doctor es un hombre muy (gentil/rugido). _____

6. La inventora es muy (jirafa/inteligente). _____

7. El (pasaje/ joven) a México costó mucho dinero. _____

8. El (masaje/jardín) está lleno de flores. _____

9. El camión de sanidad (página/recoge) la basura tres veces por semana.

_____

10. El león dio un (tejido/rugido) fenomenal. _____

Actividad para la casa Su niño o niña usó palabras con *g, j, x*. Juntos hagan una lista de palabras que tengan estas letras. Luego anímele a escribir oraciones con la palabras de la lista.

Hechos y opiniones

- Un enunciado de un **hecho** dice algo que puede ser comprobado como falso o verdadero. Para comprobarlo, puedes leer sobre el tema o preguntarle a un experto.
- Un enunciado de una **opinión** expresa ideas o sentimientos de alguien. Palabras como *ha debido* o *mejor* generalmente forman parte de una opinión.

Instrucciones Lee el siguiente texto. Luego, completa el diagrama.

Beny Moré nació el 24 de agosto de 1919 y murió el 19 de febrero de 1963. Es el mejor cantante cubano de todos los tiempos. Cuando era joven se fue a México, pues allí tenía mejores oportunidades que en su país. Cantó con el Trío Matamoros y con la orquesta de Dámaso Pérez Prado, el inventor del mambo.

En 1950 regresó a Cuba y formó la mejor orquesta del país. Compuso muchas canciones y grabó numerosos discos. Ha debido ser más conocido en los Estados Unidos y en Europa, así habría vendido más discos y habría tenido más seguidores.

Hecho	Cómo comprobarlo
1.	
2.	

Opinión	Palabras clave
3.	
4.	

5. ¿Cómo puedes averiguar los títulos de algunas de las canciones de Beny Moré?

Actividad para la casa Su niño o niña identificó hechos y opiniones en un texto de no ficción sobre un famoso cantante. Lean un libro sobre otro artista. Luego, comparen los datos del libro con los de una fuente de referencia.

La colección del reparalotodo

A tío Stefan ya le gustaba reparar cosas cuando era un muchacho. Él era bueno con las manos y mucho mejor con las herramientas. Era capaz de arreglar casi cualquier cosa de la casa, pero su pasión era trabajar en su bicicleta.

Con el paso del tiempo, tío Stefan comenzó a fabricar sus propias bicicletas, usando piezas sueltas que traía de su taller. Así es como él comenzó su colección de bicicletas únicas y singulares. ¿Alguna vez has visto una bici con un volante redondo en lugar del manillar y una silla de plástico con cojín en vez del sillín? ¡Tío Stefan hizo una bicicleta justo así para mí!

Ahora, tío Stefan tiene un cobertizo lleno de bicicletas pero, ¿te crees que simplemente están ahí agarrando polvo? ¡De ninguna manera! El tío se las deja a los muchachos del vecindario. Y cuando las bicis empiezan a chirriar o a mostrar cualquier señal de necesitar reparación, al tío se le forma una gran sonrisa en la cara. Entonces llega el momento para tío Stefan de sacar su caja de herramientas y enseñarnos a juguetear reparándolas.

Características clave de una biografía

- cuenta sobre la vida de una persona real
- se suele contar en orden cronológico
- emplea palabras como él o ella
- cuenta sobre el talento de la persona o sobre sus logros más importantes

1. Dibuja un círculo alrededor de la persona sobre la que cuenta la biografía. Luego, subraya ejemplos de la palabra *él* que hagan referencia a ese hombre.

2. Dibuja un cuadrado alrededor de cualquier palabra que dé pistas sobre cuándo ocurren los sucesos.

Nombre _____

Vocabulario

Instrucciones Escribe una palabra del recuadro para completar cada oración.

1. Mi vestido con _____ era el más lindo.

2. Como yo quería ser médico, _____ estudiar medicina.

3. En el _____ hay una gran variedad de frutas tropicales.

4. Cuando apagaron las luces, se abrieron las cortinas del _____.

5. Quiero volver a mi _____ para ver a mis viejos amigos.

Instrucciones Encierra en un círculo la palabra que mejor complete la oración. Lee las palabras que están al final de la oración.

6. La pareja bailó al ritmo de las _____ toda la noche.
   tumbadoras   lentejuelas

7. La cena de Acción de Gracias es una de mis _____ favoritas.
   tareas   tradiciones

8. La actriz se veía preciosa en el _____.   escenario   trópico

9. Mis padres son grandes bailadores de _____.   canto   salsa

10. Me encanta nadar en las aguas cálidas del _____.
    Ártico   trópico

Escribe un aviso

En una hoja de papel aparte, escribe un aviso para vender unos boletos de avión para ir a una isla del Caribe.

Actividad para la casa Su niño o niña usó palabras de vocabulario de *Me llamo Celia*. Pregúntele quién es su cantante favorito. Comenten por qué le gusta ese o esa cantante en especial. Puede ser una banda de música también.

© Pearson Education, Inc., 3

Posesivos

Hay palabras que dicen de quién o de qué es algo. Indican **posesión.**

Esta canción es de Celia.

Esta canción es <u>suya</u>.

Algunas palabras que indican posesión son: *mi, mis, mío, mía, míos, mías, tu, tus, tuyo, tuya, tuyos, tuyas, su, sus, suyo, suya, suyos, suyas, nuestro, nuestra, nuestros, nuestras.*

Canto canciones de <u>mi</u> tierra.

<u>Nuestra</u> casa era muy alegre.

Instrucciones Escribe el posesivo de cada oración.

1. Mi voz es intensa y dulce. _____

2. Tu casa es grande. _____

3. Me acuerdo de nuestra infancia feliz. _____

4. Me acunaban sus canciones. _____

Instrucciones Elige el posesivo entre ( ) que completa cada oración. Escribe la oración.

5. Celia es cantante. (Tuyo, Su) trabajo es cantar.

_____

6. Celia tenía una cocina acogedora en (suya, su) casa.

_____

7. Esas canciones son (mías, mi).

_____

8. Teníamos muchas visitas en (nuestros, nuestra) casa.

_____

© Pearson Education, Inc., 3

Actividad para la casa Su niño o niña estudió los posesivos. Pregúntele a quién pertenecen distintos objetos de la casa y pídale que conteste usando posesivos.

Palabras con *g, j, x*

Palabras de ortografía				
gigante	mojada	bajo	encajes	corregir
mujeres	frijoles	juntos	gente	joven
jirafa	Xavier	México	paisaje	agente

Ver relaciones Escribe la palabra de ortografía que completa la comparación.

1. telas, bordados y _____

2. grande, enorme y _____

3. Estados Unidos, Canadá y _____

4. Carlos, Jorge y _____

5. león, cebra y _____

6. granos, arroz y _____

7. personas, humanos y _____

8. lluvia, húmeda y _____

Relaciona Escribe la palabra de ortografía que completa la oración.

9. Ana jugó al fútbol en un equipo de _____ .

10. El _____ de ventas me ofreció un buen negocio.

11. Iban _____ para no perderse en el camino.

12. Me encanta disfrutar del _____ cuando viajo.

13. Carla vive en un piso _____ , se puede ir por las escaleras.

14. Es un hombre _____ y fuerte.

15. Tendremos que _____ nuestro ensayo para la clase.

Actividad para la casa Su niño o niña está aprendiendo palabras con *g, j, x*. Para practicar en casa, pídale que escriba oraciones con las palabras de ortografía.

Título _____

Principio

Medio

Final

Vocabulario • Claves del contexto

- Los **homógrafos** son pares de palabras que se escriben igual pero tienen distinto significado.
- Usa las **claves del contexto** para hallar cuál de las definiciones es la apropiada.

Instrucciones Lee las siguientes oraciones. Las palabras en **negrilla** son homógrafos. Lee las definiciones debajo de cada oración y subraya la definición correcta.

1. Mañana voy a ponerme un **traje** nuevo para la fiesta.

   forma del verbo traer   vestido

2. Mis padres me regalaron una linda **muñeca**.

   un juguete   parte del cuerpo entre la mano y el brazo

3. Estudié mucho y saqué una buena **nota**.

   calificación de un examen   comunicación por escrito

4. Mi sueño es conocer el **desierto** del Sahara, en África.

   lugar vacío sin personas ni cosas   lugar seco donde cae muy poca lluvia

5. Los **ejercicios** de matemáticas eran muy difíciles.

   gimnasia   problemas o pruebas que hacen los estudiantes

6. Mi plato preferido es el pollo con **salsa** de ciruelas.

   baile caribeño   mezcla que le da sabor a las comidas

7. Desde que la puse al sol, la **planta** está altísima.

   cada uno de los pisos de un edificio   ser vivo con raíces, hojas y tallo

8. Vamos a la playa a disfrutar del **sol**.

   astro que se halla en el centro de nuestro sistema planetario   nota musical

9. Todas las mañanas **tomo** un vaso de jugo de naranja.

   agarrar o coger algo con las manos   beber líquidos

10. Mi **pintura** favorita del museo es la de los caballos con alas.

    sustancia que usamos para pintar   cuadro, obra de arte

Actividad para la casa Su niño o niña eligió las definiciones correctas de varios homógrafos. Lean *Me llamo Celia* y juntos busquen en el diccionario las definiciones de palabras como *sal, cocina* o *café*. Pregúntele cuál es la definición apropiada para las oraciones del cuento.

© Pearson Education, Inc., 3

Información en Internet

- Si entras en **Internet,** podrás hallar **información** sobre casi cualquier tema. Después de escribir la dirección, entrarás a la **página principal** del sitio Web que vas a usar como fuente. Luego, usarás los **enlaces** para ver más información o imágenes en otras páginas. Por lo general, usarás una de estas cuatro **extensiones:** .com es un sitio Web comercial; .gov es un sitio Web manejado por el gobierno; .edu es un sitio Web educativo; .org es un sitio Web manejado por una empresa sin ánimo de lucro.

Instrucciones Estudia la página Web y contesta las siguientes preguntas.

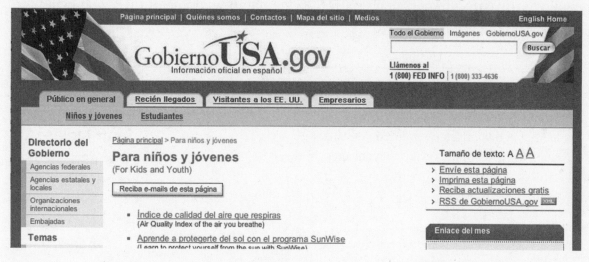

1. ¿Cuál es la dirección de este sitio Web?_____

2. ¿En qué enlace puedes hacer clic para leer sobre alguna agencia federal?

_____

3. Elige uno de los enlaces de la primera línea superior. Describe un tipo de información que podrías hallar en uno de esos enlaces.

_____

4. ¿En qué enlace harías clic si quisieras obtener información sobre las embajadas de los Estados Unidos en el mundo?

_____

5. ¿Qué propósito tiene este sitio Web?

_____

© Pearson Education, Inc., 3

Actividad para la casa Su niño o niña contestó preguntas sobre un sitio Web. Visiten juntos en Internet un sitio del gobierno de los Estados Unidos. Pasen un rato recorriendo juntos el sitio. Hagan clic en los distintos enlaces a otras páginas del sitio. Ayude a su niño o niña a entender cómo navegar por el sitio.

Palabras con *g, j, x*

Palabras de ortografía				
gigante	mojada	bajo	encajes	corregir
mujeres	frijoles	juntos	gente	joven
jirafa	Xavier	México	paisaje	agente

Corrige un informe Encierra en un círculo las palabras de ortografía que están mal escritas. Escribe bien las palabras.

El verano pasado fui de visita a Megico. En la ciudad había mucha jente xoven. Me encantó el paisage, las ropas tradicionales con encages y las tortillas con frigoles. ¡Espero volver pronto!

Palabras difíciles

lentejuelas
Oaxaca
maquillaje

1. _____
2. _____
3. _____
4. _____
5. _____
6. _____

Corrige las palabras Llena el círculo de la palabra de ortografía que está bien escrita. Escribe la palabra sobre la línea.

7. ⊂⊃ mogada   ⊂⊃ moxada   ⊂⊃ mojada _____

8. ⊂⊃ jirafa   ⊂⊃ girafa   ⊂⊃ xirafa _____

9. ⊂⊃ ahente   ⊂⊃ ajente   ⊂⊃ agente _____

10. ⊂⊃ jigante   ⊂⊃ gigante   ⊂⊃ xigante _____

© Pearson Education, Inc., 3

Actividad para la casa Si niño o niña está aprendiendo palabras con *g, j, x*. Para practicar en la casa, pídale que deletree oralmente las palabras de ortografía.

Posesivos

Marca el posesivo que completa cada oración.

1 Te voy a poner _____ canción.

⬭　tus

⬭　mi

⬭　mía

2 _____ abuela nació en Cuba.

⬭　Nuestros

⬭　Mis

⬭　Nuestra

3 Ella se marchó de _____ país.

⬭　su

⬭　mis

⬭　nuestra

4 Ustedes tienen lejos a _____ familiares.

⬭　su

⬭　sus

⬭　mi

5 Este país es el _____ .

⬭　su

⬭　suyos

⬭　mío

© Pearson Education, Inc., 3

Actividad para la casa Su niño o niña se preparó para examinarse de posesivos. Lean juntos un cuento y pídale que identifique los posesivos que aparecen en él.

Nombre _____

Palabras con *s*, *c*, *z*

Instrucciones Lee las oraciones. Subraya las palabras con *s*, *c*, *z*. Luego escribe las palabras en las líneas.

1. _____

2. _____

3. _____

4. _____

5. _____

6. _____

7. _____

8. _____

> Cumplo nueve <u>años</u> en una <u>semana</u>.
> <u>Hacemos</u> una <u>fiesta</u> en el <u>zoológico</u>.
> <u>Espero</u> que <u>sea</u> un día de <u>sol</u>.

Instrucciones Escribe la palabra del recuadro que corresponde a cada clave.

> sótano   cinturón   pez

9. El animal que nada en el mar. _____

10. La parte más baja de una casa. _____

11. Un aparato de seguridad en un auto o avión. _____

Escuela + Hogar   **Actividad para la casa** Su niño o niña está aprendiendo a identificar palabras con *s*, *c*, *z*. Pídale a su niño o niña que haga una lista de 15 palabras escritas con *s*, *c*, *z*.

Hecho y opinión

- Un enunciado de un **hecho** dice algo que puede ser comprobado como falso o verdadero. Para comprobarlo, puedes leer sobre el tema o preguntarle a un experto.

- Un enunciado de una **opinión** expresa las ideas o sentimientos de alguien. Palabras como *ha debido* o *mejor* generalmente forman parte de una opinión.

Instrucciones Lee el siguiente texto. Luego, completa el diagrama.

La natación es un deporte que ayuda a las personas a mantenerse en buen estado físico. Si tienes alguna duda, pregúntale a Mark Spitz. Él tuvo el récord de haber ganado más medallas de oro en pruebas de natación que ningún otro nadador en unos Juegos Olímpicos hasta el 2008.

En Alemania, en 1972, Spitz ganó siete medallas de oro. Además, impuso nuevos récords mundiales en cada una de las siete pruebas.

Durante esas pruebas, Spitz tenía bigote. El bigote le quitó atención a sus magníficas presentaciones. Ha debido afeitarse el bigote. Hubiera sido lo mejor.

Hecho	Cómo comprobarlo
1.	
2.	

Opinión	Palabras clave
3.	
4.	

5. ¿Cómo puedes averiguar si Mark Spitz ganó siete medallas de oro en los Juegos Olímpicos de 1972?

_____

_____

Actividad para la casa Su niño o niña identificó hechos y opiniones en un texto de no ficción sobre natación. Lean otro texto o un editorial y comenten si los enunciados son hechos u opiniones. Pídale que le explique cómo comprobaría que un enunciado que parece verdadero es realmente un hecho.

© Pearson Education, Inc., 3

Mi autobiografía

Yo nací el 29 de agosto de 2000 en Holland, MI. Mi madre me ha contado que cuando nací, fui el que menos lloró de todos los demás niños nacidos en la sala de partos. ¡Supongo que era por lo feliz que me encontraba al verme allí!

Una nueva hermana

Mis padres son Arthur y Tammy Garza. Mi padre trabaja como maestro de estudios sociales en la Escuela de Secundaria de Brownsville. ¡Algún día tal vez sea uno de sus estudiantes! Mi madre es una abogada que trabaja para el ayuntamiento de la ciudad. Ella trabaja para asegurarse de que los planes de la ciudad sean seguros y no causen daños al medio ambiente.

Cuando yo tenía tres años ocurrió uno de los sucesos más importantes de mi vida. Mi madre tuvo que ingresar en el hospital durante unos días, y mi padre me dijo que caundo regresara vendría con una gran sorpresa. ¡Y entonces mi madre regresó con mi hermanita! Se llama Teresa y acaba de empezar a ir a la escuela. Teresa y yo discutimos de vez en cuando, como es normal entre hermanos, pero estoy muy contento de que sea mi hermana.

Mudanza a Brownsville

Hace unos años, mi padre y madre nos dieron a Teresa y a mí una importante noticia. Mi madre acababa de conseguir un nuevo trabajo en Brownsville, Texas, por lo que nos íbamos a mudar allí. Al principio no podía creer lo que estaba oyendo. Tendría que dejar a mis amigos y el barrio donde había crecido.

Los días antes de salir hacia Texas estuvimos muy ocupados con los preparativos. Empacamos todas nuestras posesiones en cajas marrones. Luego vino un gran camión amarillo hasta nuestra casa en el que cargaron nuestros muebles. Manejamos hasta Brownsville en el carro de mis padres. Cuando finalmente llegamos, nuestra nueva casa era bonita y espaciosa y llena de sol.

Características clave de una autobiografía

- cuenta la historia de la vida de la propia persona
- puede abarcar toda la vida de la persona o parte de ella
- se escribe en primera persona

1. Subraya tres oraciones que te indiquen que este relato trata sobre la vida del autor.

2. Dibuja un círculo alrededor de tres palabras que muestren el uso del punto de vista de la primera persona.

Vocabulario

Instrucciones Escoge la palabra de vocabulario del recuadro y escríbela junto a su significado.

1. enciclopedia   libro que trata sobre muchas materias y define o explica las palabras

2. felino   alargándose; creciendo y ocupando más espacio

3. meseta   que está vacio en el interior

4. extendiéndose   animal de la familia del gato

5. hueco   planicie que está a más altura que el nivel del mar

> **Marca las palabras que conoces**
>
> ___eco
> ___enciclopedia
> ___extendiéndose
> ___felino
> ___grave
> ___hueco
> ___meseta
> ___supercansada

Instrucciones En cada una de las siguientes oraciones, subraya la palabra entre ( ) que tenga sentido en la oración. Usa las claves del contexto como ayuda para elegir la palabra correcta.

6. La guarida de la ardilla es el tronco (eco, hueco) de un árbol.

7. Las noticias dicen que el tema de la contaminación es (felino, grave).

8. En algunas partes, la contaminación está (extendiéndose, eco) de las ciudades a los campos.

9. El rugido del (pájaro, felino) asustó a los venados.

10. Mi papá dice que la Tierra debe de estar (supercansada, meseta) de tanto maltrato.

Escribe una autobiografía

En una hoja de papel aparte, escribe tu autobiografía. Incluye detalles de tu relación con la naturaleza. Usa el mayor número posible de palabras de vocabulario.

Actividad para la casa Su niño o niña identificó y usó palabras de vocabulario de *Doña Flor*. Lean de nuevo la lectura y comenten cómo trata Doña Flor a los animales y los campos que la rodean.

© Pearson Education, Inc., 3

Preposiciones

Hay palabras que relacionan unas palabras con otras, que dan más información sobre ellas. Esas palabras son las **preposiciones**.

El perro ladra.

El perro **de** Pedro ladra.

La palabra **de** delante de *Pedro* sirve para presentar más información sobre el perro, te dice de quién es. **De** es una preposición.

Hay muchas preposiciones y todas sirven para añadir información.

La casa **en** construcción es peligrosa.

Elsa está nadando **con** sus amigos.

En y **con** son preposiciones.

Algunas preposiciones son: *a, ante, bajo, con, contra, de, desde, en, entre, hacia, hasta, para, por, según, sin, sobre, tras.*

Instrucciones Escribe la preposición de cada oración

1. La música olía a primavera. _____

2. Doña Flor salió con los animales. _____

3. Subieron todos hasta la montaña. _____

4. Doña Flor ponía las tortillas sobre una roca. _____

5. Tomó un baño grande de burbujas. _____

6. Los vecinos se escondían tras las puertas. _____

7. Ante tal situación, doña Flor decidió actuar. _____

8. Y contra todo pronóstico, encontró al puma. _____

9. Hicieron una fiesta para celebrarlo. _____

10. El puma los observaba desde el cerro. _____

Actividad para la casa Su niño o niña estudió las preposiciones. Lean parte de un artículo de periódico y pídale que identifique las preposiciones.

Palabras con *s, c, z*

Palabras de ortografía				
seis	tercera	acero	difícil	tiza
avanzó	sentidos	hice	celebrar	sonido
hacer	nariz	onza	abrazo	pezuña

Relacionar Lee las palabras y escribe las palabras de ortografía relacionadas.

1. ojo, orejas, _____

2. música, fiesta, _____

3. primera, segunda, _____

4. kilogramo, libra _____

5. dije, quise, _____

6. olfato, vista, _____

7. borrador, pizarrón, _____

8. trabajoso, complicado, _____

9. adelantó, caminó, _____

10. bronce, cobre, _____

Palabras incompletas Se perdieron letras en las palabras de ortografía en las siguientes oraciones. Arregla las palabras y escribe la palabras completas.

11. El tigre se había lastimado la pe _____ ña. _____

12. El _____ is es mi número de suerte. _____

13. Dame un _____ brazo. _____

14. El _____ nido retumbaba en mis oídos. _____

15. Hay que ha _____ de todo para la fiesta. _____

Actividad para la casa Su niño o niña está aprendiendo a leer y escribir palabras con *s, c, z*. Pídale que escriba las palabras de ortografía en orden alfabético.

Tema _____

Lo que **S** abemos	Lo que **Q** ueremos saber	Lo que **A** prendimos

Vocabulario • Claves del contexto

- **Hola** es un saludo y una **ola** es una onda que se forma en la superficie del agua. Las dos palabras se pronuncian exactamente igual, pero se escriben de manera diferente y tienen diferente significado. Las palabras que se pronuncian igual pero que se escriben y tienen un significado diferente se llaman homófonos.

- Un homófono puede utilizarse como **clave del contexto** para comprender oraciones difíciles.

Instrucciones Junto a cada palabra , escribe su homófono

Homófonos
casar , cazar
asar , azar
tasa , taza
cima , sima
coser , cocer
Asia , hacia
abrasada , abrazada
masa , maza
tasa , taza
poso , pozo
cause , cauce
losa , loza
mesa , meza
rosa , roza

1. roza _____

2. loza _____

3. meza _____

4. tasa _____

5. sima _____

6. Asia _____

7. abrasada _____

8. cauce _____

Instrucciones En cada una de las siguientes oraciones hay un par de homófonos entre paréntesis. Usa las claves del contexto para elegir el homófono correcto y subráyalo.

9. Flor se hizo una (casa, caza) muy grande para vivir en ella.

10. Flor hacía la (maza, masa) para las tortillas.

11. Un día que nadie vino a visitarla se fue (Asia, hacia) el pueblo.

12. Flor excavó un (cause, cauce) de río con sus propia manos.

13. Alrededor de la casa de Flor había (rosas, rozas) y otras flores.

14. Doña Flor fue valiente y subió a la (sima, cima) de la meseta.

15. ¿Si un día, sin planearlo, te encontraras al (asar, azar) con Doña Flor, qué harías?

Gráfica de barras

- Una **gráfica de barras** te permite comparar cantidades, fechas y otras cosas. Puedes comparar y contrastar los datos al mirar la altura de las barras.

- Las gráficas de barras tienen dos **ejes**. El **eje horizontal** está en la parte de abajo de la gráfica. El **eje vertical** está hacia arriba, en el lado izquierdo de la gráfica.

Instrucciones Usa la gráfica para contestar las preguntas.

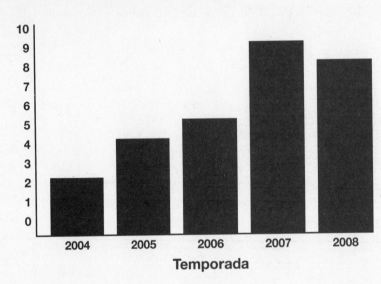

Medallas ganadas en gimnasia

1. ¿En qué temporada ganó más medallas la gimnasta?

_____

2. ¿Cuántas medallas ganó la gimnasta en su primera temporada?

_____

3. ¿Cuántas medallas ganó la gimnasta en su última temporada?

_____

4. ¿Cuál fue la mejor temporada de la gimnasta?

_____

Actividad para la casa Su niño o niña contestó preguntas acerca de una gráfica de barras. Miren la sección de deportes del periódico. Busquen datos y estadísticas que sirvan para hacer una buena gráfica de barras. Ayúdelo a hacer una gráfica con los datos.

Palabras con *s, c, z*

Palabras de ortografía				
seis	tercera	acero	difícil	tiza
avanzó	sentidos	hice	celebrar	sonido
hacer	nariz	onza	abrazo	pezuña

Clave Lee las claves y escribe las palabras de ortografía relacionadas.

1. Parte de la cara _____

2. Un número múltiplo de tres _____

3. Se usa para escribir en la pizarra _____

4. Unidad de medida _____

5. En la garra de un animal _____

6. Un gesto afectuoso _____

7. Antes de la cuarta _____

8. Que cuesta trabajo _____

9. Festejar una ocasión especial _____

10. Metal muy resistente _____

Palabras de ortografía difícil
ceremonia
zancadilla
sencillo

Separación en sílabas Cuenta las sílabas de las palabras de abajo. Escribe el número de sílabas y la palabra.

11. sentidos, _____ _____

12. hice, _____ _____

13. sonido _____ _____

14. avanzó _____ _____

15. hacer _____ _____

Actividad para la casa Su niño o niña está aprendiendo a leer y escribir palabras con *s, c, z*. Pídale que escriba oraciones con las palabras de ortografía.

© Pearson Education, Inc., 3

Preposiciones

Marca la palabra que es una preposición.

1 Doña Rosa visitó a los animales.

⬭ visitó

⬭ a

⬭ los

2 Había nubes sobre la montaña.

⬭ sobre

⬭ nubes

⬭ la

3 Doña Flor chocó contra el sol.

⬭ sol

⬭ contra

⬭ chocó

4 El rugido retumbó en el valle.

⬭ retumbó

⬭ el

⬭ en

5 El tremendo rugido producido por el tronco hueco.

⬭ tremendo

⬭ por

⬭ hueco

Escuela + Hogar **Actividad para la casa** Su niño o niña se preparó para examinarse de preposiciones. Miren una revista y pida a su niño o niña que señale las preposiciones que aparecen en los anuncios.

Palabras con *ll, y*

Instrucciones Escoge la palabra entre () que tiene una sílaba con *ll* o *y* para completar la oración. Luego, escribe la palabra en la línea.

1. La (ballena, bailarina) es grande como un camión. _____

2. El (ajo, maracuyá) es una fruta muy sabrosa. _____

3. El (toro, caballo) galopa muy rápido. _____

4. Los (payasos, insectos) son muy cómicos. _____

5. (Polo, Pollo) al horno es mi cena favorita. _____

6. Usamos mucho (yeso, barrollanto) para la escultura. _____

Instrucciones Lee las palabras del recuadro. Luego, lee los pares de palabras. Por último elige una palabra del recuadro que corresponda a cada grupo.

yogur	arroyo	amarillo
desayuno	yo	llanto

7. verde, azul, _____

8. él, tú, _____

9. canto, grito, _____

10. leche, queso, _____

11. río, riachuelo, _____

12. cena, almuerzo, _____

Escuela + Hogar

Actividad para la casa Su niño o niña está aprendiendo a identificar palabras con *ll, y*. Pídale a su niño o niña que haga una lista de 10 palabras escritas con *ll, y*.

Causa y efecto

- Una **causa** es la razón por la cual pasa algo. El **efecto** es lo que pasa.
- Una **causa** puede tener más de un **efecto.**
- Un **efecto** puede tener más de una **causa.**
- Los escritores describen causas y efectos, generalmente usan palabras clave como **porque, por lo tanto, como** o **debido a.**

Instrucciones Lee el siguiente texto.

La mamá de Perla trabajaba en un refugio de animales. Un día llegó a casa con una sorpresa: ¡un cachorro de lobo! Le habían encargado cuidarlo porque la madre del cachorro había muerto. Durante varios meses el cachorro vivió en la casa y, como su madre tenía mucho trabajo, Perla la ayudaba a cuidarlo. Al poco tiempo ya Perla y el cachorro jugaban como si fueran hermanos. Pasaron tres meses, el cachorro creció, y un día la mamá le dijo a Perla que debía llevar al cachorro a su refugio, porque aunque parecía un perro, era un animal salvaje y no podría vivir de adulto en una casa. Perla se entristeció, pero comprendió lo que su mamá le decía.

Instrucciones Escribe las causas y los efectos que faltan en la siguiente lista.

1 Causa:
   Efecto: La mamá de Perla se encarga de cuidar al cachorro.

2 Causa: La mamá de Perla tenía mucho trabajo.
   Efecto:

3 Causa: Pasaron tres meses.
   Efecto:

4 Causa:
   Efecto: Perla se entristeció.

© Pearson Education, Inc., 3

Actividad para la casa Su niño o niña aprendió las causas, los efectos y las palabras clave de un contexto. Juntos, lean un relato y pídale a su niño o niña que identifique las causas y los efectos del texto.

Resumen de por qué el perro mueve la cola

Hace tiempo, todos los animales podían hablar y comprendían los secretos del funcionamiento de las cosas del mundo. Perro, un animal muy especial, conocía todos los secretos del Rey. Un día, Perro dijo a los demás animales que lo siguieran porque iba a revelarles los secretos del Rey. Así que muchos animales siguieron a Perro hasta una cueva. Perro habló durante largo tiempo mientras contaba infinidad de secretos increíbles. Más tarde, Cuervo volvió apresuradamente al palacio a contar al Rey lo que había hecho Perro. Después de eso, el Rey decidió enseñar una lección a Perro quitándole la capacidad del habla. Es por eso que, desde entonces, cuando Perro quiere decir alguna cosa mueve la cola y no la lengua.

Características clave de un resumen

- Vuelve a contar un texto.
- Incluye sólo la información más importante.
- Es más corto que el original.

1. Lee el resumen. ¿Quiénes son los principales personajes?

_____

2. ¿Qué sucede al final del cuento?

_____

Vocabulario

Marca las palabras que conoces
___barranco ___se aferraban ___valle
___juncos ___terrible ___zigzaguear

Instrucciones Lee cada oración. Escribe una palabra del recuadro que complete cada oración.

1. Vieron al niño _____ entre las rocas del camino.

2. La tormenta que azotó al valle fue _____ .

3. Bajó la montaña hasta llegar al _____ por donde pasa el río.

4. Vimos el ave desaparecer por los _____ del lago.

5. Subimos bordeando un _____ hasta la cima de una montaña.

Instrucciones Elige la palabra del recuadro que mejor concuerde con cada pista. Escribe la palabra en la línea.

6. no se soltaban _____

7. precipicio _____

8. muy malo _____

9. tierra entre dos montañas _____

10. plantas altas, largas y huecas _____

Escribe una escena de una obra de teatro

En una hoja de papel aparte, escribe una escena en la cual un niño se encuentra con un animal recién nacido y lo quiere cuidar. Usa el mayor número posible de palabras de vocabulario.

Actividad para la casa Su niño o niña identificó y usó palabras de vocabulario de *¡Vuela, águila, vuela!* Lean un artículo de no ficción sobre la naturaleza. Comenten el ambiente. Anímele a usar palabras de vocabulario en la conversación.

© Pearson Education, Inc., 3

Frases preposicionales

Una preposición y las palabras que la siguen forman una **frase preposicional**. En las frases preposicionales, lo que sigue a la preposición es el **término de la preposición**. Las frases preposicionales aportan información sobre un nombre o sobre el verbo.

Preposición	Los pastores regresaron <u>sin</u> el ternero.
Frase preposicional	Los pastores regresaron <u>sin el ternero</u>.
Término de la preposición	Los pastores regresaron sin <u>el ternero</u>.

Instrucciones Escribe la frase preposicional de cada oración.

1. Leemos un libro sobre águilas. _____

2. El águila americana vive en América del Norte. _____

3. Los polluelos están cubiertos de plumón. _____

4. El águila americana vigila desde el aire. _____

Instrucciones Escribe el término de la preposición de cada oración.

5. El granjero buscó entre los juncos. _____

6. El granjero anduvo por la colina. _____

7. Buscó también entre los árboles. _____

8. Subió montañas que se elevan hacia el cielo. _____

© Pearson Education, Inc., 3

Actividad para la casa Su niño o niña estudió las frases preposicionales. Miren juntos un anuncio y pídale que identifique las frases preposicionales.

Palabras con *ll, y*

Clasificación de palabras Clasifica las palabras según el grupo al que pertenecen.

Palabras con *ll*

1. _____

2. _____

3. _____

4. _____

5. _____

6. _____

7. _____

8. _____

Palabras con *y*

9. _____

10. _____

11. _____

12. _____

13. _____

14. _____

15. _____

Palabras de ortografía

1. valle
2. coyote
3. yema
4. tallo
5. llanura
6. gallinas
7. llamadas
8. yate
9. lluvia
10. llavero
11. callejón
12. hoyo
13. payaso
14. leyenda
15. mayor

Palabras difíciles
16. pellizco
17. huellas
18. trayecto
19. hallazgo
20. yegua

Palabras difíciles

Palabras con *ll*

16. _____

17. _____

18. _____

Palabras con *y*

19. _____

20. _____

Actividad para la casa Su niño o niña está aprendiendo a escribir palabras con *y* y *ll*. Para practicar en casa, pídale que escriba oraciones con estas palabras de ortografía.

© Pearson Education, Inc., 3

Guía para calificar: Escritura para exámenes: Resumen

Características de la escritura	4	3	2	1
Enfoque/ Ideas	Resumen que usa sólo información importante	Resumen con información importante	Resumen con algunas ideas principales y muchos detalles	No entiende el formato de un resumen.
Organización	Ideas importantes en secuencia correcta	Secuencia generalmente correcta	Secuencia poco clara	Secuencia sin claridad
Voz	Muestra entendimiento de las ideas principales.	Muestra entendimiento del tema.	Falta de entendimiento del tema	No entiende el tema.
Lenguaje	Usa verbos de acción y palabras de tiempo y orden.	Usa algunos verbos de acción y palabras de tiempo y orden.	Pocos o ningún verbo de acción o palabra de tiempo y orden	Pobre uso del lenguaje
Oraciones	Oraciones claras con variaciones de longitud y tipo	Oraciones con poca variación de longitud y tipo	Oraciones de longitud y tipo similar	No muestra variación en sus oraciones.
Normas	Pocos o ningún error; uso correcto de las preposiciones	Varios errores mínimos; usa preposiciones.	Muchos errores; pobre uso de las preposiciones	Muchos errores graves; uso incorrecto o nulo de las preposiciones

Vocabulario • Diccionario y glosario

- A veces, vas a encontrarte con palabras que no conoces en una lectura.

- Puedes buscar las palabras desconocidas en un **diccionario**. Es fácil encontrar esas palabras en un diccionario porque están en orden alfabético.

- Un **glosario** es un diccionario pequeño que está en la parte de atrás de un libro de referencia. Al igual que en un diccionario, en el glosario, las palabras también están en orden alfabético.

Instrucciones A cada oración se le quitó una palabra donde ahora ves un espacio en blanco. La palabra que falta está en **negrilla**. Usa la definición del diccionario para reemplazar cada palabra con un término u otra palabra que tenga sentido en la oración.

---

adiestrar *v.* enseñar o amaestrar

convencido *adj.* está seguro de algo

grietas *s. f.* aberturas poco profundas

majestuoso *adj.* impresionante

resplandor *s. m.* brillo

reina *v.* gobierna o manda

zigzaguear *v.* serpentear

---

1. reina   El rey _____ sobre todos los súbditos de su reino.

2. zigzaguear   Desde arriba se ve el río _____ por el valle.

3. adiestrar   Sería muy difícil _____ a un pollo para que vuele como un águila.

4. majestuoso   El nevado se ve _____ dominando la vista del valle.

5. convencido   El señor _____ de que debe pensar antes de hablar.

6. grietas   Es una casa muy vieja, con _____ en las paredes.

7. resplandor   El sol nos despertó con todo su _____ .

© Pearson Education, Inc., 3

Actividad para la casa Su niño o niña usó un diccionario para hallar el significado de palabras desconocidas. Abran un diccionario en una página cualquiera y anime a su niño o niña a aprender una nueva palabra.

Esquema y resumen

Resumir es hallar las ideas más importantes acerca de un tema o de un texto. Puedes resumir lo que lees o aprendes en clase. Una manera de resumir es hacer un **esquema**. Un esquema, como el siguiente, muestra una idea principal y los detalles que la apoyan.

Un animal en peligro de extinción: El elefante africano

I. Tamaño	II. Dieta—Vegetación
A. Peso	A. pastos
1. de 7,000 a 15,000 libras	B. hojas
2. Los machos pesan más.	C. frutas
B. Altura y longitud	III. Hábitat—África
1. de 10 a 13 pies de alto	A. selva
2. de 20 a 24 pies de largo	B. sabana

Instrucciones Escribe las palabras del recuadro en el esquema. Usa el esquema de arriba como guía.

> hábitat   venados   de 45 a 80 libras   conejos   pantanos

El zorro rojo

I. Tamaño	III. Dieta
A. de 4 ½ a 5 ½ pies de largo	A. Principalmente animales pequeños
B. Peso	1. roedores
1. _____	2. _____
2. Los machos pesan más.	B. Otros
II. _____	1. insectos
A. bosques	2. bayas
B. montañas	3. _____
C. _____	

Actividad para la casa Su niño o niña aprendió a hacer un esquema para resumir ideas. Dele información sobre un tema conocido. Incluya por lo menos tres ideas principales y varios detalles sobre las ideas principales. Ayúdele a organizar esa información en el esquema.

Palabras con *ll, y*

Palabras de ortografía				
valle	coyote	yema	tallo	llanura
gallinas	llamadas	yate	lluvia	llavero
callejón	hoyo	payaso	leyenda	mayor

Corrige una lista Una clase hizo una lista de las cosas que vieron en una granja. Encierra en círculos las palabras de ortografía mal escritas y escríbelas sobre la línea.

Cosas que vimos en la granja:

1. Un ollo grande.

2. Gayinas en el corral.

3. Un collote que corría por el prado.

4. Un árbol con el tayo torcido.

5. Una yanura detrás del lago.

1. _____

2. _____

3. _____

4. _____

5. _____

Palabras con ortografía difícil
pellizco
huellas
trayecto

Corrige las palabras Rellena el círculo de la palabra bien escrita y escríbela sobre la línea.

6. ○ payaso ○ pallaso ○ payazo _____

7. ○ llate ○ hiate ○ yate _____

8. ○ yamadas ○ llamadas ○ lamadas _____

9. ○ leyienda ○ lellenda ○ leyenda _____

10. ○ yavero ○ llavero ○ llabero _____

11. ○ callejón ○ cayejón ○ callegon _____

12. ○ mayor ○ mallor ○ mayior _____

Actividad para la casa Su niño o niña está aprendiendo palabras con *y* y *ll*. Pídale que escriba palabras de ortografía y las deletree.

© Pearson Education, Inc., 3

Frases preposicionales

Marca la frase preposicional en las oraciones 1, 2 y 3, y el término de la preposición en las 4 y 5.

1 Las águilas viven por todo el mundo.

- ⬭ por
- ⬭ el mundo
- ⬭ por todo el mundo

2 Construyen sus nidos en las alturas.

- ⬭ sus nidos
- ⬭ en las alturas
- ⬭ en

3 Las águilas vuelan sobre el lago.

- ⬭ sobre el lago
- ⬭ Las águilas
- ⬭ sobre

4 Se lanzan hacia su presa.

- ⬭ hacia
- ⬭ hacia su presa
- ⬭ su presa

5 La atrapan con las garras.

- ⬭ las garras
- ⬭ con
- ⬭ con las garras

Actividad para la casa Su niño o niña se preparó para examinarse sobre frases preposicionales. Miren juntos una receta de un libro de cocina y pídale que busque tres frases preposicionales.

Palabras con *ga, go, gu, gue, gui, güe, güi*

Palabras de ortografía

ganado	ganso	gusano
pingüino	aguja	gorrión
bilingüe	galopa	guitarra
gotera	antiguo	guisado
desagüe	guepardo	ceguera

Agrupación de palabras Escribe la palabra de ortografía abajo en la fila que corresponde.

bilingüe   pingüino   ganado

gorrión   gotera   guisado

gusano   aguja   ceguera   galopa

gui: 1. _____

gue: 2. _____

go: 3. _____   4. _____

güi: 5. _____

güe: 6. _____

gu: 7. _____   8. _____

ga: 9. _____   10. _____

Palabras incompletas En la lista de palabras abajo faltan letras. Completa la palabra y escribe la palabra entera.

11. g _____ so

12. des _____ e

13. anti _____

14. _____ pardo

15. g _____ arra

Actividad para la casa Su niño o niña está aprendiendo a leer y escribir palabras con *ga, go, gu, gue, gui, güe, güi*. Pídale que haga una lista de las palabras de ortografía y que las divida en sílabas.

Pronombres personales

Instrucciones Copia los pronombres personales de cada oración.

1. Ellos juegan a básquetbol y lo juegan muy bien. _____

2. María estuvo jugando y luego la vi en el supermercado. _____

3. Si ustedes deciden venir, les esperaré en la esquina. _____

4. Nosotros planeamos volver la próxima semana. _____

5. Mi primo y yo nos entrenamos en el patio. _____

Instrucciones Copia las oraciones sustituyendo las palabras subrayadas por pronombres personales.

6. Los inventores son muy imaginativos.

_____

7. La maestra contó a nosotros cómo se inventó el básquetbol.

_____

8. Mi hermano y yo jugamos juntos.

_____

9. El pivote efectuó un lanzamiento.

_____

10. Tu papá y tú fueron a ver a los Mavericks.

_____

Palabras con *h*

Palabras de ortografía				
bahía	cohete	bohemio	moho	prohibido
vehículo	almohada	adhesiva	alhaja	albahaca
cacahuate	ahuyentar	enhebrar	anhelo	zanahoria

Clasifica y corrige Encierra en un círculo la palabra destacada bien escrita. Escríbela sobre la línea.

1. El **cacagüete cacauate cacahuate** es muy rico.   _____

2. Preparamos agua de **albaca albahaca alvahaca**.   _____

3. Esta **alhaja alaja alhaga** tiene una esmeralda.   _____

4. Mi **almohada almoada almuhada** tiene relleno de espuma.   _____

5. A mi gato le gusta **auyentar ahullentar ahuyentar** a los ratones.   _____

6. Sella el paquete con cinta **adhesiba adesiva adhesiva**.   _____

7. Está **prohivido prohibido proibido** arrojar basura en las calles.   _____

Letras revueltas Ordena las letras y escribe la palabra de ortografía correctamente.

8. baahí   __ __ __ __ __

9. eethoc   __ __ __ __ __ __

10. vohíluce   __ __ __ __ __ __ __ __

11. enarherb   __ __ __ __ __ __ __ __

12. hdesivaa   __ __ __ __ __ __ __ __

13. hoom   __ __ __ __

14. olanhe   __ __ __ __ __ __

15. horaniaza   __ __ __ __ __ __ __ __ __

Actividad para la casa Su niño o niña ha aprendido palabras con *h*. Para practicar en casa, pídale que lea un cuento y busque palabras con h y que luego las escriba.

© Pearson Education, Inc., 3

Pronombres en la oración

Instrucciones Copia los pronombres personales de cada oración.

1. Mi familia y yo visitamos el Gran Cañón.   _____

2. Me impresionó su profundidad.   _____

3. Cuando llegamos, no lo podíamos creer.   _____

4. Nos encantó bajar en mula hasta el fondo del cañón.   _____

5. Si vas, te gustará mucho.   _____

Instrucciones Escribe *S* si el pronombre subrayado es el sujeto. Escribe *C* si el pronombre es un complemento del verbo.

6. <u>Nosotros</u> pasamos la noche en un refugio.   _____

7. Es el cañón más profundo del mundo. <u>Lo</u> dijo el guía.   _____

8. Los colores del cañón al atardecer <u>me</u> emocionaron.   _____

9. Mamá tomó fotos. <u>Ella</u> las pondrá en un álbum.   _____

10. Fue una gran experiencia y nunca <u>la</u> olvidaré.   _____

Nombre _____

Palabras con *g, j, x*

Rimas Completa la frase con una palabra de ortografía.

1. _____ es un país muy lindo.

2. Me encanta el arroz con _____ .

3. Trabajando _____ resolveremos el problema.

4. Su hermano se llama _____ .

5. En el zoológico vimos una _____ .

6. El _____ del cuento era muy bueno.

7. Cuando viajo en carro me gusta observar el _____ .

8. Carla llevaba un vestido de _____ muy fino.

Corregir palabras Encierra en un círculo la palabra de ortografía que está bien escrita y escríbela sobre la línea.

9. mugeres	mujieres	mujeres	9.	_____
10. mohada	mojada	mogada	10.	_____
11. corregir	correjir	coregir	11.	_____
12. ajente	hagente	agente	12.	_____
13. vajo	bajo	baxo	13.	_____
14. joben	joven	jowen	14.	_____
15. gente	jente	xente	15.	_____

Actividad para la casa Su niño o niña está aprendiendo a leer y escribir palabras con *g, j, x*. Pídale que haga un lista de las palabras de ortografía y que las divida en sílabas.

Posesivos

Instrucciones Escribe el posesivo de cada oración.

1. Celia tenía mucha nostalgia de su tierra. _____

2. Mi papá tiene muchos discos suyos. _____

3. Esos discos de allí son míos. _____

4. Nuestra abuela sabe muchas canciones. _____

5. ¿Tienes discos de Celia en tu casa? _____

Instrucciones Elige el posesivo entre ( ) que completa cada oración. Escribe la oración.

6. Celia vivía en Cuba con (suya, su) familia.

_____

7. Esta canción (su, suya) es mi favorita.

_____

8. En (nuestros, nuestra) casa se oye mucha música.

_____

9. ¿Juan, ese disco es (tu, tuyo)?

_____

10. A (mía, mi) mamá le gusta Celia Cruz.

_____

Nombre _____

Palabras con *s, c, z*

Palabras de ortografía		
seis	tercera	acero
difícil	tiza	avanzó
sentidos	hice	celebrar
sonido	hacer	nariz
onza	abrazo	pezuña

Corregir Escribe sobre la línea la palabra de ortografía correctamente.

1. pesuña _____

2. selebrar _____

3. naris _____

4. avansó _____

5. asero _____

6. tica _____

7. difísil _____

8. onsa _____

9. tersera _____

El mezclador Abajo hay una lista de palabras con las letras mezcladas. Adivina la palabra y escríbela correctamente.

10. nidoso _____

11. cihe _____

12. esis _____

13. zoabar _____

14. soitends _____

15. cerah _____

© Pearson Education, Inc., 3

Actividad para la casa Su niño o niña está aprendiendo a leer y escribir palabras con *s, c, z*. Pídale que escriba un cuento usando algunas de las palabras de ortografía.

Preposiciones

Instrucciones Escribe la preposición de cada oración.

1. Pumito comenzó a ronronear. _____

2. Doña Flor colocó una estrella sobre la puerta. _____

3. Se tendieron bajo las estrellas. _____

4. Los niños llevaban una gran rosa para doña Flor. _____

5. Los pájaros hacían nido en su cabello. _____

Instrucciones Elige la preposición entre ( ) que completa la oración. Escribe la oración.

6. La casa estaba (para, en) la montaña.

_____

7. Doña Flor fue (con, hasta) el río.

_____

8. Pasó (con, por) un desfiladero.

_____

9. Los niños comían (sin, en) hambre.

_____

10. Colocaron la silla (contra, por) la pared.

_____

Palabras con *ll, y*

Palabras de ortografía				
valle	coyote	yema	tallo	llanura
gallinas	llamadas	yate	lluvia	llavero
callejón	hoyo	payaso	leyenda	mayor

Buscar palabras Escribe sobre la línea la palabra de ortografía que corresponda.

1. barco, bote, _____

2. gritos, anuncios, _____

3. planta, hojas, _____

4. montañas, pasto, _____

5. circo, risas, _____

6. huevo, clara, _____

7. puerta, llaves, _____

8. cuento, mito, _____

9. grande, adulto, _____

10. zorro, salvaje, _____

Significado de palabras Escribe una palabra de ortografía que tenga el mismo significado de la palabra señalada.

11. La <u>planicie</u> se extendía varios kilómetros. _____

12. El <u>aguacero</u> inundó las calles. _____

13. El <u>hueco</u> se llenó de agua. _____

14. La <u>calle</u> estaba oscura y vacía. _____

15. Las <u>aves</u> estaban en el corral. _____

© Pearson Education, Inc., 3

Actividad para la casa Su niño o niña está escribiendo palabras con *y* y *ll,* y a diferenciar el significado de las palabras con *hay, ahí* y *ay.* Pídale que lea y escriba las palabras aprendidas.

Frases preposicionales

Instrucciones Escribe la frase preposicional de cada oración.

1. Las águilas tienen garras con cuatro dedos.

   _____

2. El águila es un ave de gran tamaño.

   _____

3. Hace unos nidos en forma de cuenco.

   _____

4. El águila vigila desde las alturas.

   _____

5. El águila vuela sobre su territorio.

   _____

Instrucciones Escribe el término de la preposición de cada oración.

6. El águila vivía con las gallinas.

   _____

7. Giró la cabeza hacia el árbol.

   _____

8. El águila se fue tras los otros pollos.

   _____

9. Batió las alas sin convencimiento.

   _____

10. El hombre la alzó sobre su hombro.

   _____

Tabla de solución de problemas

Instrucciones Completa la tabla con notas sobre el problema y la solución acerca de la cual planeas escribir tu ensayo. Incluye los hechos y detalles que usarás para apoyar tus ideas. Escribe una oración principal y un enunciado de conclusión para tu ensayo.

Oración principal

Notas sobre el problema

Notas sobre la solución

Enunciado de conclusión

Enunciados de conclusión

Instrucciones Subraya la oración que sea el mejor enunciado de conclusión para cada párrafo.

1. Hay un perro que camina y un hombre al que se le cae la peluca todo el tiempo. A veces me río tanto que comienzo a llorar.

Enunciados de conclusión

En un episodio, un carro entró a una cochera y salió por el otro lado.

Este es por lejos el mejor programa de televisión.

A veces mi papá ve conmigo el programa.

2. Al final del día habíamos caminado trece millas. Habíamos escalado tres montañas y cruzado dos ríos. Todo lo que había comido era un sándwich de mantequilla de maní.

Enunciados de conclusión

No había ni jalea para el sándwich.

Las vistas desde lo alto de la montaña eran hermosas.

Dormí muy, muy bien esa noche.

Instrucciones Escribe un enunciado de conclusión para cada párrafo.

3. Cape Cod tiene largas playas de arena. Hay sendas de varias millas para bicicletas y hermosos lagos y bosques. Las noches son frescas y los días son cálidos y soleados.

_____

_____

4. Mi hermano Bob me ayuda con mi tarea y se asegura de que yo esté listo para ir a la escuela por las mañanas. Me lleva a pescar, juega conmigo a la pelota, y me lee por las noches.

_____

_____

Nombre _____

Frases preposicionales

Haz tu escritura más específica usando frases preposicionales para añadir detalles.

General   Barrimos la basura.
Más específico   Barrimos la basura en el parque.

Instrucciones: Lee cada oración y las tres frases preposicionales debajo. Encierra en un círculo la frase preposicional que se puede usar para añadir detalles específicos a la oración. Añade la frase preposicional y escribe la nueva oración.

1. Padres y niños pueden ayudar a limpiar el parque DeSoto.

Frases preposicionales   entre la basura   de la comunidad   sobre el río

_____

_____

2. Arrastramos una pila.

Frases preposicionales   de diarios viejos   a nuestra reunión   bajo el árbol

_____

_____

3. Los estudiantes se encontraron en el parque.

Frases preposicionales   bajo el agua   para mi mamá   a las diez de la mañana

_____

_____

4. Tiramos toda la basura

Frases preposicionales   para seguridad   en un basurero   tras un duro trabajo

_____

_____

Ensayo de solución de problemas

Instrucciones Lee el ensayo de tu compañero. Utiliza la Lista para revisar mientras escribes tus comentarios o preguntas. Ofrece cumplidos tanto como sugerencias de correcciones. Luego, por turnos, hablen acerca del borrador del otro. Entrega tus notas a tu compañero. Luego de hablar con tu maestro sobre tu ensayo, añade los comentarios de tu maestro a las notas.

Lista para revisar

Enfoque/Ideas
☐ ¿Está el ensayo de solución de problemas enfocado en un problema de la escuela o la comunidad?

☐ ¿Ofrece el escritor un método lógico para resolver el problema?

Organización
☐ ¿Hay una oración principal y una conclusión?

☐ ¿Están los detalles del problema y la solución organizados en párrafos separados?

Voz
☐ ¿Muestra el escritor que le preocupa y entiende el problema?

Lenguaje
☐ ¿Se usan las palabras de tiempo y orden de manera efectiva para explicar la solución?

Oraciones
☐ ¿Las frases preposicionales añaden detalle al ensayo?

☐ ¿Son claras, variadas y lógicas las oraciones?

Cosas que pienso que están bien _____

_____

Cosas que pienso que pueden mejorar _____

_____

Comentarios del maestro _____

_____

Palabras con *y, i*

Instrucciones Lee los pares de palabras. Encierra en un círculo la palabra que esté escrita correctamente. Luego, escribe correctamente la palabra que está mal escrita.

1. doy   soi   _____

2. ymán   buey   _____

3. ynocente   imagen   _____

4. oi   iglú   _____

Instrucciones Escoge la palabra del recuadro que complete correctamente cada oración. Escribe la palabra en la línea correspondiente.

> idioma   idéntico
>
> irreal   iluminar

5. En lectura aprendimos a leer algunas palabras en el _____ inglés.

6. Practicamos a _____ el escenario para la obra en el auditorio.

7. El nuevo carro de mi mamá es _____ al de mi vecino.

8. La fábula que leímos es un cuento _____ .

© Pearson Education, Inc., 3

Escuela + Hogar

Actividad para la casa Su niño o niña identificó y escribió palabras con *y, i*. Pídale que lea en voz alta las palabras usadas en esta página.

316 Fonética Palabras con *y, i*

Comparar y contrastar • Predecir

- Para **comparar** y **contrastar**, di en qué se parecen dos cosas y en qué se diferencian.
- Entre las **palabras clave** que muestran diferencias están *pero, sin embargo* y *en vez de.*
- Los buenos lectores **predicen** lo que puede ocurrir a continuación en base a lo que han leído.

Instrucciones Lee el siguiente pasaje. Responde a las preguntas.

Fong y su familia estaban de viaje por Senegal durante el verano. En su primera noche, cenaron en casa de un amigo. En vez de mesa y sillas, todos se sentaron en el suelo alrededor de una sábana grande. Y entonces sacaron un gran cuenco con comida.

Fong vio cómo los invitados a la cena comían la comida del cuenco con las manos. En vez de ponerse comida en un plato como lo hacía en su casa, los invitados comían de la parte del cuenco delante de ellos. La comida olía deliciosa.

1. ¿Qué se compara y se contrasta en la lectura?

_____

2. ¿Cuál es la diferencia entre una cena en África Occidental y una cena en casa de Fong?

_____

3. ¿Qué tienen en común las dos formas de comer la cena?

_____

4. ¿Qué palabras clave te indicaron que se estaban comparando y contrastando dos cosas?

_____

5. Predice si piensas que Fong cenará. Usa detalles para respaldar tu respuesta.

_____

Actividad para la casa Su hijo/a aprendió a ver las semejanzas y diferencias entre dos cosas. Elija dos objetos de su hogar, como una silla y una cama. Pida a su hijo/a que describa en qué se parecen y en qué se diferencian.

© Pearson Education, Inc., 3

5 de enero de 2009

Estimado editor:

En la Escuela Smith tenemos un terrible patio de recreo. Las barras que tenemos para trepar están oxidadas y por el tobogán que tenemos no podemos deslizarnos. No tenemos ni un gimnasio ni un carrusel como en la Escuela Jones. El suelo del patio es de cemento. Si alguien se cae, se puede hacer daño. Este patio no es divertido y es muy peligroso.

Los estudiantes necesitan un buen patio de juegos. Yo asisto todos los días a las clases. Trabajo mucho para aprender y pasar las pruebas, por lo que el recreo es importante para mí. Quiero disfrutar del recreo y divertirme. Los estudiantes de la Escuela Smith hemos votado a favor de un patio nuevo. Debe tener un gimnasio de la jungla y un carrusel, además de un suelo hecho de llantas recicladas para que la gente no se haga daño si cae.

Pagaremos el costo del patio con el dinero que recaudemos. Empezaremos con una venta de galletas en el gimnasio de la escuela el 17 y 18 de enero. El 7 y 8 de febrero recogeremos objetos de cristal y de aluminio para reciclar en el parqueadero de la escuela. Esperamos que venga mucha gente a estos eventos para ayudarnos a recaudar fondos.

Atentamente,

Cassie Taff

Características clave de una carta al editor

- incluye las características de una carta: fecha, saludo, cuerpo, cierre y firma
- se escribe para dar a conocer un asunto o problema
- suele intentar persuadir

---

1. Dibuja una estrella al lado de la fecha, el saludo, el cuerpo, el cierre y la firma de la carta al editor. ¿Cuál es el saludo en esta carta al editor? _____

¿Cómo se llama la estudiante que escribió esta carta? _____

2. Subraya el asunto o problema que el estudiante plantea en la carta. Luego, escribe tres detalles que respalden la opinión del estudiante.

_____

_____

3. ¿Qué quiere esta estudiante que hagan los lectores del periódico?

_____

Vocabulario

Instrucciones Escribe en el espacio en blanco la palabra del recuadro que complete correctamente la oración.

Marca las palabras que conoces

___Borinquen   ___grabaciones
___destino   ___infancia
___espectáculo   ___tocadiscos
___función

---

1. Todos los años, la compañía teatral local prepara un gran _____.

2. Su _____ era ser un músico famoso.

3. En casa de mi abuela hay un _____ antiguo y miles de discos para escuchar.

4. Mis abuelos nacieron y viven en _____.

5. Mi mamá pasó parte de su _____ en ese país.

Instrucciones Une la palabra con su significado. Haz una línea desde la palabra hasta su definición.

6. espectáculo   registros visuales o de audio

7. tocadiscos   Puerto Rico

8. grabaciones   función ante un público para entretenerlo

9. Borinquen   aparato que reproduce discos

Escribe una descripción

En una hoja de papel aparte, describe algún espectáculo al que hayas asistido. Usa el mayor número posible de palabras de vocabulario.

© Pearson Education, Inc., 3

Actividad para la casa Su niño o niña identificó y usó palabras de vocabulario de *Los discos de mi abuela*. Lean un cuento relacionado con la música. Anime a su niño o niña a que hable acerca del artículo o cuento usando las palabras de vocabulario de esta semana.

Adjetivos

Un **adjetivo** es una palabra que describe a una persona, animal, lugar o cosa. Los adjetivos dan más información acerca de los sustantivos.

Una <u>gran</u> orquesta tocaba una música <u>alegre</u>.

El adjetivo siempre está de acuerdo, o **concuerda**, con el sustantivo. Esto significa que es singular o plural, masculino o femenino, igual que el sustantivo al que acompaña.

disco nuev**o**   trompeta nuev**a**

balada triste   baladas tristes

Los adjetivos que indican cantidad suelen ir delante del sustantivo: tres tomates. Hay otros que cuando van delante del sustantivo se acortan:

bueno   buen muchacho

Instrucciones Copia el adjetivo que describe cada nombre subrayado.

1. Escuchábamos el <u>disco</u> favorito.   _____

2. Recordaba los viejos <u>tiempos</u>.   _____

3. El <u>país</u> natal de mi abuela era Puerto Rico. _____

4. La orquesta actuaba en un enorme <u>teatro</u>. _____

5. Había una <u>oscuridad</u> total.   _____

6. La gente esperaba en una larga <u>cola</u>.   _____

7. Se escuchó un <u>sonido</u> agudo.   _____

8. Mi abuela cantaba en <u>voz</u> baja.   _____

9. Se encendieron unos potentes <u>focos</u>.   _____

10. La orquesta recibió una fuerte <u>ovación</u>.   _____

Actividad para la casa Su niño o niña estudió los adjetivos. En un paseo, pídale que use adjetivos para describir cosas que ven, como una casa, un perro o un árbol.

© Pearson Education, Inc., 3

Palabras con *y, i*

Palabras de ortografía				
idioma	mi	hoy	y	hay
imán	ilusión	isla	ideal	igual
iluminar	casi	ley	iguana	impulso

Opuestos Completa cada línea con la palabra de ortografía de significado opuesto.

1. material _____

2. ayer _____

3. continente _____

4. oscurecer _____

5. decepción _____

Relaciona palabras Completa la expresión con una palabra de ortografía. Escribe la palabra sobre la línea.

6. La _____ avanzaba ente las piedras.

7. El juez aplica la _____.

8. Me gustaría aprender el _____ francés.

9. Recibimos un buen _____ de nuestro maestro.

10. Tenemos que adivinar cuántas monedas _____ en el jarro.

11. _____ vendrán con nosotros.

12. El _____ atrae objetos de metal.

13. Tu camisa es _____ a mi camisa.

14. ¡Adelante! Ya _____ lo logramos.

15. Ese es _____ libro.

Actividad para la casa Su niño o niña está aprendiendo palabras con y, i. Para practicar en la casa pídale que lea y escriba las palabras de ortografía.

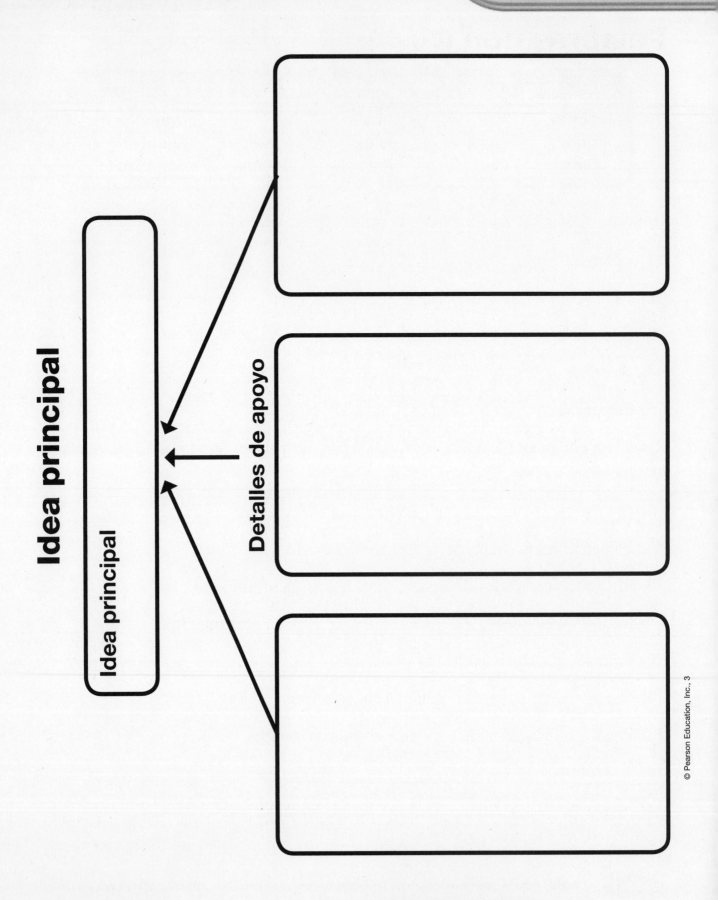

Idea principal

Idea principal

Detalles de apoyo

Vocabulario • Claves del contexto

- A veces, leerás una palabra que no conoces. Tal vez haya otra palabra en la oración con el mismo significado. Esas palabras se llaman **sinónimos** y pueden ayudarte a comprender el significado de una palabra.

- Busca **sinónimos** para poder comprender el significado de las palabras desconocidas.

Instrucciones Encierra en un círculo el sinónimo de la palabra subrayada. Luego, escribe el significado de la palabra subrayada en la línea.

1. La función del circo me pareció un <u>espectáculo</u> increíble.

_____

2. Este <u>hermoso</u> paisaje es lo más bonito que he visto en mi vida.

_____

3. Entre las <u>pisadas</u> en el barro había huellas de un animal.

_____

4. La <u>infancia</u> de mi primo fue similar a mi niñez.

_____

5. Está <u>abatido</u> por la historia triste que leyó.

_____

6. Su amigo le dio un cálido y <u>afectuoso</u> abrazo.

_____

7. Me hace feliz contarte lo <u>alegre</u> que estoy con tu tarea.

_____

8. Si está <u>helado</u> fuera, usa un sombrero para que no sientas frío.

_____

Actividad para la casa Su niño o niña usó sinónimos y claves del contexto para hallar el significado de palabras desconocidas. Léale una historia o un cuento folclórico. Anime a su niño o niña a identificar palabras desconocidas buscando sus sinónimos dentro del texto.

Boletín

Un **boletín** es una carta que contiene noticias. Muchos grupos publican boletines informativos. Esos grupos incluyen clubes, asociaciones, sindicatos y partidos políticos. Los boletines suelen tener lo siguiente:

• anuncios de eventos futuros

• información sobre la membresía

• artículos sobre eventos recientes

• descripción de los objetivos del grupo

Los boletines suelen publicarse semanal o mensualmente. Por lo general, tienen pocas páginas.

Instrucciones Lee el boletín y contesta las preguntas.

✤ Periódico de la Alianza Teatral El Caribe ✤

Número de otoño

AUDICIONES	**EN CARTELERA ESTE OTOÑO**
1 de septiembre, de 9 A.M. a 5 P.M. Teatro Walnut Street, estudio 5	*Totó la momposina.* Del 12 de septiembre al 31 de octubre. Teatro Barrymore.
La novicia rebelde. Necesitamos dos niños y cinco niñas de 5 a 16 años. Canto y algo de baile.	*Extraña pareja.* De 4 de octubre al 31 de octubre. Teatro Chestnut Street, estudio 3.
Evita. Buscamos cuatro niñas y cuatro niños de 6 a 10 años. Saber cantar es un requisito.	*El cerezal.* Del 1 de septiembre al 30 de septiembre. Teatro de Repertorio Chekhov.
Premios Edwin Booth	**A BENEFICIO**
Este año los premios Booth a la excelencia en el teatro se entregarán en el Teatro Verdi el 1 de noviembre, patrocinados por la Alianza Teatral El Caribe. La ceremonia comenzará a las 7 P.M. Para ver la lista de nominados, consultar la página 6.	La comunidad teatral se conmocionó al enterarse del incendio que destruyó el Teatro Phoenix. Nos enorgullece anunciar que los teatros de la Alianza donaremos parte de la recaudación de la semana del 1 al 7 de octubre para su reconstrucción.

1. ¿Quiénes podrían estar interesados en leer este boletín? _____

_____

2. ¿Qué son los Premios Edwin Booth? _____

3. ¿Cuándo se puede ver *El cerezal*? _____

4. ¿Cada cuánto se publica este boletín? _____

_____

Actividad para la casa Su niño o niña leyó un boletín y respondió preguntas acerca de la información. Comparta con él o ella un boletín que reciban en casa. Comenten las diferentes clases de listados y artículos que aparezcan en el boletín.

Palabras con *y, i*

Revisa el párrafo Alicia escribió un párrafo sobre un cuento de fantasía que leyó. Encierra en un círculo las palabras mal escritas y escríbelas sobre la línea.

> ### Caos con agua alrededor
>
> La ysla era un lugar sin lei. No existía un idyoma ni había ylusión por parte de los habitantes. No era el lugar ydeal para vivir ni siquiera una yguana.

1. _____	4. _____
2. _____	5. _____
3. _____	6. _____

Corrige las palabras Encierra en un círculo la palabra destacada bien escrita y escríbela sobre la línea.

7. Ya **casi caci** estamos llegando a la meta. _____

8. Usé el **imán ymán** para recoger los clavos que se cayeron al suelo. _____

9. Recibimos un buen **impulzo impulso** para seguir adelante. _____

10. El **idioma idyoma** inglés tiene algunas palabras parecidas el español. _____

11. **Mi My** bicicleta es nueva. _____

12. Dobla a la **isquierda izquierda** y sigue derecho. _____

13. La casa de enfrente es **igual ygual** a la mía. _____

14. **Hay Hai** que estudiar para el examen de mañana. _____

15. De noche tenemos que **ylumynar iluminar** la entrada a la casa. _____

Palabras de ortografía

- idioma
- mi
- hoy
- y
- hay
- imán
- ilusión
- isla
- ideal
- igual
- iluminar
- casi
- ley
- iguana
- impulso

Palabras con ortografía difícil

- izquierda
- convoy

Actividad para la casa Su niño o niña está aprendiendo palabras con *y, i*. Para practicar en la casa, pídale que escriba las palabras de ortografía y las deletree en voz alta.

Adjetivos

Marca la palabra que es un adjetivo.

1 Hacía un verano caluroso.

- ⬭ verano
- ⬭ Hacía
- ⬭ caluroso

2 Mi abuela tenía muchos discos.

- ⬭ abuela
- ⬭ muchos
- ⬭ tiene

3 Fue para mí una gran sorpresa.

- ⬭ gran
- ⬭ mí
- ⬭ Fue

4 Les gustaba la comida casera.

- ⬭ gustaba
- ⬭ comida
- ⬭ casera

5 Eran unas entradas especiales.

- ⬭ entradas
- ⬭ unas
- ⬭ especiales

Actividad para la casa Su niño o niña se preparó para examinarse de los adjetivos. Seleccione un párrafo de un periódico y pídale que subraye los adjetivos.

Sufijos -ez, -eza, -anza

Instrucciones Escoge la palabra del recuadro que corresponde a cada definición. Luego escribe la palabra en la línea.

Palabras de ortografía				
niñez	naturaleza	esperanza	rapidez	riqueza
adivinanza	honradez	pereza	mudanza	vejez
aspereza	tardanza	belleza	alabanza	ligereza

_____ **1.** persona muy hermosa

_____ **2.** el mundo físico

_____ **3.** cualidad de honrado

_____ **4.** porosidad

_____ **5.** cualidad de rápido

Instrucciones Elige la palabra terminada en *-anza* o *-eza* que complete correctamente cada oración de manera correcta. Luego escribe la palabra en la línea.

_____ **6.** Ella tiene la (mudanza, esperanza) de que su mamá llegue a casa temprano.

_____ **7.** Tres amigos nos ayudaron con la (aspereza, mudanza).

_____ **8.** Pablo tuvo que disculparse por la (tardanza, ligereza) con la maestra.

Actividad para la casa Su niño o niña identificó los sufijos *-ez*, *-eza*, *-anza*. Juntos, piensen en otras palabras con esas terminaciones y formen oraciones con ellas.

Idea principal y detalles

- La **idea principal** es la idea más importante de un texto o un párrafo.
- Las partes del texto que brindan información acerca de la idea principal son los **detalles de apoyo**.
- Busca en el texto palabras clave que respondan a preguntas como *quién, dónde, por qué* y *cuándo* para obtener detalles acerca de la idea principal.

Instrucciones Lee el siguiente texto y completa la red.

¡Qué rico es tener dos culturas! Desde niña, me encantaban las reuniones de mi familia, pues me tocaba traducir las conversaciones entre mis abuelos de Puerto Rico y los de Iowa. Así me fui enterando de las historias de mis antepasados. Además, cuando en mi casa hacen *barbecue*, uno puede comer *hot dogs* o *cheeseburgers*, pero también arroz con habichuelas y pasteles puertorriqueños. Y cuando vamos a bailar, lo mismo suena una plena que un *rock and roll*, un *rap* o un *reggaeton*. Además, en una familia así, uno crece hablando dos idiomas, oyendo las antiguas leyendas de dos pueblos diferentes y conociendo la historia de dos lugares que tienen sus propios símbolos, héroes y hazañas. Es como si uno viviera dos vidas en una, por eso digo que es fabuloso tener una familia con dos culturas.

Instrucciones Escribe sobre qué crees que trata el artículo en el recuadro 1 que aparece a continuación. Luego, escribe los detalles que apoyan esa idea en los recuadros 2 a 5.

1. Idea principal

2. Detalle	3. Detalle	4. Detalle	5. Detalle

© Pearson Education, Inc., 3

Actividad para la casa Su niño o niña aprendió cómo identificar la idea principal de un texto y los detalles que la apoyan. Juntos, lean un relato y pídale a su niño o niña que identifique la idea principal y los detalles de apoyo del texto.

Fiesta de disfraces

Me llamo Tony. Yo soy el raro de mi familia. Eso se debe a que soy el único muchacho. Tengo dos hermanas mayores y dos más pequeñas. Yo soy justo el del medio.

El año pasado, un amigo nuestro iba a hacer una fiesta de disfraces. Todos queríamos ir pero Mamá dijo que, primero, teníamos que limpiar nuestros cuartos.

Así que hice un trato con mis hermanas. Si ellas limpiaban mi cuarto, yo les dejaría escoger mi disfraz. Después, una vez hecho el trato, mis hermanas limpiaron mi habitación. Me pareció estupendo.

Cuando llegó el momento de arreglarse para la fiesta, mis hermanas decidieron qué vestido me pondría. ¡Me vistieron de conejo y me pintaron la cara! Al principio estaba un poco enojado. Luego, Mamá dijo que era la cosa más graciosa que había visto en mucho tiempo. Así que no me quedó más que sonreír. La verdad es que me veía muy gracioso. Todos nos reímos bastante.

Características clave de una narración personal

- Cuenta sobre una experiencia personal.
- Está escrita en primera persona.
- Generalmente se escribe en el orden en el que ocurrieron los sucesos.

---

1. ¿Cómo sabes que esta narración está escrita en primera persona?

_____

2. ¿Qué palabras utiliza el autor para contarte el tiempo que hace desde que ocurrieron los sucesos?

_____

3. ¿Qué palabras utiliza el autor para mostrar el orden de los sucesos en la narración?

_____

Vocabulario

Instrucciones Escoge la palabra del vocabulario del recuadro y escríbela junto a su significado.

_____ **1.** cometa que se eleva por el aire

_____ **2.** exactamente igual

_____ **3.** recipiente en el cual se exhiben peces

_____ **4.** carro grande de dos ruedas

_____ **5.** tradiciones transmitidas de una generación a otra

Marca las palabras que conoces

___armonía
___carromato
___herencia
___idéntico
___indígena
___papalote
___pecera

Instrucciones Elige la palabra del recuadro que complete correctamente cada oración y escríbela en la línea.

6. Fuimos a la tienda de mascotas a buscar una _____ nueva para nuestros peces.

7. La familia de mi mamá es de origen _____.

8. Mi hermano es _____ a mi papá.

9. El _____ de mi abuelo vuela más alto que los demás.

10. Los indígenas viven en _____ con la naturaleza.

Escribe un cuento

En una hoja de papel aparte, escribe un cuento breve sobre cualquier día que te hayas divertido mucho con alguno de tus padres o abuelos. Usa el mayor número posible de palabras de vocabulario.

Actividad para la casa Su niño o niña identificó y usó palabras de vocabulario de la lectura *Me encantan los Saturdays y los domingos*. Juntos, lean un artículo sobre indígenas. Usen las palabras de vocabulario de esta semana para comentar el artículo.

Adjetivos demostrativos

Un **adjetivo demostrativo** dice si una persona, animal, lugar o cosa está cerca o lejos de la persona que habla.

Los adjetivos demostrativos *este, esta, estos* y *estas* se usan cuando la persona o cosa está cerca de quien habla.

Mira <u>este</u> papalote.

Cuando la persona o cosa está menos cerca de quien habla, se usan *ese, esa, esos* y *esas*.

Pedro vuela <u>ese</u> papalote.

Cuando la persona o cosa está lejos de quien habla, se usan *aquel, aquella, aquellos* y *aquellas*.

<u>Aquellos</u> papalotes vuelan muy alto.

Instrucciones Escribe la palabra que es un adjetivo demostrativo.

1. Mi abuelo me regaló estos lápices. _____

2. Aquel perro es mi mascota. _____

3. Estas flores son muy bonitas. _____

4. ¿Me acercas esa muñeca? _____

5. Esta fiesta es para ti. _____

6. Vamos hasta aquella playa. _____

7. Vamos a saludar a ese señor. _____

8. Aquel año hizo mucho frío. _____

Actividad para la casa Su niño o niña estudió los adjetivos demostrativos. Señale cosas a su alrededor y pídale que en cada caso añada un adjetivo demostrativo según dónde se encuentre.

Sufijos *-ez, -eza, -anza*

Palabras de ortografía

niñez	naturaleza	esperanza	rapidez	riqueza
adivinanza	honradez	pereza	mudanza	vejez
aspereza	tardanza	belleza	alabanza	ligereza

Claves Lee las frases para adivinar y después escribe la palabra de ortografía en la línea.

1. Hablando de irse a vivir a una casa nueva. _____

2. No llegar a tiempo. _____

3. Sentimiento de cosas buenas en el futuro. _____

4. Agradable a la vista. _____

5. Lo rápido con que sucede algo. _____

6. La porosidad de algún objeto. _____

7. El bosque, los animales, el océano. _____

8. La tercera edad. _____

Corregir Encuentra abajo una lista de palabras mal escritas. Escríbelas correctamente.

9. adibinansa _____

10. halabansa _____

11. niñes _____

12. lijereza _____

13. tardansa _____

14. onrades _____

15. riquesa _____

Actividad para la casa Su niño o niña está aprendiendo a leer y escribir los sufijos *-ez, -eza, -anza*. Pídale que lea en voz alta las palabras de ortografía.

Guía para calificar: Escritura para exámenes: Narración personal

Características de la escritura	4	3	2	1
Enfoque/ Ideas	Enfoque en recuerdos reales y específicos; escrito desde el punto de vista del escritor.	Incluye sucesos de los recuerdos del escritor; escrito desde el punto de vista del autor.	Incluye algunos sucesos de los recuerdos del escritor; mayormente escrito desde el punto de vista del autor	Narración sin enfoque en sucesos reales de los recuerdos del escritor
Organización	Orden claro de sucesos	Sigue el orden de los sucesos.	Orden de los sucesos poco claros	Sin orden de sucesos.
Voz	El escritor muestra emociones e ideas personales.	El escritor muestra algunas emociones e ideas personales.	El escritor muestra pocas emociones e ideas personales.	El escritor no hace el esfuerzo de expresar sus emociones ni ideas personales.
Lenguaje	Uso efectivo de verbos y adjetivos que dan vida a la narración	Buen intento de usar verbos y adjetivos	Pobre uso de verbos y adjetivos; la narración no describe.	No se hace el esfuerzo de usar verbos ni adjetivos.
Oraciones	Oraciones claras con variaciones de longitud y tipo	Oraciones con poca variación de longitud y tipo	Oraciones de longitud y tipo similar	No muestra variación en sus oraciones.
Normas	Pocos o ningún error; uso correcto de verbos y adjetivos.	Varios errores mínimos; usa verbos y adjetivos.	Muchos errores; pobre uso de verbos y adjetivos.	Muchos errores graves; uso incorrecto o nulo de verbos y adjetivos.

Vocabulario • Claves del contexto

- **Hola** es un saludo y una **ola** es una onda que se forma en la superficie del agua. Las dos palabras se pronuncian exactamente igual, pero se escriben de manera diferente y tienen distinto significado. Las palabras que se pronuncian igual pero se escriben y tienen un significado diferente se llaman **homófonos**.

- Se puede utilizar las **claves de contexto** para comprender el significado de un homófono.

Instrucciones Junto a cada palabra, escribe su homófono.

1. vello _____

2. savia _____

3. Asia _____

4. raya _____

5. honda _____

6. botar _____

7. varón _____

8. hecho _____

Instrucciones En cada una de las siguientes oraciones hay un par de homófonos entre paréntesis. Usa las claves del contexto para elegir el homófono correcto y subráyalo.

9. Debo (cocer, coser) el bolsillo de mi camisa.

10. Como había un (ciervo, siervo) en la carretera, el conductor detuvo el automóvil.

11. La cabaña está cerca de un (arrollo, arroyo).

12. La directora es una persona muy (sabia, savia).

13. La gente (tuvo, tubo) que organizarse para salir del teatro.

14. La manzana (calló, cayó) del árbol.

15. Los niños cruzaron el río en un (vote, bote).

16. Se despidió de mí mientras (habría, abría) la puerta.

17. Espero que no (halla, haya) osos cerca del campamento.

18. Estoy esperando que el agua (hierva, hierba) para preparar un té.

Actividad para la casa Su niño o niña comparó homófonos e identificó el correcto. Juntos, lean un cuento corto. Identifiquen las palabras que tienen homófonos, como *rayo*. Por turnos, definan la palabra del cuento y luego deletreen y definan su homófono (*rallo*).

© Pearson Education, Inc., 3

Mapas

Los **mapas** son dibujos de lugares en los que se muestran ciudades, estados y países. En algunos mapas se muestran carreteras. En otros mapas se muestran colinas, montañas y masas de agua. La ubicación de los diferentes lugares se indica mediante **símbolos**.

Instrucciones Observa el mapa de Florida. Luego, contesta las preguntas.

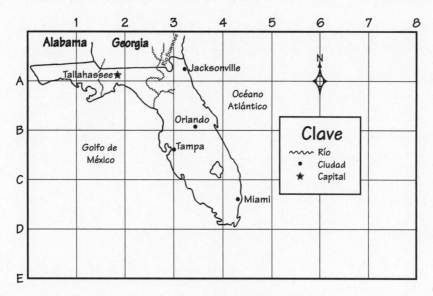

1. ¿Entre qué masas de agua se encuentra Florida?

_____

2. ¿Cuál es la capital del estado de Florida? ¿Qué número y qué letra indican la ubicación de la capital?

_____

3. ¿Cuáles dos estados limitan con Florida?

_____

4. ¿Qué río se muestra en el mapa?

_____

5. ¿Usarías este mapa para buscar la ruta que va desde Tampa hasta Orlando? Explica tu respuesta.

_____

Actividad para la casa Su niño o niña respondió preguntas sobre un mapa sencillo de un estado. Juntos, observen el mapa de su propio estado. Ubiquen los lugares que han visitado. Señalen los ríos, lagos y montañas más importantes o cualquier otro accidente geográfico. Si es posible, identifiquen los estados limítrofes.

Sufijos -ez, -eza, -anza

Palabras de ortografía

niñez	naturaleza	esperanza	rapidez	riqueza
adivinanza	honradez	pereza	mudanza	vejez
aspereza	tardanza	belleza	alabanza	ligereza

Lo que falta Usa las palabras de ortografía para completar las oraciones.

Palabras con ortografía difícil

confianza
rigidez
semejanza

1. La _____ es una virtud que admiro.

2. Me impresionó la _____ de la bailarina.

3. La maestra nos dejó de tarea descifrar una _____.

4. Nos encanta la _____ del campo.

5. Tenemos la _____ de ganar el partido de fútbol.

6. Tuvimos que alquilar un camión grande para la _____.

7. Yo tengo mucha _____ en mi doctor.

Palabras torcidas En las siguientes palabras los sufijos están al principio de las palabras. Escríbelas correctamente.

8. ezaasper _____

9. anzaalab _____

10. ezaliger _____

11. anzasemej _____

12. ezaper _____

13. ezrapid _____

14. zarique _____

15. zatardan _____

© Pearson Education, Inc., 3

Actividad para la casa Su niño o niña está aprendiendo a leer y escribir sufijos -ez, -eza, -anza. Pídale que escriba la palabras de ortografía y palabras con ortografía difícil en orden alfabético.

Adjetivos demostrativos

Marca la palabra que es un adjetivo demostrativo.

1 Aquella mujer es mi abuela.

- ⬭ mujer
- ⬭ Aquella
- ⬭ es

2 Este domingo es mi cumpleaños.

- ⬭ domingo
- ⬭ cumpleaños
- ⬭ Este

3 Me regalaron esa muñeca.

- ⬭ regalaron
- ⬭ esa
- ⬭ Me

4 Vamos hasta aquellos árboles.

- ⬭ hasta
- ⬭ aquellos
- ⬭ Vamos

5 Esos niños son mis amigos.

- ⬭ son
- ⬭ Esos
- ⬭ amigos

Actividad para la casa Su niño o niña se preparó para tomar un examen sobre los adjetivos demostrativos. Diga nombres de cosas y pídale que les añada adjetivos demostrativos que concuerden con ellos.

Sufijos *-oso, -osa, -ero, -era, -dad*

Instrucciones Lee las palabras en el recuadro. Escoge la palabra que corresponde con la clave y escríbela en la línea.

curioso	hermoso	sabrosa	reportero	basurero
costurera	humildad	bondad	soledad	maravilloso
talentoso	costosa	ruidosa	zapatero	bombero

1. Le gusta saber de todo. _____

2. Persona que cose y arregla ropa. _____

3. Persona que no se deja llevar por éxito ni los halagos. _____

4. Ayuda a salvar vidas. _____

5. Nos sirve para mantener limpias nuestras calles. _____

6. Nos mantiene al día con las noticias. _____

7. Es muy cara. _____

8. Produce un sonido ensordecedor. _____

Instrucciones Lee las palabras en el recuadro. Escribe las palabras en orden alfabético.

soledad	maravilloso	zapatero	talentoso	hermoso	sabrosa

9. _____   12. _____

10. _____   13. _____

11. _____   14. _____

Actividad para la casa Su niño o niña está aprendiendo a identificar palabras con los sufijos *-oso, -osa, -ero, -era, -dad*. Pídale a su niño o niña que encierre en un círculo todos los sufijos *-oso, -osa, -ero, -era, -dad* en esta página.

Secuencia

- La **secuencia** de un cuento es el orden en que ocurren los sucesos.
- Las **palabras clave** como *primero, a continuación, luego* y *finalmente* se suelen usar para indicar secuencia.
- Si en algún momento no te queda claro el orden de los sucesos, **sigue leyendo** para ver si resuelves las dudas.

Instrucciones Lee el siguiente pasaje.

Primero fueron mis padres los que me dijeron que iban a empezar a buscar una nueva casa para ir a vivir. ¿Quería mudarme? ¡De ninguna manera! Me sentía perfectamente feliz en nuestra vieja casa. Tenía amigos en la casa de al lado y enfrente, y me gustaba mi habitación. Tampoco quería ir a otra escuela.

Entonces, mis padres dijeron que buscarían una casa en el mismo vecindario para no tener que cambiar de escuela. Algo es algo. Así que tras buscar y buscar, finalmente encontraron una casa que les gustaba. Sólo que la casa estaba en otra ciudad, por lo que al final tuve que cambiar de escuela.

Instrucciones Numera los siguientes tres sucesos en el orden en que ocurrieron.

1. _____ Mis padres encontraron una casa.

2. _____ Mis padres dijeron que íbamos a mudarnos.

3. _____ Mis padres buscaron una casa en nuestro vecindario.

4. ¿Hubiera cambiado alguna cosa o no si los padres del muchacho le hubieran dicho desde el principio que iban a mudarse a otra ciudad?

_____

_____

5. ¿Hubo en la lectura alguna cosa que no entendiste bien? ¿Qué hiciste para ayudarte a entenderlo?

_____

_____

Actividad para la casa Su hijo o hija aprendió a comprender y reconocer el orden de los sucesos que ocurren en un cuento. Pídale que le cuente lo que ocurrió primero, a continuación y finalmente.

clase de música

constante *golpeo golpeo golpeo* CHOCAR
batería y platillos
hacen que me agite rígidamente
en el duro asiento
donde me mandaron sentar
un largo alarido
como un loco gato callejero
me tapo con fuerza los oídos
hasta causar dolor como el sonido
hecho por el violín al vibrar

sonidos tintineantes
plasmados por los dedos al subir
y bajar prestos
por las teclas del piano
dos y tres y cuatro juntos tocados
forman acordes
a los que mis dedos, estirados, no pueden
alcanzar enteros

y luego el tranquilizador fluir
de un tono dulce
como al derretir chocolate negro
que producen cálidos espasmos por mi espalda
y me llena el interior de confort

mi primer día en clase de música
y escogí
el violonchelo

Características clave de la poesía de verso libre

- las palabras están organizadas en versos
- no hay rima fija
- puede tener o no estrofas
- puede haber o no puntuación

---

1. Dibuja un círculo alrededor de la última palabra de cada verso de la primera estrofa. ¿Riman esas palabras?

_____

2. ¿Qué diferencias hay en la longitud de los versos de la segunda estrofa?

_____

3. Escribe las palabras de la tercera estrofa que formen una imagen mental de las manos tocando el piano.

_____

Nombre _____

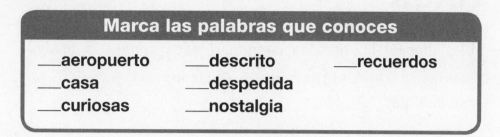

Nombre _____

Vocabulario

Marca las palabras que conoces

___aeropuerto   ___descrito   ___recuerdos

___casa   ___despedida

___curiosas   ___nostalgia

Instrucciones Traza una línea para unir cada palabra con su definición.

1. nostalgia   partida

2. despedida   que ha sido definido

3. recuerdos   cuando se extraña el hogar

4. aeropuerto   memorias

5. descrito   lugar de donde despegan los aviones

6. casa   donde habita una familia

Instrucciones Escribe la palabra del recuadro que complete la oración.

7. Estaba a dos cuadras de _____ cuando empezó a llover.

8. Voy al _____ para abordar el avión.

9. A lo lejos, unas _____ luces nos llamaron la atención.

10. Tengo hermosos _____ de mis vacaciones de verano.

11. Celebramos su _____ en un restaurante chino.

Escribe en tu diario

En una hoja aparte, escribe una entrada en tu diario sobre algún recuerdo agradable que tengas. Usa el mayor número posible de palabras de vocabulario.

Actividad para la casa Su niño o niña identificó y usó palabras de vocabulario de la lectura *Adiós, Shin Dang Dong* 382. Lean un cuento o un poema. Comenten el cuento o el poema usando las palabras de vocabulario de esta semana.

Adverbios

Un **adverbio** es una palabra que dice *cuándo*, *dónde* o *cómo* sucede algo.

Ayer la familia se mudó a la nueva casa. (cuándo)

Aquí están las cajas. (dónde)

Desempacaron las cosas rápidamente. (cómo)

Los adverbios se colocan antes o después del verbo que describen.

Aquí irá el sofá.

El sofá llegó ayer.

Muchos adverbios acaban en *-mente*.

El taxi se alejó lentamente.

Un adverbio también puede dar información sobre un adjetivo.

Esta torta está muy buena.

Instrucciones Escribe el adverbio de cada oración.

1. Frecuentemente, la mamá de Kim prepara
   comida coreana. _____

2. Su familia recién llegó de Corea. _____

3. Mañana comeré en casa de Kim. _____

4. Allí probaré platos nuevos para mí. _____

Instrucciones Subraya el adverbio de cada oración y escribe si nos dice *cuándo*, *dónde* o *cómo*.

5. Anteayer, Lourdes se mudó de casa. _____

6. Dejó todas sus cajas delante. _____

7. Le parecía bien mudarse de casa. _____

8. Siempre quiso vivir en otro lugar. _____

Actividad para la casa Su niño o niña estudió los adverbios. Pídale que cuente algo que hizo hoy usando uno o más adverbios.

Sufijos -oso, -osa, -ero, -era, -dad

Palabras de ortografía

curioso	hermoso	sabrosa	reportero	basurero
costurera	humildad	bondad	soledad	maravilloso
talentoso	costosa	ruidosa	zapatero	bombero

Terminaciones perdidas Las siguientes palabras de ortografía han perdido sus sufijos. Use los sufijos *-oso, -osa, -ero, -era, -dad* para completar y escribir las palabras.

1. sole _____

2. maravill _____

3. report _____

4. ruid _____

5. costur _____

6. sabro _____

7. humil _____

8. talent _____

9. cost _____

Clave Use la frase clave para encontrar la palabra de ortografía que completa la oración.

10. Se me rompieron las botas, las llevaré al _____.

11. Es espectacular, es _____.

12. El _____ rescató al cachorro de la chimenea.

13. No le gusta la gente, prefiere la _____.

14. Su _____ ha beneficiado a muchos niños.

15. Mamá cocina con una _____ sazón.

 Actividad para la casa Su niño o niña está aprendiendo a leer y escribir palabras con los sufijos *-oso, -osa, -ero, -era, -dad*. Pídale que cambie las palabras de ortografía masculinas a forma femenina, y las femeninas a forma masculina.

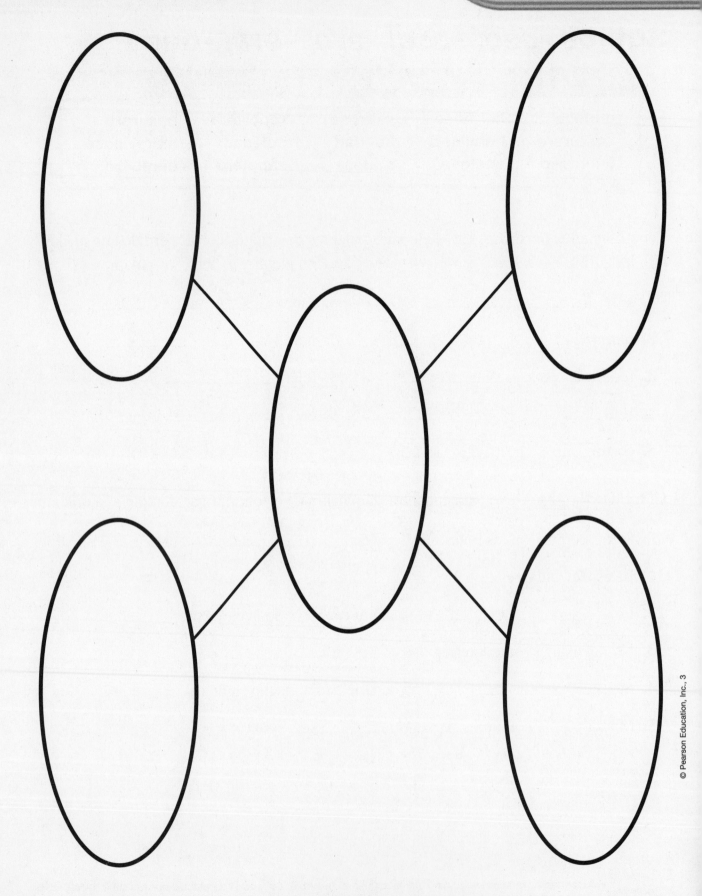

Vocabulario • Estructura de las palabras

Un **sufijo** es una parte de la palabra que se agrega al final de una palabra. Los sufijos pueden ayudarte a descifrar el significado de una palabra nueva o desconocida.

- Algunos sufijos comunes son *-oso, -osa, -ero, -era, -dad*. Los sufijos *–oso* y *–osa* quieren decir "con abundancia". Los sufijos -ero y –era quieren decir "que contiene," y también denotan "profesión." El sufijo –dad se agrega para transformar la palabra en un sustantivo.

Instrucciones Agrega el sufijo *-oso, -osa, -ero, -era,* o *-dad* a cada palabra base. Escribe la nueva palabra en la línea, recuerda modificar la ortografía de la palabra base cuando sea necesario. Luego escribe la definición en la línea que está debajo.

1. cocina   +   era   =   _____

_____

2. talento   +   oso   =   _____

_____

3. solo   +   dad   =   _____

_____

4. curiosidad   +   oso   =   _____

_____

5. hormiga   +   ero   =   _____

_____

6. humilde   +   dad   =   _____

_____

7. reporte   +   ero   =   _____

_____

8. costura   +   era   =   _____

_____

Actividad para la casa Su niño o niña escribió palabras con los sufijos *-oso, -osa, -ero, -era, -dad*. Juntos lean un artículo y busquen palabras que tengan sufijos.

Atlas

Un **atlas** es un libro de mapas. Los **atlas en CD** también contienen mapas. Los CD pueden almacenar una gran cantidad de información en un pequeño disco. En un CD puedes hallar una colección de mapas de países, estados, ciudades y carreteras.

Instrucciones Observa el mapa de Massachusetts. Luego, responde las preguntas.

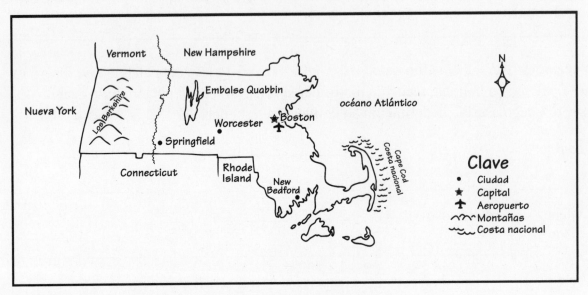

1. Menciona dos ciudades que están en Massachusetts.

_____

2. ¿Cerca de qué ciudad y de qué masa de agua se encuentra el aeropuerto?

_____

3. ¿Cuáles dos estados limitan con Massachusetts al norte?

_____

4. ¿Qué son los Berkshire?

_____

5. ¿Cómo describirías la ubicación del embalse Quabbin en el estado?

_____

Actividad para la casa Su niño o niña respondió preguntas sobre un mapa. Juntos, observen un atlas. Analicen los distintos mapas y comenten las distintas características que se muestran.

Sufijos *-oso, -osa, -ero, -era, -dad*

Palabras de ortografía				
curioso	hermoso	sabrosa	reportero	basurero
costurera	humildad	bondad	soledad	maravilloso
talentoso	costosa	ruidosa	zapatero	bombero

Completar Use las palabras de ortografía para completar las oraciones.

Palabras con ortografía difícil

hormiguero
suciedad

1, 2. Es _____ pasar todo el día en la

biblioteca si eres muy _____.

3, 4. Camilo es un joven muy _____

que disfruta mucho la _____.

5. Hay que verter todos los desperdicios en el _____.

6. El _____ arregló las botas de mi hermana.

Ordenar Escriba las palabras en orden alfabético.

> hermoso   sabrosa   reportero   costurera   humildad
>
> bondad   costosa   ruidosa   bombero

7. _____

8. _____

9. _____

10. _____

11. _____

12. _____

13. _____

14. _____

15. _____

Actividad para la casa Su niño o niña está aprendiendo leer y escribir palabras con los sufijos *-oso, -osa, -ero, -era, -dad*. Pídale que lea todas la palabras de ortografía en voz alta.

Adverbios

Marca la palabra que es un adverbio.

1 En Corea llueve intensamente.
- ⬭ Corea
- ⬭ intensamente
- ⬭ En

2 Los monzones normalmente comienzan en junio.
- ⬭ monzones
- ⬭ normalmente
- ⬭ comienzan

3 Empezó a llover apenas llegué.
- ⬭ apenas
- ⬭ llover
- ⬭ a

4 Ahora es la época de lluvias.
- ⬭ lluvias
- ⬭ Ahora
- ⬭ es

5 Los campos están siempre verdes.
- ⬭ campos
- ⬭ verdes
- ⬭ siempre

Actividad para la casa Su niño o niña se preparó para tomar un examen sobre los adverbios. Mientras leen juntos un cuento ilustrado, pídale que describa las ilustraciones usando adverbios.

Escuela + Hogar

© Pearson Education, Inc., 3

Acento diacrítico

Palabras de ortografía				
sé	se	él	el	dé
ó	más	sí	si	mí
mi	tú	tu	te	té

Relaciona Subraya la palabra correcta para completar la oración.

1. Para tu cumpleaños (té, te) he preparado un pastel. _____

2. Le he pedido a mamá que te (dé, de) un buen regalo. _____

3. (Sé, se) que va a haber mucha gente. _____

4. Tienes que poner (mas, más) al hacer la caligrafía. _____

5. (Sí, si) quieres que te ayude tienes que decírmelo. _____

6. (Tú, tu) tienes que preparar la mesa hoy. _____

7. Julio le dijo a (el, él) que cierre la puerta. _____

8. Es (tu, tú) juguete, se lo prestas a quien quieras. _____

9. Ese papel de la obra me gusta para (mí, mi). _____

10. El (te, té) de jazmín es mi favorito. _____

11. (Sí, Si), le contesté. _____

12. (Él, El) hermano de papá es mi tío. _____

Escuela + Hogar **Actividad para la casa** Su niño o niña identificó y escribió palabras que en algunas ocasiones llevan acento y en otras no. Pídale que escriba oraciones con algunas palabras de ortografía cuando llevan acento y cuando no llevan acento.

Sacar conclusiones

- Una **conclusión** es una decisión o una opinión razonable basada en los hechos y en los detalles de un texto.
- También puedes usar tus **conocimientos previos** para sacar una conclusión.

Instrucciones Lee el siguiente texto y usa la información para completar la tabla.

> Mi papá es panadero. Trabaja a sólo unos metros de casa. Sale de casa en la madrugada, cuando afuera todavía está muy, muy oscuro. Debe empezar a trabajar temprano para que la gente compre productos recién horneados cuando abre la panadería.
>
> A mi papá no le molesta levantarse tan temprano. Dice que la ciudad es realmente silenciosa cuando se va a trabajar. Lo que más le gusta es ver las sonrisas de las personas cuando prueban algunos de los deliciosos productos que ha horneado.

Instrucciones Escribe hechos del cuento en los recuadros 1 al 3. En el recuadro 4, escribe algo que ya sabes que está relacionado con el cuento. Luego, escribe una conclusión en el recuadro 5.

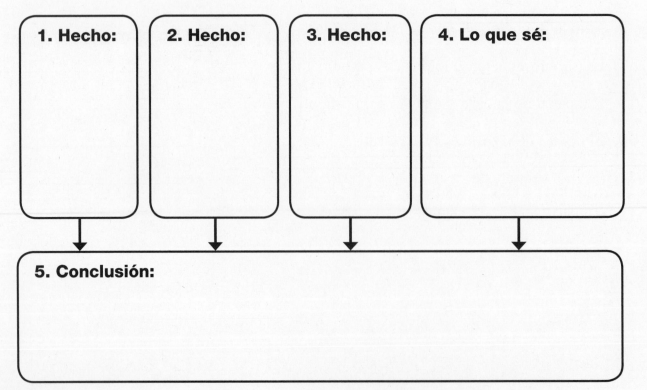

1. Hecho:

2. Hecho:

3. Hecho:

4. Lo que sé:

5. Conclusión:

© Pearson Education, Inc., 3

Actividad para la casa Su niño o niña aprendió a sacar conclusiones. Cuéntele algo que usted haya hecho hoy. Pídale a su niño o niña que saque una conclusión a partir de lo que le contó y de lo que él o ella sabe sobre usted y sobre lo que hizo.

¡Fiesta el lunes por la noche!

Qué: Te invitamos gustosamente a pasar con nuestra familia una noche de pizza, pasta y fútbol americano. Ayúdanos a animar a nuestro equipo favorito mientras se enfrenta con valentía y coraje a sus oponentes. ¡Se perfila como el juego más emocionante de toda la temporada! Dispondremos de suficiente pizza, pasta y bocaditos para todos mientras se escribe un nuevo episodio en la historia del fútbol americano.

Cuándo: Lunes 6 de enero, a las 5:30 PM

Dónde: Apartamento de Lila
2846 N. Marina St., #304
Seattle, WA 98000

R.S.V.P Por favor, llama a Lila al 200-525-5543 para confirmar tu asistencia.

Características clave de una invitación
- da las razones para la invitación
- contiene fecha, hora y lugar
- incluye información de contacto
- suele incluir fotos o dibujos originales

---

1. Subraya las palabras que indican por qué va a hacer Lila una fiesta.

2. Haz un círculo alrededor de cada uno de los siguientes: fecha, hora y lugar.

3. Dibuja una caja alrededor de la información de contacto.

Vocabulario

Instrucciones Escribe la palabra del recuadro que complete correctamente cada oración.

Marca las palabras que conoces

___amasar   ___masa   ___tanda

___hierve   ___mezcla   ___trenzado

___ingredientes   ___panadería

1. Fui a la _____ a comprar pan.

2. Mamá y yo preparamos una _____ de 24 pastelitos para la venta.

3. La harina es uno de los principales _____ para hacer pasteles.

4. Mi papá _____ agua para hacerse un té.

Instrucciones Lee las definiciones. Escribe **verdadero** al lado de la palabra que tiene ese significado. Escribe **falso** al lado de la palabra que no tiene ese significado.

5. distintas cosas combinadas en una

_____ mezcla   _____ trenzado

6. lugar donde se hace pan

_____ tanda   _____ panadería

7. entretejido

_____ trenzado   _____ hervido

8. mezcla de harina y otros ingredientes

_____ panadería   _____ masa

Escribe un menú

En una hoja de papel aparte, diseña el menú de un restaurante. Tu menú puede incluir comida para el desayuno, el almuerzo o la cena. Usa el mayor número posible de palabras de vocabulario.

© Pearson Education, Inc., 3

Actividad para la casa Su niño o niña identificó y usó palabras de vocabulario de la lectura *Bagels de jalapeños*. Lean una receta o cualquier artículo de una revista de cocina. Comenten la receta o el artículo usando las palabras de vocabulario.

Complementos de la oración

Hay palabras en la oración que dan información sobre el verbo. Esas palabras son los complementos. Un **complemento de la oración** dice *cómo*, *cuándo* o *dónde* pasa la acción.

Cómo	Pablo se levantó <u>con sueño</u>.
Cuándo	Pablo se levantó <u>muy temprano</u>.
Dónde	Pablo se levantó <u>de la cama</u>.

Los complementos de la oración pueden ser adverbios o frases preposicionales.

| **Adverbio** | Pablo se levantó <u>rápidamente</u>. |
| **Frase preposicional** | Pablo se levantó <u>con rapidez</u>. |

Instrucciones Subraya el complemento de cada oración.

1. Pablo quiere llevar un pan a la escuela.

2. Su mamá le propone hornear el domingo.

3. Pablo va a la panadería.

4. Hay harina por todas partes.

5. Pablo amasa bien la masa.

6. Pone la masa en un tazón metálico.

7. Su mamá coloca los panecillos en el horno.

8. Su papá prepara con mucho cuidado el pan trenzado.

9. En ese momento, Pablo pone el relleno.

10. Mamá dobla la masa por la mitad.

© Pearson Education, Inc., 3

Actividad para la casa Su niño o niña estudió los complementos de la oración. Mencione alguna actividad que realizaron juntos y pídale que le diga cómo, cuándo y dónde la realizaron.

Acento diacrítico

Conecta Escribe en la línea la palabra de
ortografía que complete la oración.

Palabras de ortografía

sé	sí	si
dé	él	mi
más	tú	te
té	mí	tu
se	ó	el

1. No _____ qué le pasa a mi
   bicicleta que no funciona bien.

2. Mami, di que _____, que
   puedo ir afuera a jugar.

3. El maestro de música nos dijo que _____ prefiere tocar el piano.

4. De todos los deportes, el béisbol es el que _____ me gusta.

5. Regresa a _____ casa antes de que anochezca.

6. Marta dijo que _____ eres una chica muy simpática.

7. Ése es mi lápiz. Dámelo a _____.

Pistas del contexto Completa la oración con una palabra de ortografía

8. ¿Qué es lo que _____ quieres aparte de los camioncitos?

9. La casa _____ vino abajo con la tormenta.

10. _____ me ayudas con la tarea te presto mi guante de béisbol.

11. ¿Quieres que te _____ una manzana de mi árbol?

12. A mi abuelita le gusta tomar una taza de _____ por la tarde.

13. Tengo que practicar las palabras de ortografía que no _____
    muy bien.

14. Saqué _____ libro de cuentos de la biblioteca.

15. Te invitaré a _____ fiesta de cumpleaños.

© Pearson Education, Inc., 3

Actividad para la casa Su niño o niña está aprendiendo a reconocer palabras con acento diacrítico. Pídale
que escriba oraciones con las palabras de ortografía.

Tabla de cuatro columnas

Nombre _____

Vocabulario • Claves del contexto

- A veces, puedes encontrarte con palabras que no conoces. Puedes hallar el significado de la palabra desconocida mirando las otras palabras y oraciones que la rodean.
- Busca las **claves del contexto** que rodean las palabras desconocidas para hallar su significado.

Instrucciones Lee las oraciones. Usa las claves del contexto para hallar el significado de la palabra subrayada. Escribe el significado en la línea.

1. Después de la cena, a mi hermano le gusta tomar helado, pero yo prefiero una porción de pastel de <u>postre</u>.

_____

2. A mi gato le gustan los lácteos, <u>especialmente</u> la crema.

_____

3. Este pastel lleva sólo cuatro <u>ingredientes</u> y es muy fácil de hacer.

_____

4. Mi mamá sabe preparar muchos platos <u>internacionales</u>, como platos típicos de China y de España.

_____

5. ¿Te gustaría trabajar en una <u>panadería</u>, donde preparan pasteles y galletas?

_____

6. Si sigues esta <u>receta</u>, obtendrás un delicioso pan de trigo.

_____

7. Los panqueques son una <u>mezcla</u> de harina, huevos y leche.

_____

8. Me gustaría comer una <u>porción</u> de pastel de cereza.

_____

Actividad para la casa Su niño o niña usó claves del contexto para hallar el significado de palabras desconocidas. Lean un anuncio publicitario o un cuento sobre una panadería. Anime a su niño o niña a buscar claves del contexto para comprender el significado de las palabras que no conoce.

Esquema

Hacer un **resumen** es hallar las ideas más importantes sobre un tema. Puedes resumir al leer de distintas fuentes durante una investigación. Una manera de resumir es hacer un esquema. En un **esquema** se muestran una idea principal y varios detalles, tal como se muestra a continuación.

Platos mexicanos favoritos

I. Carne

   A. Carne de vaca

     1. Carne salada

     2. Bistec a la parrilla

   B. Carne de ave

     1. Pollo

     2. Enchiladas de pollo

II. Verduras

   A. Ensalada de remolacha

   B. Calabacín con maíz

III. Frutas

   A. Ensalada de toronja

   B. Salsa de mango

Instrucciones Escribe las palabras del recuadro en el esquema. Usa el esquema anterior como guía.

> **Camarón   Pimentones   Espagueti   Parmesano   Verduras**

Típicos ingredientes italianos

I. Quesos

   A. Mozzarella

   B. _____

II. _____

   A. Champiñones

   B. Cebollas

   C. _____

III. Pasta

   A. Rigatoni

   B. _____

IV. Pescados y mariscos

   A. Salmón

   B. Lubina

   C. _____

© Pearson Education, Inc., 3

Actividad para la casa Su niño o niña aprendió a hacer un esquema para resumir ideas. Escriba el nombre de distintos alimentos. Pídale que organice los nombres en un esquema según el grupo al que pertenece cada alimento.

Acento diacrítico

Revisa una nota Santiago tiene una casa en el árbol y escribió una nota a sus amigos para compartir la noticia con ellos. Encierra en un círculo las palabras mal escritas. Escribe la palabra correcta sobre la línea.

Palabras de ortografía				
sé	té	tú	te	tu
dé	sí	mí	el	ó
más	él	se	si	mi

Amigos,

Hice una casa en un árbol. Es él árbol mas grande del patio. Se que ustedes quieren visitar la casa nueva. No les pido que traigan refrescos pero si les pido que traigan galletas. Yo tengo te frío para beber. Los espero pronto.

Santiago

1. _____
2. _____
3. _____
4. _____
5. _____

Corrige palabras Encierra en un círculo la palabra de ortografía bien escrita. Corrige la palabra de ortografía que está mal escrita y escríbela sobre la línea.

6. Yo no sé qué mas estudiar para el examen de ciencias. _____

7. ¿Tu quieres que yo te dé la patineta para que la pruebes? _____

8. Se que quieres ir con él. _____

9. Mí casa es tu casa. _____

10. ¿Crees que el dirá que sí a ir al parque esta tarde? _____

11. ¿Hay algún regalo de cumpleaños más para mi? _____

12. Sólo quiero que tu cantes una canción para el concurso. _____

Actividad para la casa Su niño o niña está aprendiendo a corregir palabras con acento diacrítico. Pídale que escriba un párrafo con las palabras de ortografía.

© Pearson Education, Inc., 3

Bagels de jalapeños

Complementos de la oración

Marca el complemento de la oración.

1 Pablo estaba en la panadería.

　　⬭　　en la panadería

　　⬭　　estaba

　　⬭　　panadería

2 Se puso el delantal rápidamente.

　　⬭　　el delantal

　　⬭　　rápidamente

　　⬭　　se

3 Después batió media docena de huevos.

　　⬭　　media docena

　　⬭　　Después

　　⬭　　de huevos

4 Amasó la masa con paciencia.

　　⬭　　con

　　⬭　　con paciencia

　　⬭　　la masa

5 Extendió la masa sobre la mesa.

　　⬭　　Extendió

　　⬭　　sobre

　　⬭　　sobre la mesa

Actividad para la casa Su niño o niña se preparó para tomar un examen sobre los complementos de la oración. Diga oraciones, como por ejemplo: *Juan estudió, Mamá cocina*. Pida a su niño o niña que les agregue complementos de la oración.

Diminutivos con *-ito, -ita, -illo, -illa, -ín, -ina, ico, -ica*

Revisar Lee las palabras y encierra en un círculo las que están bien escritas.

1. avuelito   abuelito   abuelitto

2. cucharita   cuyarita   cucharín

3. pueblesito   puevlecito   pueblecito

4. lenguesita   lengüecita   lengüesita

5. pellín   pelin   pelín

6. plumiya   plumilla   plumilia

Instrucciones Escoge la palabra entre ( ) que complete correctamente la oración. Subraya la palabra y escríbela sobre la línea.

7. El (niñito, pajarillo) Joaquín tiene sólo tres añitos. _____

8. El (niñito, pajarillo) en el árbol trina unos sonidos muy agradables. _____

9. Hay tanto tráfico que el autobús va muy (pequeñín, despacito). _____

10. El (zapatico, patico) va al lago con su mamá. _____

11. El (cuadernillo, solecito) calienta el frío del día. _____

12. La (camilla, plantita) está creciendo muy bien. _____

© Pearson Education, Inc., 3

Escuela + Hogar **Actividad para la casa** Su niño o niña identificó palabras con diminutivos con *-ito, -ita, -illo, -illa, -ín, -ina, ico, -ica*. Pídale que escriba oraciones con las palabras con diminutivos.

360 **Fonética** Diminutivos con *-ito, -ita, -illo, -illa, -ín, -ina, ico, -ica*

Propósito del autor

- El **propósito del autor** es su razón para escribir un cuento o artículo.
- El **punto de vista** del autor es lo que piensa el autor acerca del tema que trata.

Instrucciones Lee el siguiente artículo. Luego, contesta las preguntas.

Mucha gente piensa que Nueva York es la única ciudad interesante que hay en la costa este. No es cierto. Es mucho más agradable vivir en una ciudad más pequeña como Filadelfia.

Filadelfia es una ciudad hermosa que tiene mucha historia. Fue la primera capital de Estados Unidos, antes de que se construyera Washington. La Declaración de Independencia y la Constitución se firmaron en Filadelfia. Se puede visitar el Vestíbulo de la Independencia, donde se redactaron esos documentos.

Es fácil recorrer Filadelfia a pie. En el centro hay parques hermosos, por ejemplo, Rittenhouse Square. Puedes sentarte en el parque a escuchar música en vivo mientras tomas un helado y observas a la gente que pasa.

En Filadelfia hay muchos teatros y dos grandes salas de concierto. Hay fantásticos restaurantes y tiendas. No es necesario hacer largas filas para poder ver películas como en Nueva York. Aquí todo es igual de bueno que en Nueva York… ¡pero sin los precios altos!

1. ¿Cuál es el propósito del autor?

_____

_____

2. ¿Cómo lo sabes?

_____

3. ¿Cuál es la opinión del autor acerca de Nueva York?

_____

_____

4. ¿Cuál crees que es el punto de vista del autor? Explica tu respuesta.

_____

_____

Actividad para la casa Su niño o niña contestó preguntas acerca del propósito y punto de vista del autor. Juntos, lean un artículo sobre otra gran ciudad cercana. Pídale que identifique el propósito del autor y su punto de vista.

Nombre: Rita Pein
Reseña del libro: My Colors, My World/Mis colores, mi mundo

A todos les encantará los asombrosos colores de My Colors, My World/ Mis colores, mi mundo. El libro es sobre una joven muchacha que vive en una zona desértica. Cuando la gente piensa en desiertos, por lo general piensa en diferentes tonos de color café. Por eso, el desierto puede parecer demasiado sencillo y feo. Pero el desierto de este libro está lleno de preciosos rosados, anaranjados y verdes.

Hay muchas razones por las que disfrutar de este libro. Las ilustraciones son alegres y bellas de contemplar. Los colores parecen saltar de las páginas. La narradora nos cuenta la relación entre los colores y el mundo que la rodea. Además, muestra ejemplos del lugar donde aparece cada uno de ellos.

La mejor parte de este libro es que está escrito tanto en inglés como en español. Si sabes español, puedes leer la parte en español. Si sabes inglés, puedes leer la parte en inglés. Si quieres aprender uno de estos idiomas, puedes leer las dos partes para aprender palabras nuevas. Este libro tiene tanto que ofrecer, como los vibrantes colores y las bellas palabras, ¡que seguro que te encantará!

Características clave de una reseña de un libro

- indica el nombre del libro y el tema que trata
- da una opinión sobre la historia o el tema
- suele instar a los demás a que lean o rechacen el libro
- demuestra la comprensión del texto

---

1. Haz un círculo alrededor del libro que aparece en la reseña.

2. Escribe una oración que resuma el libro.

_____

3. ¿Piensa la crítica que le gustará el libro a la gente? ¿Cómo lo sabes?

_____

Vocabulario

Instrucciones Subraya la palabra que complete correctamente cada oración. Escribe la palabra en la línea.

Marca las palabras que conoces

___subterráneo ___rascacielos ___lanzador ___collages
___feroces ___tesoros ___festín ___cartón

1. El _____ de nuestro equipo es magnífico.
   lanzador   tesoros

2. Nueva York es conocida por sus _____.
   feroces   rascacielos

3. Mi tía encontró pequeños _____ en el cofre que halló en el ático.
   festín   tesoros

4. La abuela organizó un _____ para celebrar el día feriado.
   subterráneo   festín

5. El agua pasa por un túnel _____.
   rascacielos   subterráneo

Instrucciones Escribe la palabra del recuadro que complete correctamente cada oración.

6. Los leones parecen muy _____ cuando rugen.

7. Guardamos los libros en una caja de _____.

8. Comí tanto en el _____, que todavía no tengo hambre.

9. Los niños recortaron las revistas para hacer _____.

Escribe una nota de agradecimiento

En una hoja de papel aparte, escribe una nota de agradecimiento que James podría escribirle a su tío Romie después de la visita. Usa el mayor número posible de palabras de vocabulario.

Actividad para la casa Su niño o niña identificó y usó palabras de vocabulario de la lectura *Mi tío Romie y yo*. Lean un cuento sobre una familia. Conversen acerca de su propia familia usando algunas de las palabras de vocabulario de esta lección.

© Pearson Education, Inc., 3

Conjunciones y palabras de transición

Una **conjunción** es una palabra que une palabras o grupos de palabras.

Para añadir información, se usa la conjunción *y*. Para mostrar una diferencia, se usa la conjunción *pero*. Para mostrar que se puede elegir, se usa la conjunción *o*.

Jaime jugó al beisbol y miró trenes.

Jaime estaba contento pero también preocupado.

Jaime se podía quedar o volver a casa.

Una conjunción sirve para combinar dos oraciones y formar una oración compuesta.

Jaime jugó un poco y escuchó música.

Las **palabras de transición** también unen palabras u oraciones. Algunas de esas palabras ordenan los sucesos en el tiempo: *primero, segundo, mientras tanto, luego, durante* o *después*.

Jaime estuvo mirando trenes y después regresó a casa.

Otras palabras de transición indican una conclusión: *finalmente* o *por último*.

Jaime estuvo pensando en su familia y finalmente se durmió.

Instrucciones Escribe la conjunción de cada oración.

1. El tren transporta mercancías y pasajeros. _____

2. A la gente le gusta el tren, pero prefiere el avión. _____

3. A Nueva York se puede ir en tren, en carro o en avión. _____

Instrucciones Escribe la palabras o palabras de transición de cada oración.

4. Primero, Jaime visitó la Estatua de la Libertad. _____

5. Luego, subió a lo alto del Empire State. _____

6. Más tarde, paseó por la Quinta Avenida. _____

7. Finalmente, fue a almorzar con sus tíos a Central Park. _____

Actividad para la casa Su niño o niña estudió las conjunciones y palabras de transición. Pídale que hable de las cosas que le gusta hacer después de la escuela y que use una o más conjunciones o palabras de transición.

© Pearson Education, Inc., 3

Diminutivos con *-ito, -ita, -illo, -illa, -ín, -ina, -ico, -ica*

Palabras de ortografía				
bajito	viejita	panecillos	hermanito	despacito
ventanilla	ratico	poquitico	pelín	gatica
potrico	chiquitín	ratoncito	molinillo	patica

Buscar el diminutivo Lee las palabras que siguen y busca el diminutivo en la lista. Escribe el diminutivo en la línea.

1. gata _____

2. hermano _____

3. pata _____

4. molino _____

5. ventana _____

6. despacio _____

7. vieja _____

8. ratón _____

Claves Lee las claves y busca la palabra que corresponde al significado de la clave. Escribe la palabra de ortografía en la línea.

9. Un rato de corta duración. _____

10. bollitos calientes _____

11. de corta estatura _____

12. una pizca de algo _____

13 un poco de algo _____

14. chiquito, pequeño _____

15. caballo bebé _____

Actividad para la casa Su niño o niña está aprendiendo diminutivos con *-ito, -ita, -illo, -illa, -ín, -ina, -ico, -ica*. Para practicar en la casa, pídale que lea las palabras aprendidas.

Reseña del libro

Título _____

Autor _____

Ilustrador _____

Ambiente _____

Personajes _____

Nuestras partes favoritas _____

Vocabulario • Claves del contexto

- Los **homógrafos** son palabras que, aunque se escriben igual, tienen distinto significado.
- Usa las **claves del contexto**, o palabras alrededor de un homógrafo para averiguar su significado.

Instrucciones Lee el siguiente pasaje. Luego responde las preguntas. Busca claves del contexto que te ayuden a entender el significado de los homógrafos mientras lees.

> Nuestra clase fue de gira al casco histórico. Visitamos el fuerte Martre y vimos sus cañones y armas antiguas. También vimos muchas piezas de cobre. Era como estar en el pasado. Salimos muy contentos de nuestra cita con la historia.

1. En este pasaje, ¿*fuerte* significa "robusto" o "Fortaleza"?

_____

2. ¿Qué significa *cobre* en este pasaje? ¿Qué palabras te ayudan a saber su significado?

_____

_____

3. ¿Cómo sabes que *cita* significa *encuentro* en este pasaje?

_____

_____

4. La palabra *gira*, ¿significa "excursión" o "del verbo girar"?

_____

5. ¿Crees que la palabra *era* significa aquí "etapa histórica" o "del verbo estar"?

_____

Actividad para la casa Su niño o niña usó claves del contexto para entender el significado de homógrafos. Diga varias oraciones con palabras que sean homógrafos y pídale a su niño que le diga el significado de cada una. Anímelo a usar las claves del contexto en cada oración.

Textos electrónicos

- Un **buscador** puede ayudarte a hallar fuentes de referencia en Internet sobre un determinado tema. Para usar un buscador, debes escribir una **palabra clave** o una frase. En pocos segundos, el buscador te mostrará una lista de sitios Web que contienen esa palabra o frase.

- A veces, la lista contiene cientos o miles de resultados. Puedes limitar la búsqueda usando la opción de "Búsqueda avanzada". Esta opción te permite describir tu tema de manera más detallada.

Instrucciones Para completar la siguiente hoja de actividades, necesitas una computadora. Sigue las instrucciones y completa las respuestas.

1. Escoge un tema para presentar frente a la clase. Escribe el tema aquí.

_____

2. Escribe la dirección www.usa.gov/gobiernousa/Temas/Ninos en la barra y presiona *Enter/Return*

3. Haz clic en la categoría general en la que crees que hallarás información sobre tu tema. Escribe el nombre de la categoría aquí.

_____

4. Entonces, verás una lista de temas un poco más específicos. Haz clic en una de esas categorías. Escribe el nombre aquí.

_____

5. Ahora, verás una lista de sitios Web con descripciones de la información que puedes hallar. Escoge un sitio Web que crees que puede contener información útil para tu presentación. Explica por qué elegiste esa fuente.

_____

_____

6. Haz clic en el enlace (la palabra o frase subrayada) para explorar el sitio Web que elegiste. Comenta con un compañero la experiencia de investigar algo en Internet.

Actividad para la casa Su niño o niña leyó acerca de los buscadores y usó un buscador para niños para investigar un tema. Juntos, investiguen otro tema. Escojan un tema, defínanlo y busquen un sitio Web adecuado que contenga información sobre ese tema.

Diminutivos con *-ito, -ita, -illo, -illa, -ín, -ina, -ico, -ica*

Palabras de ortografía

bajito	viejita	panecillos	hermanito	despacito
ventanilla	ratico	poquitico	pelín	gatica
potrico	chiquitín	ratoncito	molinillo	patica

Revisa un resumen. La maestra le pidió a Esteban que escribiera un párrafo para resumir la primera parte de un cuento que leyeron en la clase. Encierra en un círculo las seis palabras mal escritas. Escribe las palabras bien escritas sobre las líneas.

Palabras con ortografía difícil

pequeñina

ahoritica

pececito

> La granja de Pablo era el hogar de muchos animales. En un corral vivía un potriko. Una jatica se recostaba cada tarde en la bentaniya.

> En el moliniyo molían el trigo para hacer ricos panesillos que le vendían a una biejita.

1. _____ 2. _____ 3. _____

4. _____ 5. _____ 6. _____

Revisar las palabras Encierra en un círculo la palabra bien escrita y escríbela en la línea.

7. El **pesecito pececito** nada en la pecera. _____

8. Mi **hermanito ermanito** es muy gracioso. _____

9. Espérame un **ratiko ratico**. _____

10. El **ratonsito ratoncito** se comió todo el queso. _____

11. Te daré de mi jugo, pero sólo un **poquitico poqitico**. _____

12. Aoritica Ahoritica regreso. _____

Actividad para la casa Su niño o niña está aprendiendo diminuntivos *-ito, -ita, -illo, -illa, -ina, -ín, -ico, -ica*. Para practicar en la casa, pídale que separe la palabra base del diminutivo y que luego los junte para leer las palabras.

Conjunciones y palabras de transición

Marca la palabra que va mejor en la oración.

1. Jaime miraba trenes y _____ jugaba al fútbol.

- ⬭ sólo
- ⬭ cuando
- ⬭ más tarde

2. A Jaime le gusta el fútbol, _____ le gusta más el béisbol.

- ⬭ con
- ⬭ pero
- ⬭ desde

3. Fue a un museo y _____ a un parque.

- ⬭ después
- ⬭ desde
- ⬭ mientras

4. Jaime puede ir a nadar _____ de excursión.

- ⬭ sin
- ⬭ pero
- ⬭ o

5. Comió roscas _____ helado.

- ⬭ pero
- ⬭ primero
- ⬭ y

© Pearson Education, Inc., 3

Actividad para la casa Su niño o niña se preparó para tomar un examen sobre las conjunciones y palabras de transición. Lean juntos un artículo corto de periódico y pídale a su niño o niña que señale las conjunciones y palabras de transición.

Palabras con *y*, *i*

Palabras de ortografía

idioma	mi	hoy	y	hay
imán	ilusión	ideal	igual	iluminar
casi	ley	iguana	impulso	isla

Dividir Divide las palabras de ortografía en sílabas. Escríbela sobre la línea.

1. i m p u l s o _____

2. c a s i _____

3. i d i o m a _____

4. l e y _____

5. i d e a l _____

6. i l u m i n a r _____

Pistas de significado Encierra en un círculo la palabra de ortografía que quiere decir lo mismo que la pista, luego escríbela sobre la línea.

7. el día presente   hoy o ayer   _____

8. que me agrada, que deseo   ilusión o tristeza   _____

9. animal   isla o iguana   _____

10. tierra rodeada por agua en todas   isla o montaña   _____
      sus partes

11. que tenemos   hay o buey   _____

12. lo mismo   igual o casi   _____

13. atrae objetos de metal   imán o grúa   _____

14. dar luz   oscurecer o   _____
                      iluminar

15. conjunción   y o nosotros   _____

Actividad para la casa Su niño o niña está aprendiendo palabras con *y, i*. Para que practique en la casa, pídale que escriba un cuento con algunas de las palabras de ortografía.

Adjetivos

Instrucciones Subraya los adjetivos de cada oración.

1. La calle era larga y oscura.

2. El teatro tenía una potente iluminación.

3. El interior estaba decorado con adornos dorados.

4. Se oía una música alegre y chispeante.

5. Nos sentamos en unas incómodas butacas.

Instrucciones Copia el adjetivo que describe a cada sustantivo subrayado.

6. Se oyó un <u>timbre</u> agudo.   _____

7. La <u>gente</u> risueña se sentó en sus butacas.   _____

8. Un elegante <u>presentador</u> anunció a los artistas. _____

9. La orquesta comenzó a tocar en una <u>oscuridad</u> total. _____

10. De pronto, se oyó una enorme <u>ovación</u>.   _____

Sufijos -ez, -eza, -anza

Palabras de ortografía				
niñez	naturaleza	esperanza	rapidez	riqueza
adivinanza	honradez	pereza	mudanza	vejez
aspereza	tardanza	belleza	alabanza	ligereza

División Lean las palabras y escríbanlas dividiéndolas en sílabas.

Palabras de ortografía difícil

confianza
rigidez
semejanza

1. mudanza _____

2. tardanza _____

3. niñez _____

4. semejanza _____

5. esperanza _____

6. rigidez _____

7. alabanza _____

8. confianza _____

Letras perdidas En las palabras de abajo faltan letras. Escribe las letras que faltan y la palabra completa.

9. ra _____ dez

_____

10. be _____ za

_____

11. t _____ danza

_____

12. pe _____ a

_____

13. ri _____ a

_____

14. na _____ eza

_____

15. h _____ dez

_____

Actividad para la casa Su niño o niña está aprendiendo a leer y escribir sufijos -ez, -eza, -anza. Pídale que escriba oraciones con las palabras de ortografía.

Adjetivos demostrativos

Instrucciones Escribe la palabra que es un adjetivo demostrativo.

1. Este libro me lo regaló mi abuelo. _____

2. Mis abuelos viven en aquella casa de allí. _____

3. ¿Son nuevos esos pantalones? _____

4. Estas velas son para mi torta de cumpleaños. _____

5. Dame aquel adorno. _____

Instrucciones Elige el adjetivo demostrativo entre ( ) correcto y escribe la oración completa.

6. (Este, Esta) domingo iré al zoo.

_____

7. ¿Cómo se llama (aquellos, esa) flor?

_____

8. (Estas, Estos) guirnaldas las hizo mi abuela.

_____

9. (Esas, Aquellos) animales son elefantes.

_____

10. ¿Cuál de (esos, aquel) hombres es tu abuelo?

_____

Sufijos *-oso, -osa, -ero, -era, -dad*

Palabras de ortografía				
curioso	hermoso	sabrosa	reportero	basurero
costurera	humildad	bondad	soledad	maravilloso
talentoso	costosa	ruidosa	zapatero	bombero

Agregar el sufijo Agrega el sufijo *-dad* a la palabra base para escribir la palabra de ortografía.

Palabras de ortografía difícil

hormiguero
lluvioso
suciedad
ingeniero
profundidad

1. sucio _____

2. profundo _____

3. solo _____

4. humilde _____

Agrupación de palabras Escribe las palabras de ortografía masculinas en la primera columna y las femeninas en la segunda columna.

5. _____ 6. _____

7. _____ 8. _____

9. _____ 10. _____

11. _____ 12. _____

13. _____ 14. _____

15. _____

16. _____

17. _____

18. _____

19. _____

20. _____

Actividad para la casa Su niño o niña está aprendiendo a leer y escribir palabras con los sufijos *-oso, -osa, -ero, -era, -dad*. Pídale que escriba oraciones con las palabras de ortografía.

Adverbios

Instrucciones Escribe el adverbio de cada oración.

1. Mañana nos mudamos de ciudad. _____

2. Nos trasladamos lejos. _____

3. Mis padres lo están preparando todo rápidamente. _____

4. Todavía tengo que empacar mis cosas. _____

5. Pronto estaré en mi nueva casa. _____

Instrucciones Subraya el adverbio de cada oración y escribe si nos dice *cuándo*, *dónde* o *cómo*.

6. Realmente me disgusta mudarme. _____

7. Nunca viví en otro lugar. _____

8. Ayer me despedí de mis amigos. _____

9. Fuera está oscureciendo. _____

10. Oigo claramente el sonido de la lluvia. _____

© Pearson Education, Inc., 3

Nombre_____

Acento diacrítico

Palabras de ortografía				
sé	se	él	el	dé
ó	más	sí	si	mí
mi	tú	tu	te	té

Palabras de ortografía difícil

éste
aquél
aún
aun
sólo

Clave Usa una palabra de ortografía relacionada con cada frase clave.

1. Es un niño o un hombre. _____

2. Es una forma conjugada del verbo *saber*. _____

3. Es una forma conjugada del verbo *dar*. _____

4. Es una bebida. _____

5. Es lo contrario de no. _____

6. Es una palabra que se puede usar en lugar de *todavía*. _____

Relaciona Escribe la palabra de ortografía que pertenece a cada grupo.

6. menos, igual _____

7. ése, aquél _____

8. yo, él _____

9. éste, ésa _____

10. sin embargo, todavía _____

11. sin más, sin otra cosa _____

12. ti, ellos _____

13. doy, das _____

14. sabes, sabemos _____

15. refresco, café _____

Actividad para la casa Su niño o niña está repasando palabras con acento diacrítico. Pídale que encierre en un círculo las palabras de ortografía en esta página.

© Pearson Education, Inc., 3

Nombre _____

Complementos de la oración

Instrucciones Subraya el complemento de cada oración.

1. Mi papá cocina maravillosamente.

2. El domingo nos hizo un asado.

3. Preparó la carne con mucho cuidado.

4. La puso dentro del horno.

5. Hubo que esperar por una hora.

Instrucciones Escribe el complemento de cada oración. Luego escribe si dice *cómo, cuándo o dónde.*

6. Elías se dirige a la panadería.

_____

7. Camina despacio.

_____

8. Hoy es viernes.

_____

9. Lleva las manos en los bolsillos.

_____

10. Va silbando alegremente.

_____

Diminutivos con *-ito, -ita, -illo, -illa, -ín, -ina, -ico, -ica*

Palabras de ortografía				
bajito	viejita	panecillos	hermanito	despacito
ventanilla	ratico	poquitico	pelín	gatica
potrico	chiquitín	ratoncito	molinillo	patica

Claves Escribe la palabra de ortografía que corresponda.

1. de baja estatura _____

2. ventana de un carro o autobús _____

3. ratón pequeño _____

4. una gata bebé _____

5. tiempo corto _____

6. poca cantidad _____

7. hermano menor _____

8. un poquito de algo _____

Palabras de ortografía difícil

- **pequeñina**
- **ahoritica**
- **pececito**
- **nochecita**
- **vocecilla**

Relaciona Completa las frases con una de las palabras de ortografía.

9. El _____ estaba en el corral con su mamá.

10. Llevamos a mi perro al veterinario para que le curara la _____.

11. Con el _____ molimos el café.

12. El olor de los _____ recién horneados nos daba hambre.

13. Mi chaqueta es _____ pero me encanta.

14. Vamos _____ para no cansarnos.

15. Es un _____ muy travieso.

© Pearson Education, Inc., 3

Actividad para la casa Su niño o niña ha aprendido diminutivos con *-ito, -ita, -illo, -illa, -ín, -ina, -ico, -ica*. Para practicar en la casa, pídale que lea las palabras y que explique cómo el diminutivo cambia el significado de cada palabra.

3.1.E.2 Leer palabras con sufijos comunes.

Conjunciones y palabras de transición

Instrucciones Escribe la conjunción de cada oración.

1. El béisbol es un juego de estrategia y reflejos. _____

2. Me gustan otros deportes, pero prefiero el béisbol. _____

3. Puedes jugar de lanzador o de bateador. _____

4. El béisbol es un deporte lento, pero intenso. _____

5. Mis aficiones favoritas son el béisbol y mirar trenes. _____

Instrucciones Escribe la palabra o palabras de transición de cada oración.

6. El tío Romie empezó pintando y luego se dedicó
a los *collages*. _____

7. Estuvo dibujando y mientras tanto se secó el *collage*. _____

8. Primero comieron torta y acabaron dando un paseo. _____

9. El día de su cumpleaños, fue al béisbol. Más tarde
paseó por el parque. _____

10. A Jaime le gustaba Nueva York, pero finalmente
pensó que prefería su pueblo. _____

11. Fueron a ver una exposición y después se sentaron
en un banco. _____

12. Por último, se fueron a casa a dormir. _____

Tabla de persuasión

Instrucciones Completa el organizador gráfico con ideas para una introducción, razones de apoyo y conclusión de tu ensayo persuasivo.

Introducción: Enuncia tu posición.

↓

Primera razón

↓

Segunda razón

↓

Tercera razón (la más importante)

↓

Conclusión

Nombre _____

Usar palabras persuasivas

Las **palabras persuasivas** convencen a los lectores de realizar cierta acción o aceptar la posición del escritor. Estos son diferentes tipos de palabras persuasivas:

Palabras que indican que una acción es necesaria: *deber, tener que, importante*

Palabras que comparan: *el mejor, el más delicioso, más importante*

Palabras que describen características positivas: *educativo, sano, seguro, efectivo*

Instrucciones Escribe oraciones para tu ensayo persuasivo. Usa el tipo de palabras que se muestra. Subraya tu palabra persuasiva.

1. Palabras que indican que una acción es necesaria

_____

_____

2. Palabras que comparan

_____

_____

3. Palabras que describen características positivas

_____

_____

4. Cualquier tipo de palabra persuasiva

_____

_____

© Pearson Education, Inc., 3

Añadir adverbios

Has aprendido que los adverbios modifican el verbo. Pueden decir **cuándo** (ahora, después) **dónde** (afuera, aquí) o **cómo** (cuidadosamente, rápidamente) sucede algo. Puedes usar los adverbios para que tu ensayo sea más específico y persuasivo.

General   Ella miró la fotografía de Puerto Rico.

Más específico   Ella miró detenidamente la fotografía de Puerto Rico.

Instrucciones Agrega un adverbio a cada oración para hacerla más específica. Escribe la nueva oración.

1. ____ los japoneses visten kimonos para ocasiones especiales.

_____

_____

2. ____ Sam comió un plato grande de pasta.

_____

_____

3. Los turistas en China caminan ____ por la Gran Muralla.

_____

_____

4. Debes envolver esas jarras mexicanas ____

_____

_____

Corrección 3

Instrucciones Esta es una parte de un ensayo persuasivo. Corrige el párrafo. Encuentra los errores de ortografía, gramática y normas del lenguaje. Usa las marcas de corrección para señalar los cambios.

Marcas de corrección	
Borrar (eliminar)	⌐ͻ
Agregar	∧
Ortografía	⬭
Letra mayúscula	≡
Letra minúscula	/

Luego de aprender aserca de la cultura de Japón quiero preparar una comida

japonesa Esto será una buena forma de experienciar las costumbres y recetas

japonezas en casa. Quiere hacer tallarines japoneses, *sushi* y pasteles de té verde.

Encontraré estas deliciosas recetas en un libro de cocina japones y ayudaré a

comprar los engredientes. También ayudaré a preparar la comida y a limpiaré

la cocina cuando terminemos. La comida será una sabroza invitación para toda

la familia. es posible que nos gusten tanto estas recetas que querramos probar

más comidas de Japón u otros paises. Lo mejor de todo es que la comida que

prepararemos son nutritiva porque la prepararemos con vejetales, arroz carne

y tallarines.

Ahora corrige el borrador de tu ensayo persuasivo. Luego, utiliza la versión revisada y corregida para hacer una copia final de tu narración. Finalmente, comparte tu trabajo escrito con tu audiencia.

Palabras con *m* antes de *p* y *b* y con *n* antes de *v*

Palabras de ortografía

símbolo	compás	temporal	bienvenida	invitado
bombilla	empacada	acampar	invencible	embargo
sombra	simpático	amplio	inventor	empujar

Corrige Subraya la palabra que está mal escrita. Escríbela correctamente en la línea.

1. Me encanta bailar al conpas de los tambores. _____

2. Una sola bonviya iluminaba todo el cuarto. _____

3. El imventor tiene un laboratorio muy interesante. _____

4. Tendremos que enpugar fuertemente para sacar
   el carro del hoyo. _____

5. Los romanos creían que su ejército era imbencivle. _____

6. Iremos a acanpar a la montaña. _____

7. Nuestro inbitado llegó a tiempo para la cena. _____

Relaciona Escribe en la línea la palabra de ortografía que corresponde a cada pista.

8. ancho _____

9. guardada en cajas _____

10. bloqueo _____

11. agradable _____

12. tormenta _____

13. signo _____

14. reflejo _____

15. recibimiento _____

Actividad para la casa Su niño o niña escribió palabras con *m* antes de *p* y b *y* con *n* antes de *v*. Pídale que lea las palabras y que las deletree.

© Pearson Education, Inc., 3

Hechos y opiniones

- Un hecho se refiere a algo que puede ser verdadero o falso. Se puede comprobar si es verdadero o falso mediante la lectura, la observación o consultando con un experto.
- Una opinión se refiere a ideas o sentimientos. No puede probarse si es verdadera o falsa.

Instrucciones Lee el siguiente texto. Luego, responde las preguntas.

El monumento del Monte Rushmore es uno de los más impresionantes del mundo. Está situado en las Colinas Negras de Dakota del Sur. Está formado por cuatro inmensos bustos, tallados en la montaña, de George Washington, Thomas Jefferson, Theodore Roosevelt y Abraham Lincoln, cuatro de los presidentes más importantes que han tenido los Estados Unidos. El escultor que diseñó el proyecto fue Gutzon Borglum, quien trabajó en el mismo desde 1927 hasta su muerte en 1941. Después de su muerte, su hijo siguió trabajando en la obra.

El monumento en realidad no está terminado. El plan original era representar los cuatro presidentes desde la cintura. La obra tuvo que ser abandonada por falta de fondos, pues sólo para hacer los cuatro bustos se gastaron $989,992.32. Si el monumento hubiese sido completado, sería mucho más impactante. Sin embargo, aún en su forma actual, el Monte Rushmore es lugar de belleza espectacular al que acuden miles de turistas todos los años.

1. ¿Es posible probar si la primera oración del texto es verdadera o falsa? ¿Por qué?

_____

2. ¿Es posible probar si la segunda oración del texto es verdadera o falsa? ¿Cómo podrías hacerlo?

_____

3. ¿Cuál sería un buen título para este texto?

_____

4. Escribe un hecho y una opinión acerca de un monumento que conozcas.

_____

5. Busca en el segundo párrafo una frase que exprese un hecho y otra que exprese una opinión.

_____

Actividad para la casa Su niño o niña aprendió hechos y opiniones en un texto de no ficción sobre el Monte Rushmore. Lean un libro sobre un monumento. Luego, comparen los datos del libro con los de un libro de referencia.

Notas sobre La historia de la Estatua de la Libertad

(páginas 378 y 379)

- Bartholdi quería que la E. de la L. fuese tan grande que la gente pudiese subir por dentro de ella
- Otras personas le dieron ideas sobre cómo construirla
- En primer lugar, un gran armazón de acero
- Hubo mucha gente que trabajó en la cabeza y corona
- Otras personas trabajaron en la antorcha, que se sujetaba en la mano derecha
- En la mano izquierda iba la placa con 4 de julio de 1776, la Declaración de la Independencia
- El brazo de la antorcha fue enviado a Filadelfia en 1876, y luego a la Ciudad de NY
- La cabeza fue expuesta en París para recaudar dinero

Características clave de tomar notas

- se utiliza para anotar ideas importantes
- suelen ayudar en una futura tarea de escritura
- pueden incluir abreviaturas, oraciones cortas y fragmentos de oraciones

1. Haz un círculo alrededor de de los nombres propios que estén en mayúscula, incluidas las abreviaturas.

2. ¿Qué significa la abreviatura "E. de la L." en estas notas?

_____

_____

3. ¿Por qué se expuso en París la cabeza de la estatua?

_____

_____

Vocabulario

Instrucciones Resuelve las adivinanzas con una palabra del recuadro.
Escribe la palabra en la línea.

1. Describo algo que siempre recordarás.

¿Qué soy? _____

2. Soy como un ser humano, pero no me muevo.

¿Qué soy? _____

3. Los reyes y las reinas me usan en su cabeza.

¿Qué soy? _____

4. Soy un sinónimo de destapó.

¿Qué soy? _____

5. Soy una luz que alumbra en las cuevas oscuras.

¿Qué soy? _____

Marca las palabras que conoces
___estatua
___corona
___tabla
___símbolo
___descubrió
___antorcha
___maquetas
___inolvidable

Instrucciones Escribe las palabras del recuadro que completen correctamente las siguientes oraciones.

6. El arquitecto hizo dos _____ del edificio que construirá. _____

7. Encendimos una _____ en la noche para ver mejor
el campamento.   _____

8. La bandera es un _____ de un país.   _____

9. Una _____ es una superficie plana.   _____

Escribe un editorial

En una hoja de papel aparte, escribe un editorial sobre la llegada de la Estatua de la
Libertad a Nueva York. Escribe como si trabajaras para un periódico. Describe cómo
te sentiste cuando viste la nueva estatua. Usa el mayor número posible de palabras de
vocabulario.

© Pearson Education, Inc., 3

Actividad para la casa Su niño o niña identificó y usó palabras de vocabulario de la lectura *La historia de la Estatua de la Libertad.* Lean un cuento sobre éste u otro monumento histórico. Conversen sobre el monumento y lo que representa. Anime a su niño o niña a usar las palabras de vocabulario.

Puntuación: Mayúsculas

Éstas son algunas reglas para el uso de las **mayúsculas.**

- Se escriben con mayúscula inicial los nombres propios de personas, lugares o cosas.

  James **R**odriguez fue a **A**ustin a ver a su tía **C**arolina.

- En las direcciones, se escribe con mayúscula inicial el nombre propio de la calle, así como la abreviatura del tipo de vía (Ave., C., St., etc.), la ciudad y el estado o país. En el caso del estado, se escriben con mayúscula las dos letras de la abreviatura.

  24 **G**arrick **A**ve.   600 **O**lmos **S**t.   Corpus Christi, **TX**

- Se escriben con mayúscula inicial los nombres de los días festivos.

  Día de **A**cción de **G**racias

- Se escriben también con mayúscula inicial los nombres de los documentos, períodos y sucesos históricos.

  Guerra de **I**ndependencia

- Los títulos, como *Rey, Presidente* o *Ministro* sólo van en mayúscula cuando no van seguidos del nombre de la persona que tiene el título.

  El **P**residente habló con la prensa.

  El presidente **O**bama habló con la prensa.

Instrucciones Escribe correctamente las siguientes palabras.

1. estados unidos _____

2. federico larrea _____

3. la guerra civil _____

4. la reina de
   inglaterra
   _____

5. calle de
   la aurora
   _____

6. chicago, il _____

7. moscú, rusia _____

8. 302 rulfo st. _____

Actividad para la casa Su niño o niña estudió el uso de las mayúsculas. Lean juntos una noticia de periódico y señale palabras en mayúscula. Pídale que le diga por qué van en mayúscula.

Palabras con *m* antes de *p* y *b* y con *n* antes de *v*

Palabras de ortografía				
símbolo	compás	temporal	bienvenida	invitado
bombilla	empacada	acampar	invencible	embargo
sombra	simpático	amplio	inventor	empujar

Clasifica palabras Agrega una palabra de ortografía a cada grupo.

1. ancho, grande, _____

2. prohibición, bloqueo, _____

3. guardada, embalada, _____

4. tormenta, huracán, _____

5. ritmo, paso, _____

6. agradable, bondadoso, _____

7. señal, signo, _____

8. pernoctar, ir de excursión _____

9. recibimiento, acogida, _____

Rima Completa cada oración. Usa una palabra que rime con la palabra subrayada.

10. Se ve pero no se <u>nombra</u>. Es la _____.

11. El <u>trabajador</u> en esa máquina es un gran _____.

12. Puede rimar con <u>sombrilla</u> pero es una _____.

13. En llegar no ha <u>demorado</u> nuestro _____.

14. _____ es lo contrario de <u>jalar</u>.

15. Es un guerrero temible, le llaman el _____ .

Actividad para la casa Su niño o niña está aprendiendo palabras con *m* antes de *p* y *b* y con *n* antes de *v*. Pídale que encierre en un círculo las consonantes mb, mp, y nv en las palabra de ortografía de esta página.

Idea principal

Idea principal

Detalles importantes

Vocabulario • Prefijos y sufijos

- Los **prefijos** y los **sufijos** son partes de palabras que se agregan a palabras base y modifican su significado.
- Un **prefijo** se añade al principio de la palabra. Un **sufijo** se añade al final.
- A veces, es necesario modificar la ortografía de la palabra base.

Instrucciones Encierra en un círculo el prefijo o el sufijo en cada palabra. Luego, úsalo para definir la palabra. Escribe la definición en la línea.

1. ciudadano _____

2. ruidoso _____

3. inolvidable _____

4. desacuerdo _____

5. reaprender _____

6. actor _____

7. descubrir _____

8. ilógico _____

Instrucciones Lee las definiciones. Reemplaza la definición con una palabra con prefijo o sufijo. Escribe la nueva palabra en la línea. Recuerda modificar la ortografía de la palabra base cuando sea necesario.

9. que no es igual _____

10. ver con anticipación _____

11. lugar donde se venden panes _____

12. que no es creíble _____

13. que no es respetuoso _____

14. calentar con anterioridad _____

15. lugar donde se venden zapatos _____

16. persona que trabaja en periodismo _____

Actividad para la casa Su niño o niña definió e identificó prefijos y sufijos que se utilizan generalmente. Juntos, lean un artículo de un periódico o de una revista. Pídale que encierre en un círculo las palabras con prefijos y sufijos.

Línea cronológica

En una **línea cronológica** se muestran sucesos en el orden en que ocurrieron u ocurrirán. Se pueden mostrar días, semanas, meses y años.

Instrucciones Observa la línea cronológica. Úsala para contestar las preguntas.

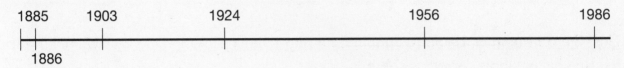

1885 Las partes de la estatua llegan a Nueva York en junio.

1886 El Presidente Grover Cleveland acepta oficialmente la estatua el 28 de octubre.

1903 Se inscribe un poema de Emma Lazarus en la base.

1924 La estatua se convierte en monumento nacional.

1956 La isla es rebautizada con el nombre de Liberty Island.

1986 Celebración en honor al centenario de la estatua.

1. ¿Cuál es el primer año que se muestra en la línea cronológica?

_____

2. ¿En qué año se inscribió un poema en la base?

_____

3. ¿Cuándo llegaron las partes de la estatua a Nueva York? ¿Cuándo aceptó el Presidente Cleveland la estatua? ¿Aproximadamente cuánto tiempo pasó entre estos dos sucesos?

_____

4. ¿Qué importantes sucesos ocurrieron entre 1924 y 1956?

_____

5. ¿Por qué fue importante el año 1986 para la Estatua de la Libertad?

Actividad para la casa Su niño o niña leyó información de una línea cronológica y contestó algunas preguntas relacionadas. Juntos, hagan una lista de las fechas de algunos sucesos familiares importantes. Pídale que haga una línea cronológica de esos sucesos.

Palabras con *m* antes de *p* y *b* y con *n* antes de *v*

Palabras de ortografía

símbolo	compás	temporal	bienvenida	invitado
bombilla	empacada	acampar	invencible	embargo
sombra	simpático	amplio	inventor	empujar

Corrige un horario Encierra en un círculo las cuatro palabras mal escritas del horario. Escribe las palabras correctas sobre la línea.

enero   dar la biemvenida

febrero   informe sobre imventor

marzo   se termina el invierno

abril   estudiar sobre el enbargo

mayo   estudiar el tenporal

> ### Palabras de ortografía difícil
>
> **empresario**
> **contemplar**
> **tempestades**

1. _____

2. _____

3. _____

4. _____

Corrige palabras Rellena el círculo de la palabra bien escrita. Escribe la palabra sobre la línea.

5. ⬭ vombilla   ⬭ bombila   ⬭ bombilla   _____

6. ⬭ sompra   ⬭ sombra   ⬭ sonbra   _____

7. ⬭ acampar   ⬭ acanpar   ⬭ acannpar   _____

8. ⬭ imvitado   ⬭ invitado   ⬭ imbitado   _____

9. ⬭ simpático   ⬭ sinpático   ⬭ sinvático   _____

10. ⬭ sinvolo   ⬭ sínbolo   ⬭ símbolo   _____

Actividad para la casa Su niño o niña está aprendiendo palabras con *m* antes de *p* y *b* y con *n* antes de *v*. Pídale que haga un aviso con muchas palabras de ortografía y palabras de ortografía difícil.

◁ **Puntuación: Mayúsculas** ▷

Marca el grupo de palabras con las mayúsculas bien escritas.

1 el gran cañón del colorado

⬭ el gran cañón del Colorado

⬭ el Gran Cañón del Colorado

⬭ el gran Cañón del Colorado

2 el presidente de los estados unidos

⬭ el Presidente de los Estados Unidos

⬭ el Presidente de los Estados unidos

⬭ el presidente de los Estados Unidos

3 las vegas, nv

⬭ Las vegas, NV

⬭ Las Vegas, NV

⬭ Las Vegas, Nv

4 día de los presidentes

⬭ día de los Presidentes

⬭ Día De Los presidentes

⬭ Día de los Presidentes

5 pine ave.

⬭ Pine Ave.

⬭ Pine ave.

⬭ pine Ave.

© Pearson Education, Inc., 3

Actividad para la casa Su niño o niña se preparó para tomar un examen sobre el uso de las mayúsculas. Dígale algunos sustantivos, comunes y propios, y pídale que los escriba.

Palabras compuestas

Instrucciones Las siguientes palabras tienen el final de la palabra al principio y el principio de la palabra al final. Escríbelas correctamente.

1. latasabre: _____

2. foliosporta: _____

3. puntassaca: _____

4. platoslava: _____

5. manchasquita: _____

6. vasosposa: _____

Instrucciones Lee las palabras en el recuadro. Luego lee la frase clave y escribe la palabra que corresponde.

| girasol   abrecartas   salvavidas   antesala   saltamontes   telaraña |

7. Se usa para abrir sobres. _____

8. Es una habitación en la casa. _____

9. Una flor alta y amarilla. _____

10. A este insecto le gusta saltar. _____

11. Flota y se encuentra en un barco. _____

12. Una red hecha por un insecto. _____

© Pearson Education, Inc., 3

Escuela + Hogar

Actividad para la casa Su niño o niña está aprendiendo palabras compuestas. Pídale que escriba un párrafo con las palabras compuestas de esta página.

Causa y efecto

- Una **causa** es la razón por la que pasa algo. El **efecto** es lo que pasa.
- Una **causa** puede tener más de un **efecto**. *Como no hice mi tarea, no pude mirar la película ni disfrutar del recreo.*
- Un **efecto** puede tener más de una causa. *Las plantas de papá se murieron porque las dejó bajo el sol del mediodía y se olvidó de regarlas.*

Instrucciones Lee el siguiente cuento. Luego, completa la tabla.

La mamá de Rosa hacía hermosos adornos de metal. Cada uno era único. Un día, un señor le pidió que viajara a Estados Unidos para hacer esos adornos para su negocio. Entonces, Rosa y su mamá se fueron de México. Los adornos fueron un éxito. El señor vendía todo lo que la mamá de Rosa hacía. Estaba tan ocupada, que tuvo que enseñarles a otras personas a hacer los adornos de metal. El señor estaba tan feliz, que convirtió a la mamá de Rosa en su socia.

CAUSAS: ¿POR QUÉ PASÓ?

1.

El señor le pidió a la mamá de Rosa que viajara a Estados Unidos.

3.

La mamá de Rosa estaba muy ocupada.

5.

EFECTOS: ¿QUÉ PASÓ?

Un señor quiso que la mamá de Rosa hiciera los adornos para su negocio.

2.

Los adornos fueron un éxito.

4.

El señor convirtió a la mamá de Rosa en su socia.

Actividad para la casa Su niño o niña aprendió acerca de causas y efectos. Lean juntos un cuento. Pídale que describa algo que pasó en el cuento. Luego, pregúntele qué fue lo que causó ese efecto. Repitan el mismo ejercicio dos o tres veces.

© Pearson Education, Inc., 3

Nombre _____

El sapo en el zapato

1   Sapo vivía en un zapato

2   dormía mucho y tranquilito,

3   un ojo abría por un rato

4   pendiente del importante dato

5   de que entrara algún mosquito.

Características clave de una quintilla humorística

- es un tipo de poesía
- compuesto por cinco versos con un patrón de rima específica (*abaab*)
- a veces humorístico o ingenioso

---

1. ¿Qué palabras del poema riman?

_____

_____

2. ¿Cuántas sílabas hay en el primer verso? ¿Y en el tercero?

_____

_____

3. ¿Qué hace que esta quintilla sea humorística?

_____

_____

Vocabulario

Instrucciones Une cada palabra con su significado. Traza una línea para unirlos.

Marca las palabras que conoces

___angostas   ___bambú

___se posa   ___inclina

___receta   ___frío

___extranjeras

1. bambú   fresco

2. receta   de otro país

3. angostas   planta

4. frío   instrucciones para preparar un plato

5. extranjeras   estrechas

Instrucciones Escribe las palabras del recuadro que completen correctamente las siguientes oraciones.

6. Mira cómo el pájaro rojo _____ sobre la rama. _____

7. Después de cantar, se _____ ante el público. _____

8. Las veredas son demasiado _____ para caminar juntos. _____

9. Saldremos con unas amigas _____ que llegaron esta mañana al país. _____

10. Mi madrastra escribió la _____ de su estofado. _____

Escribe una receta

En una hoja de papel aparte, escribe una receta de algo que te gusta comer o beber. Puede ser algo simple, como leche chocolateada o un sándwich. Usa el mayor número posible de palabras de vocabulario.

Escuela + Hogar

Actividad para la casa Su niño o niña identificó y usó palabras de vocabulario de la lectura *Feliz cumpleaños, Sr. Kang*. Pídale que piense en un menú para la cena o que le ayude a preparar un plato a partir de una receta escrita. Anime a su niño o niña a usar palabras de vocabulario.

Nombre _____

Abreviaturas

Una **abreviatura** es la forma acortada de una palabra. Muchas abreviaturas comienzan con mayúscula y terminan en punto.

Algunos tratamientos se usan en abreviaturas. Por ejemplo, *Dra.* es la abreviatura de *doctora*. *Sr.* es la abreviatura de *señor*.

Sr. Lum   Sra. Kang   Srta. Fernández   Dr. López

Una **inicial** es la primera letra de un nombre. Las iniciales se escriben con mayúscula y punto final.

José Manuel Rodríguez   J. M. Rodríguez   Consuelo García   C. García

Los nombres de los días y meses también se pueden acortar. Estas abreviaturas te sirven para escribir más rápidamente cuando tomas apuntes.

Días de la semana

dom.   lun.   mar.   miér.   jue.   vie.   sáb.

Meses del año

ene.   feb.   mar.   abr.   may.   jun.   jul.   ago.   sept.   oct.
nov.   dic.

Instrucciones Copia cada línea, escribiendo las abreviaturas correctamente. Pon los puntos y las mayúsculas que faltan.

1. sra Rosa Hernández _____

2. 7 de julio _____

3. j m Salamanca _____

4. dr f Newton _____

5. martes _____

6. J L Steveson _____

Actividad para la casa Su niño o niña estudió las abreviaturas. Lean una noticia de periódico y pídale que busque abreviaturas.

Palabras compuestas

Palabras de ortografía				
cumpleaños	veintisiete	telaraña	bocacalle	sacacorchos
coliflor	mediodía	pelirrojo	altamar	abrelatas
agridulce	pararrayos	anteayer	bienestar	sabelotodo

Claves de contexto Escribe la palabra de ortografía que falta.

1. Carlos contesta todas las preguntas. Es un _____ .

1. _____

2. La maestra faltó _____ , pero ayer sí vino.

2. _____

3. Tomaremos esta _____ para llegar más rápido.

3. _____

4. Me encanta el sabor _____ de algunos platos chinos.

4. _____

5. La fiesta de _____ fue muy divertida.

5. _____

6. La ensalada de _____ es una de mis favoritas.

6. _____

7. Mi hermana mayor cumple hoy _____ años.

7. _____

8. Colocó el _____ en la parte más alta del edificio.

8. _____

9. La mejor manera de abrir una lata es con un _____ .

9. _____

10. Me da miedo ver la araña negra en la _____ .

10. _____

Relaciona Usa una palabra de ortografía relacionada con cada frase.

11. Mar adentro

11. _____

12. Cabello rojizo

12. _____

13. Las 12 del día

13. _____

14. Vivir cómodamente

14. _____

15. Se usa para abrir botellas

15. _____

Actividad para la casa Su niño o niña está aprendiendo a identificar y corregir palabras compuestas. Pídale a su niño o niña que identifique las dos palabras cortas que se combinan para formar las palabras compuestas de ortografía.

Tabla de T

Vocabulario • Claves del contexto

- A veces, cuando lees, es posible que encuentres palabras que no conoces. El contexto, o las palabras que rodean la palabra desconocida, pueden ayudarte a comprender su significado.

- Fíjate si el autor usó un **antónimo**, una palabra con el sentido opuesto, y usa esa palabra para intentar comprender el significado de la palabra desconocida.

Instrucciones Lee el texto. Luego, contesta las preguntas.

Mi familia quería comer en un restaurante de comida china y no en el lugar de hamburguesas habitual. Nunca antes habíamos ido a un restaurante chino y estábamos ansiosos por conocer una cultura diferente. Entramos por unas galerías angostas, que no parecían lo suficientemente anchas para todos nosotros.

Bebimos té caliente con la cena. Fue genial porque yo tenía mucho frío. Intenté comer con los palitos, pero me sentí como un tonto por mi torpeza. Me pareció inteligente pedir un tenedor.

Es probable que en el futuro vayamos a otro restaurante. Muchas comidas extranjeras son realmente deliciosas. Tienen un gusto muy diferente al de los platos nacionales. ¡Tal vez pronto probemos comida brasileña!

1. ¿Qué significa la palabra *habitual* en el texto? ¿Qué clave del contexto ayuda a averiguar su significado? _____

2. ¿Qué significa la palabra *angostas* en el texto? ¿Qué clave del contexto ayuda a averiguar su significado? _____

3. ¿Qué significa la palabra *frío* en el texto? ¿Qué clave del contexto ayuda a averiguar su significado? _____

4. ¿Qué significa la palabra *tonto* en el texto? ¿Qué clave del contexto ayuda a averiguar su significado? _____

5. ¿Qué significa la palabra *extranjeras* en el texto? ¿Qué clave del contexto ayuda a averiguar su significado? _____

Actividad para la casa Su niño o niña identificó y usó claves del contexto para comprender nuevas palabras. Lean un cuento y pídale que busque claves del contexto para comprender el significado de las palabras desconocidas.

Mapas

Los **mapas** son ilustraciones donde se muestran ciudades, estados y países. En los **mapas** también se puede mostrar la ubicación de accidentes geográficos, masas de agua y otros lugares importantes.

Instrucciones Observa el mapa de China. Luego contesta las preguntas.

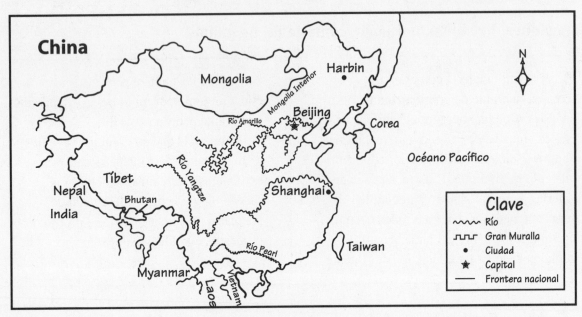

1. Menciona dos países que limitan con China.

_____

2. ¿Qué río se encuentra en el sur de China?

_____

3. ¿A lo largo de qué región está la Gran Muralla?

_____

4. ¿Cerca de qué masa de agua se encuentra la capital de China?

_____

5. ¿Es el Tíbet un país o una parte de China? ¿Cómo lo sabes?

_____

© Pearson Education, Inc., 3

Escuela + Hogar

Actividad para la casa Su niño o niña contestó preguntas sobre un mapa de China. Juntos, observen mapas de distintos países. Busquen países que están divididos en estados, provincias, regiones, etc. Observen los accidentes geográficos, las masas de agua, las ciudades y la capital de cada país.

Palabras compuestas

Palabras de ortografía

cumpleaños	veintisiete	telaraña	bocacalle	sacacorchos
coliflor	mediodía	pelirrojo	altamar	abrelatas
agridulce	pararrayos	anteayer	bienestar	sabelotodo

Corrige una narración Encierra en un círculo cada una de las seis palabras mal escritas. Escribe las palabras correctas sobre las líneas.

> La col y flor es una verdura muy sana. Mi tía la cocina con salsa agridulse. ¡A mí me encanta! Por mi cumplaños me preparó esa receta. Tío Alberto me llevó en su bote a haltamar. El sol del medidia estaba fuerte. Me divertí mucho con tío. Tiene beintisete años pero nos entendemos muy bien.

1. _____
2. _____
3. _____
4. _____
5. _____
6. _____

Sopa de letras Lee las palabras de ortografía de la siguiente lista. Encuentra y encierra en un círculo las palabras compuestas en la sopa de letras.

a	q	d	e	a	s	a	l	q	u	t	m
v	k	b	r	b	c	p	k	e	q	e	p
i	l	r	y	r	p	l	l	r	i	l	l
b	i	e	n	e	s	t	a	r	s	a	e
a	n	o	o	l	s	t	g	d	a	r	a
s	a	l	t	a	m	a	r	g	h	a	ñ
a	s	t	o	t	h	s	d	d	g	ñ	o
q	u	o	t	a	p	l	y	c	h	a	s
a	f	g	z	s	q	x	r	e	a	q	a

abrelatas

bienestar

altamar

telaraña

Actividad para la casa Su niño o niña está aprendiendo palabras compuestas. Pídale que escriba seis oraciones con seis palabras de ortografía.

© Pearson Education, Inc., 3

Abreviaturas

Marca la abreviatura correcta para cada palabra subrayada.

1 Señor

⬭ sr

⬭ Sr.

⬭ Sr

2 Juan Francisco

⬭ J Francisco

⬭ J. F.

⬭ J F.

3 domingo

⬭ do.

⬭ domi.

⬭ dom.

4 Doctora

⬭ Drta

⬭ Dra

⬭ Dra.

5 Señora

⬭ Srta.

⬭ Sta

⬭ Sra.

© Pearson Education, Inc., 3

Actividad para la casa Su niño o niña se preparó para examinarse de las abreviaturas. Pídale que escriba la abreviatura del día de la semana.

Diptongos y hiatos

Instrucciones Lee los pares de palabras. Una de las palabras tiene diptongo y otra tiene hiato. Encierra en un círculo la palabra que tiene hiato.

1. sabía   sabia

2. hacia   hacía

3. ansia   ansía

4. media   medía

5. continúa   continua

6. seria   sería

Instrucciones Lee las siguientes palabras. Escribe *hiato* en la línea si la palabra tiene hiato. Escribe *diptongo* si la palabra tiene un diptongo.

6. baúl   _____

7. cuidado   _____

8. hiato   _____

9. raíz   _____

10. fantasía   _____

© Pearson Education, Inc., 3

Actividad para la casa Su niño o niña identificó y escribió palabras que tienen diptongo y palabras que tienen hiato. Pídale que escriba en una hoja aparte las palabras del primer ejercicio y que las divida en sílabas. Luego, pídale que intente usar cada par de palabras en una oración.

Fuentes gráficas

- Una **fuente gráfica** es una imagen que te ayuda a entender mejor lo que lees.
- Hay muchos tipos de fuentes gráficas, mapas, fotos, ilustraciones gráficas y diagramas.

El director nos comunicó un anuncio alucinante. ¡Los estudiantes tenemos permiso de dibujar en las paredes! Pero no podemos escribir cualquier cosa que se nos venga en gana. Cada clase debe someter un plan para crear un mural que denote nuestro orgullo por nuestra escuela.

Los estudiantes de la Sra. Maki se reunieron para decidir el diseño de su mural. Los estudiantes sugirieron un equipo deportivo de la escuela en acción, estudiantes usando el centro de medios, o estudiantes participando en actividades escolares como drama, el coro o la banda escolar. Luego de escuchar sus sugerencias, la clase votó por su favorito. ¿Qué idea crees que ganó?

Instrucciones Usa la información de la lectura para crear una fuente gráfica que tenga sentido. Luego, usa la información en tu fuente gráfica para ayudarte a dar una explicación de la lectura.

Actividad para la casa Su niño o niña creó una fuente gráfica para mostrar información de una lectura de manera visual. Pídale que cree una fuente gráfica que muestre la información de la lectura de inmediato.

Descripción de "La joven de la perla"

En un museo vi el cuadro de Johaness Vermeer "La joven de la perla". La pintura es tan antigua que cuando la estudié de cerca, pude ver muchas grietas diminutas en el lienzo. En el cuadro se ve a una muchacha mirar por encima de su hombro izquierdo. Su piel es blanca y pálida y sus oscuros ojos parecían seguirme cuando me movía. En el pelo lleva un turbante azul claro. El otro único color claro y alegre de todo el cuadro es la boca de la muchacha, de un color rojo manzana. El color de gran parte del cuadro es tan oscuro como la noche. Tiene un fondo negro y la espalda y un lado de la cara de la muchacha están en la sombra. En su oreja izquierda se refleja un arete blanco como una estrella.

El cuadro me hace pensar cómo sería la vida de hace mucho tiempo. También me hace sentir un poco apenado, porque a la muchacha se le ve un poco triste. Tiene la boca un poco abierta, como si quisiera decir algo. Me pregunto qué diría si pudiera hablar.

Características clave de una descripción
- explica alguna cosa con detalles sensoriales
- es una "imagen" escrita para el lector
- incluye una cuidadosa elección de palabras

1. Encuentra el tema de esta descripción y haz un círculo a su alrededor.

2. Subraya los detalles sensoriales que te ayudan a imaginar este cuadro. Recuerda que los detalles sensoriales apelan al gusto, tacto, oído, olfato y vista.

3. Dibuja un cuadrado alrededor de otros detalles importantes que muestren una elección de palabras.

Vocabulario

Instrucciones Une cada palabra con su significado. Traza una línea para unirlas.

> ## Marca las palabras que conoces
>
> ___anima   ___origen
> ___inmigrantes   ___sociales
> ___locales   ___expresión
> ___apoyarlos   ___mural

1. apoyarlos   lugar de donde uno proviene

2. origen   presentación de una idea

3. sociales   pintura sobre una pared

4. anima   ofrecerles ayuda

5. expresión   relacionados con la sociedad

6. mural   alienta

Instrucciones Escribe la palabra del recuadro que complete correctamente cada oración.

7. Muchos _____ llegan a Estados Unidos para
   vivir en Houston.   _____

8. Mi papá siempre me _____ a estudiar mucho.   _____

9. Mis padres participan en los equipos de
   deportes _____.   _____

10. Mi prima nació en Madrid; por lo tanto, es
    de _____ español.   _____

11. Mi papá acompaña a mis hermanos a los partidos
    para _____ desde la tribuna.   _____

Escribe una descripción

En una hoja de papel aparte, describe un dibujo que crees que se vería bien en la
pared de un edificio de tu vecindario. Usa la mayor cantidad posible de palabras de
vocabulario.

Actividad para la casa Su niño o niña identificó y usó palabras de vocabulario de la lectura *Paredes que hablan: Arte para todos.* Den un paseo por el vecindario. Pídale que use palabras de vocabulario mientras comentan lo que ven.

Combinar oraciones

Cuando se **combinan oraciones,** se unen dos oraciones cuyas ideas se entienden mejor si van juntas. Con esas dos oraciones se forma una nueva oración.

Se pueden unir dos oraciones simples para formar una oración compuesta usando una conjunción como *y, pero* u *o.*

Fuimos al museo. Había un cuadro precioso.

Fuimos al museo y había un cuadro precioso.

Se pueden combinar dos oraciones que tienen el mismo sujeto.

El cuadro era muy antiguo. El cuadro mantenía sus vivos colores.

El cuadro era muy antiguo, pero mantenía sus vivos colores.

También se pueden combinar dos oraciones que tienen el mismo predicado.

Mis papás vieron el cuadro. Mis compañeros vieron el cuadro.

Mis papás y mis compañeros vieron el cuadro.

Instrucciones Usa la conjunción entre ( ) para combinar cada par de oraciones y formar una oración compuesta.

1. Yo pinto un cuadro. Tú pintas un mural. (y)

_____

2. Los murales suelen ser grandes. Hay murales pequeños. (pero)

_____

_____

3. ¿Pintarán el mural en el exterior? ¿Lo harán en el interior? (o)

_____

_____

4. Unos murales cuentan historias actuales. Otros muestran el pasado. (y)

_____

_____

© Pearson Education, Inc., 3

Actividad para la casa Su niño o niña estudió cómo combinar oraciones. En un libro que estén leyendo juntos, señale un par de oraciones relacionadas y pídale a su niño o niña que las combine.

Diptongo y hiato: Acentuación

Palabras de ortografía				
países	carnicería	guía	podía	pintaría
maíz	frío	lío	crío	púa
caída	día	grúa	raíz	baúl

Adivinar palabras Usa las pistas para adivinar a qué palabra de ortografía corresponde cada una.

1. acompaña a grupos de turistas, _____

2. punta afilada, tipo de alambre, _____

3. lugar donde se vende la carne _____

4. temperatura muy baja _____

5. problema, rollo, _____

Claves del contexto Escribe la palabra de ortografía que completa cada oración.

6. La _____ de la planta está bajo tierra.

7. Deportistas de varios _____ asistieron a los juegos.

8. Daniel se recuperó de la _____.

9. El aparato que se usa para levantar cosas muy pesadas es la _____.

10. Si pudiera _____ toda la pared de blanco.

11. El _____ amaneció soleado.

12. La ropa para el viaje está guardada en el _____.

13. Él pensó que _____ solo pero tuvo que pedir ayuda.

14. El _____ es un vegetal con muchos granos.

15. Yo _____ unos pollitos que traje de la escuela durante las vacaciones.

© Pearson Education, Inc., 3

Actividad para la casa Su niño o niña está aprendiendo a identificar diptongos y hiatos. Para practicar en la casa, haga un listado de palabras que formen diptongos y hiatos y pídale que las clasifique por número de sílabas.

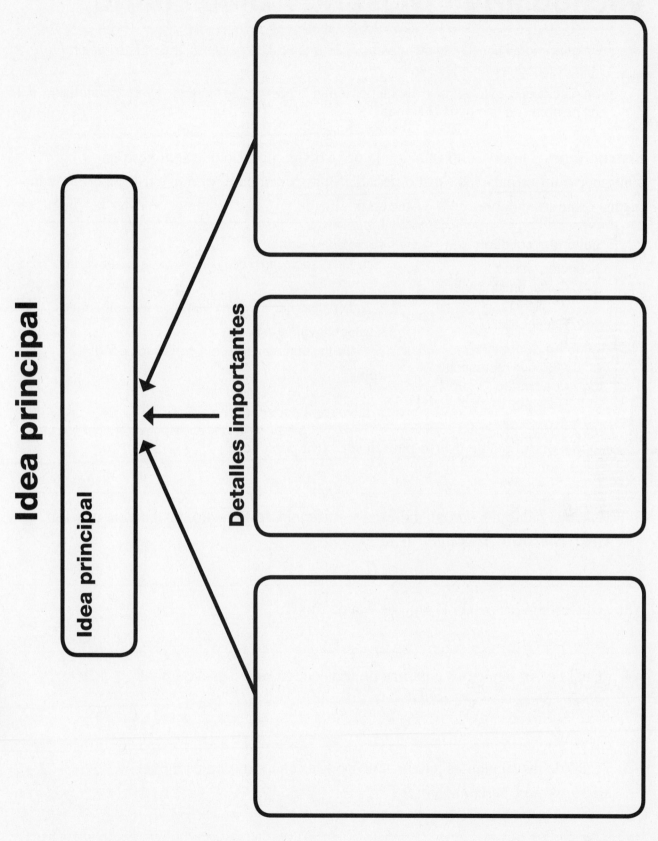

Idea principal

Idea principal

Detalles importantes

Vocabulario • Glosario / Diccionario

- Un **glosario** es una fuente de referencia. Es una lista de palabras importantes de un libro ordenadas alfabéticamente.

- Un diccionario es un libro en el que por orden alfabético, se contienen y definen todas las palabras de uno o más idiomas.

Instrucciones Observa con atención la parte de un glosario que se muestra a continuación. Las palabras están ordenadas alfabéticamente, y en la parte superior de la página están las palabras guía. Usa esta página de un glosario para contestar las preguntas.

---

separar • solidario

silenciar, *VERBO*
  1. Callar, omitir, pasar en silencio.
  2. Hacer callar.

símbolo, *SUSTANTIVO*
  1. Algo que representa otra cosa.
  2. Un signo.

sociales, *ADJETIVO*
  1. De la sociedad o de las personas que conviven en ella.
  2. Personas que viven rodeadas de muchos amigos.

sociocultural, *ADJETIVO*
  1. De la cultura en relación con la sociedad.

solar,
  1. *SUSTANTIVO* terreno o lote vacío
  2. *ADJETIVO* perteneciente al Sol

---

1. ¿Qué palabra puede usarse para describir a personas?

   _____

2. Busca la palabra *solar*. ¿Cuál es el significado de *solar* en la siguiente oración? *Van a construir en el solar de la esquina.*

   _____

3. ¿Cuáles son las palabras guía de esa página?

   _____

4. ¿Cuál de las siguientes palabras podrías encontrar en esta página? *saltear, sección, soda, tabla*

   _____

5. ¿Cuál de las siguientes palabras **no** podrías encontrar en esta página? *surco, sequía, serenata, socio*

   _____

Actividad para la casa Su niño o niña identificó y usó nuevas palabras buscando su significado en un glosario. Juntos, lean un libro de no ficción que incluya un glosario. Anime a su niño o niña a buscar en el glosario el significado de las palabras que no conoce.

Orden alfabético

Las entradas o temas de las enciclopedias, diccionarios e índices se escriben en **orden alfabético** para que puedas hallar la información que buscas de manera rápida y sencilla. Cuando la primera letra de dos entradas es la misma, se ordena alfabéticamente según la segunda letra. Si la segunda letra también es igual, se ordena según la tercera letra, y así sucesivamente.

Instrucciones Encierra en un círculo las palabras que están en orden alfabético.

1.	cuidar	dragón		2.	muro	astronauta
	familia	danza			realmente	donar
	mal	final			trato	dorar
	masa	huella			tabla	evento
	plomo	vaso			uña	sueño

Instrucciones Observa los tomos de la siguiente enciclopedia. Luego, lee los temas de la lista. Escribe la letra o las letras del tomo o volumen en el que puedes hallar un artículo sobre ese tema.

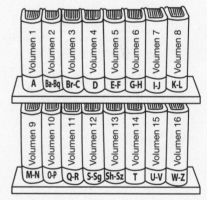

3. Arquitectura   _____

4. Rusia   _____

5. Shakespeare, William   _____

6. Sapos   _____

7. Xilófonos   _____

8. Danza   _____

9. Gatos   _____

10. Botes   _____

Actividad para la casa Su niño o niña reconoció palabras ordenadas alfabéticamente y usó el orden alfabético para hallar artículos sobre temas de investigación. Use la ilustración de la enciclopedia de esta página y mencione otros temas de interés, como perros, computadoras y juegos. Pídale a su niño o niña que diga en qué volumen podría hallar un artículo sobre ese tema.

Diptongo y hiato: Acentuación

Palabras de ortografía				
países	carnicería	guía	podía	pintaría
maíz	frío	lío	crío	púa
caída	día	grúa	raíz	baúl

Buscar hiatos Escribe los hiatos ocultos en cada grupo de palabras.

1. twrsfwatísz _____

2. guldíspo _____

3. fwsdríduo _____

4. mlptúfwia _____

5. jtbklapwújl _____

Completar oraciones Completa cada oración con la palabra de ortografía correcta.

6. El _____ tierno es bueno para hacer tamales.

7. La _____ cierra a las seis.

8. La catarata mostraba una _____ de agua espectacular.

9. Nuestra _____ en el campamento era muy joven.

10. México y Estados Unidos son _____ fronterizos.

© Pearson Education, Inc., 3

Actividad para la casa Su niño o niña está aprendiendo a identificar diptongos y hiatos. Díctele palabras que tengan diptongo o hiato y pídale que las divida en sílabas y las escriba correctamente.

Combinar oraciones

Marca las palabras que completan correctamente la oración.

1 Julia diseñó un _____ lo pintó.

⬭   mural. Y la clase

⬭   mural y la clase

⬭   mural o la clase

2 El mural muestra _____ es muy lindo.

⬭   nuestro pueblo, Y

⬭   nuestro pueblo o

⬭   nuestro pueblo y

3 No es _____ cuenta muchas cosas.

⬭   grande, pero

⬭   grande

⬭   grande y,

4 Tomás pinta _____ lo ayuda.

⬭   o Joaquín

⬭   y Joaquín

⬭   Pero Joaquín

5 Tengo pintura _____ roja.

⬭   amarilla o necesito

⬭   amarilla Y necesito

⬭   amarilla, pero necesito

Actividad para la casa Su niño o niña se preparó para tomar un examen sobre la combinación de oraciones. Pídale que le enseñe un par de oraciones relacionadas de algún escrito de la escuela y que le explique cómo combinarlas.

Diptongo y hiato: Acentuación

Instrucciones Encierra en un círculo la palabra que corresponda a cada definición.

1. gotas pequeñas que aparecen   rocío   rociar
   sobre las plantas

2. no lo permite   Prohibir   prohíbe

3. tiene una madrina   ahínco   ahijado

4. hermana de mi padre   tío   tía

5. animal que tiene plumas   búho   yegua

Instrucciones Escoge la palabra con hiato que complete correctamente cada oración. Luego, escribe la palabra en la línea.

_____ **6.** El reino nos (pareció, parecía) de ensueño.

_____ **7.** Realizamos el viaje con mucho (ahínco, aire).

_____ **8.** Los niños (sienten, sentían) frío cuando se
metieron en la cueva.

Escuela + Hogar
Actividad para la casa Su niño o niña identificó palabras con diptongo y palabras con hiato. Léale un cuento y ayúdele a identificar palabras que tengan esas características fonéticas.

Argumento y tema

- Los sucesos importantes de un cuento forman el **argumento** con un principio, un medio y un final.
- La "idea principal" del cuento es el **tema**. Puede resumirse en una sola oración.

Instrucciones Lee el siguiente cuento. Luego, completa el recuadro.

Las hormigas estaban apenadas por el saltamontes. No había almacenado nada de comida y estaba muriéndose de hambre. Entonces, decidieron compartir su comida con él. El saltamontes juró que recordaría su generosidad y que alguna vez les devolvería el favor. Cuando llegó el verano, mientras las hormigas jugaban al aire libre, accidentalmente se lastimaron.

¿Cómo harían para recoger comida? Justo en ese momento pasó el saltamontes. Cuando oyó lo que había ocurrido, les dijo a las hormigas que se treparan en su espalda. Las hormigas le indicaron al saltamontes adónde ir y qué comida recolectar. Pronto, el trío tenía suficiente comida para sobrevivir el invierno.

¿Qué pasa al principio del cuento?

1. _____

↓

¿Qué pasa en el medio del cuento?

2. _____

↓

¿Qué pasa al final del cuento?

3. _____

4. ¿Cuál es la "idea principal" de este cuento?

_____

_____

Actividad para la casa Su niño o niña identificó el argumento y el tema de un cuento. Lean juntos un libro que les guste. Pida a su niño o niña que le cuente el principio, el medio y el final del cuento, y que le explique la "idea principal" en una oración.

Características clave de una revista de historietas

- cuenta unan historia mediante una serie de dibujos
- el diálogo de los personajes forma parte del dibujo
- a veces emplea la narración

1. ¿Cuántos paneles se usan en la historia?

_____

2. Haz un círculo alrededor del diálogo hablado por más de un personaje.

3. Dibuja un cuadrado alrededor de la narración.

Indica cómo supiste que esto era narración y no diálogo.

_____

_____

Vocabulario

Instrucciones Lee las oraciones. Escribe el significado de la palabra subrayada.

> ### Marca las palabras que conoces
>
> ___ **chapotearon**   ___ **exploradora**
> ___ **remolino**   ___ **cristal**
> ___ **desapareció**   ___ **bienestar**

1. Como soy muy curiosa, mi mamá dice que voy a ser exploradora. _____
   _____

2. Los niños chapotearon en el riachuelo. _____

3. El viento formó un remolino de arena en el desierto. _____

4. Vi cómo una hormiga llevaba un cristal de sal. _____
   _____

5. La ardilla desapareció entre las rocas. _____

Instrucciones Une cada palabra de la columna izquierda con su significado. Traza una línea desde la palabra hasta la definición correspondiente.

6. exploradora   movimiento giratorio y rápido

7. bienestar   que investiga un lugar desconocido

8. remolino   sensación de vivir bien

9. desapareció   no se vio más

Escribe una narración

En una hoja de papel aparte, escribe una narración sobre una visita a otro planeta. Imagina que eres más pequeño que las otras cosas del planeta y descríbelo. Usa la mayor cantidad posible de palabras de vocabulario.

Actividad para la casa Su niño o niña identificó y usó palabras de vocabulario de la lectura *Dos hormigas traviesas*. Juntos, lean un cuento sobre insectos. Luego, comenten el cuento usando las palabras de vocabulario de esta semana.

Uso de la coma

Se pone una **coma:**

al principio de una oración, después de palabras como *sí, no* o *por supuesto*.

Sí, he visto unas hormigas.

para separar las palabras de una serie. Para separar las dos últimas palabras de la serie se usa *y* u *o*.

Había hormigas entre la fruta, la verdura, el azúcar y el pan.

para separar el nombre de la persona a quien se habla.

Pedro, ven un momento.

para intercalar una explicación.

Él, mi abuelo, siempre está haciendo cosas.

Instrucciones Escribe *C* si la coma se usa correctamente en la oración. Si no, escribe la oración de nuevo de manera correcta.

1. Por, supuesto a las hormigas les gusta el azúcar. _____

_____

2. Lucía, mira estas hormigas. _____

_____

3. Esas dos hormigas las protagonistas se durmieron. _____

_____

4. Allí había azúcar pan galletas y una tarta. _____

_____

5. Sí, las hormigas son insectos. _____

_____

Actividad para la casa Su niño o niña estudió el uso de la coma. Pídale que señale algunas comas en un libro que estén leyendo juntos.

Diptongo y hiato: Acentuación

Palabras de ortografía				
seria	sería	rió	rio	reina
sonreír	día	diario	sabio	sabía
país	paisano	serio	caserío	vacío

Palabras que faltan Completa la oración con una palabra de la lista.
Escribe la palabra correcta sobre la línea.

1. El _____ estaba al pie de la montaña.   _____

2. _____ es bueno para la salud.   _____

3. Dana es una chica muy _____ .   _____

4. Cada _____ que pasa extraño más a mamá. _____

5. El cuarto estaba _____ .   _____

6. Es un caso _____ para resolver.   _____

7. _____ una pena si no vienes a mi fiesta.   _____

8. Un hombre _____ habla sólo lo necesario. _____

9. Tere _____ que tenía que estudiar más.   _____

10. Carlos se _____ con los payasos.   _____

Definiciones Escribe la palabra de la lista con el mismo
significado que la palabra o frase subrayada.

11. <u>monarca</u>, deportista,   _____

12. familiar, <u>coterráneo</u>,   _____

13. <u>corriente de agua</u>, elevación,   _____

14. <u>nación</u>, ciudad,   _____

15. año tras año, <u>día a día</u>,   _____

Actividad para la casa Su niño o niña está aprendiendo a identificar diptongos y hiatos. Para practicar en
casa, pídale que haga oraciones con palabras que presenten diptongos e hiatos.

Secuencia de la historia

Título	
Personajes	**Ambiente**

Secuencia
1. Primero

2. Después

3. Luego

4. Final

Vocabulario • Estructura de las palabras

- Un **prefijo** es una parte de una palabra que está al principio de la palabra. Un **sufijo** está al final de la palabra. Los **prefijos** y los **sufijos** ayudan a comprender el significado de una palabra que no conoces.

- Los **prefijos** *in-*, *des-* y *dis-* significan "no" o "lo opuesto a". El **sufijo** *-ista* significa "que hace un oficio o una profesión".

Instrucciones Lee los siguientes pares de oraciones. Encierra en un círculo la palabra que tiene el mismo significado que la palabra subrayada.

1. La niña se puso delante de mí en la fila. Eso <u>no es justo</u>.

   injusto   increíble

2. Escalar esta montaña es muy difícil. <u>No soy capaz de hacerlo</u>.

   inútil   incapaz

3. Ayer presentamos la obra. <u>No estoy conforme</u> con el resultado.

   desinformado   disconforme

4. No cumple sus promesas. Por eso <u>no confío</u> en él.

   desconfío   descanso

5. Ese perro es malo. <u>No me agrada</u>.

   desespera   desagrada

Instrucciones Lee las oraciones. Encierra en un círculo la palabra subrayada que mejor complete la oración.

6. Mi habitación está tan <u>desordenada/impura</u>, que no encuentro nada.

7. Es <u>desigual/inútil</u> que lo intente porque no lo lograré.

8. Juan <u>desaprobó/desubicó</u> el examen de ciencias.

9. Ganó la carrera porque es un <u>alpinista/ciclista</u> con experiencia.

10. La mejor obra de la <u>artista/pianista</u> es su autorretrato.

© Pearson Education, Inc., 3

Fuentes de referencia

Instrucciones Lee el texto y contesta las preguntas.

Puedes hallar hechos y opiniones en libros, en periódicos y en Internet. Cuando preparas una presentación o escribes un informe, repites hechos y detalles que encuentras en las fuentes de referencia.

Para repetir la información de una fuente, puedes **citarla** o **parafrasearla**. Cuando citas, copias las palabras exactas. Cuando parafraseas, explicas la idea con tus propias palabras.

Recuerda **citar** las fuentes correctamente. Un escritor suele incluir la **bibliografía**, una lista en orden alfabético de las fuentes, al final de un informe. En ocasiones, un escritor agrega **notas al pie de página**. Una nota al pie de página aparece en la parte de abajo de la página donde se cita o se parafrasea la información.

En la siguiente tabla, se muestra cómo citar una fuente correctamente.

Tipo de fuente	Cómo citar	Ejemplo
Libro	Menciona autor, título, lugar de publicación editorial y fecha de derechos de autor.	Sachs, Hans. *Historia de las hormigas carpinteras*. Nueva York: Van Horn & Co, 2006.
Publicaciones periódicas	Menciona autor, título del artículo, nombre del periódico, número de volumen y de páginas, y fecha.	Klotz, J. H. "Seguir el rastro de las hormigas carpinteras"; *Revista de entomología*, vol. 42 (1996), pp. 33–39.
Sitio Web	Menciona el nombre del sitio Web y de la página; copia la URL tal cual se muestra en la barra superior de la pantalla.	Enciclopedia Smithsonian: Zoología. "Informes de avispas, hormigas y abejas". http://www.si.edu/Encyclopedia_SI/nmnh/buginfo/wasps.htm

1. ¿Qué significa **citar**?

_____

2. ¿Cuál es la diferencia entre la bibliografía y una nota al pie de página?

_____

_____

3. ¿Qué incluyes cuando citas un sitio Web?

_____

© Pearson Education, Inc., 3

Actividad para la casa Su niño o niña aprendió a citar fuentes de referencia. Juntos, lean un artículo. Pídale que cite alguna parte del artículo. Luego pídale que parafrasee alguna información del artículo.

Diptongo y hiato: Acentuación

Palabras de ortografía				
seria	sería	río	rio	reina
sonreír	día	diario	sabio	sabía
país	paisano	serio	caserío	vacío

Corrige una explicación Orlando escribió acerca de la basura en los mares. Encierra en un círculo las cuatro palabras mal escritas. Escribe las palabras correctas sobre la línea.

Desde el autobús veíamos el caserio. Un rio estrecho pasaba cerca. Los habitantes no hacían más que sonréir al vernos llegar. Fue un gran dia.

Palabras de ortografía difícil

desafío
resfriado

1. _____ 2. _____

3. _____ 4. _____

Corrige las palabras Escribe la palabra correcta sobre la línea.

5. vácio _____

6. serió _____

7. páis _____

8. reína _____

9. diário _____

10. sábia _____

Actividad para la casa Su niño o niña está aprendiendo a identificar diptongos y hiatos. Haga una lista con palabras de ortografía mal escritas y pídale que las corrija, pronuncie y escriba correctamente.

© Pearson Education, Inc., 3

Uso de la coma

Marca la opción que completa correctamente cada oración.

1 Pedro _____

⬭ , ¿has visto el hormiguero?

⬭ has visto el hormiguero?

⬭ ¿has visto el hormiguero?

2 Las hormigas llevan _____

⬭ trigo azúcar y maíz.

⬭ trigo, azúcar y maíz.

⬭ trigo, azúcar maíz.

3 Por supuesto _____

⬭ las estuve observando.

⬭ Las estuve observando.

⬭ , las estuve observando.

4 La reina _____ es la más importante.

⬭ madre de todas ellas

⬭ , madre de todas ellas

⬭ , madre de todas ellas,

5 Hay hormigas _____

⬭ rojas negras café.

⬭ rojas, negras y, café.

⬭ rojas, negras o café.

Actividad para la casa Su niño o niña se preparó para examinarse sobre el uso de la coma. Pídale que le enseñe algunas oraciones de la escuela y que le explique dónde y por qué llevan comas.

Acentuación de verbos conjugados

Palabras de ortografía				
miré	jugó	cambió	habría	podría
jugaría	cayó	volveré	partiré	vivía
tenía	cabía	conduciré	elegiré	votaré

Reconocer En cada oración abajo hay un verbo conjugado que está subrayado. Haz un círculo alrededor del verbo que está bien escrito. Si el verbo está mal escrito, táchalo y escríbelo correctamente sobe la línea.

1. Daniel jugó pelota con mi guante. _____

2. La pelota rodó y calló por el barranco. _____

3. Volberé la próxima semana. _____

4. Con mucho gusto te habría acompañado. _____

5. No pensé que podria hacerlo. _____

6. Mamá tenia un regalo para mí. _____

7. Este año, votaré por el mejor candidato. _____

Revisa Llena el círculo al lado del verbo que esté bien escrito.

8. ⊂⊃ conducire   ⊂⊃ conduciré   ⊂⊃ conducíre

9. ⊂⊃ cambió   ⊂⊃ canbió   ⊂⊃ canvió

10. ⊂⊃ míre   ⊂⊃ mire   ⊂⊃ miré

11. ⊂⊃ viviá   ⊂⊃ vivía   ⊂⊃ bivía

12. ⊂⊃ elegiré   ⊂⊃ elegire   ⊂⊃ elégire

13. ⊂⊃ jugariá   ⊂⊃ jugaria   ⊂⊃ jugaría

14. ⊂⊃ cabía   ⊂⊃ cabia   ⊂⊃ cavía

15. ⊂⊃ partíre   ⊂⊃ partire   ⊂⊃ partiré

Actividad para la casa Su niño o niña identificó y escribió verbos conjugados con acento. Pídale que lea en voz alta las palabras de ortografía. Ayúdele a escribir oraciones con algunas de las palabras.

Generalizar

- A veces, es posible hacer una **generalización** acerca de lo que se lee para mostrar cómo algunas cosas son muy parecidas o totalmente parecidas entre sí.
- Busca ejemplos. Pregúntate qué tienen en común.
- Usa **lo que ya sabes** sobre un tema como ayuda para entender mejor lo que lees.

Instrucciones Lee la siguiente lectura. Luego, completa el diagrama para hacer una generalización.

Según la leyenda, la Atlántida era una gran isla del océano Atlántico. En los inicios de su civilización, los habitantes de la Atlántida no tenían riquezas, ropas lujosas ni grandes palacios. La tierra de la isla era árida, y los atlantes tenían que trabajar muy duro para cultivarla y obtener sus alimentos.

Sin embargo, su vida era muy sencilla y apacible. Los atlantes se habían adaptado a vivir con el fruto de su trabajo. Tenían leyes justas que garantizaban la libertad de todos los habitantes y les permitían vivir en paz. No conocían la guerra, pues trataban de resolver sus problemas sin recurrir a la lucha.

Ejemplo	Ejemplo	Ejemplo
1.	2.	3.

Generalización

4.

© Pearson Education, Inc., 3

Actividad para la casa Su niño o niña hizo una generalización sobre la vida en la Atlántida. Lean otra lectura y comenten las generalizaciones que hizo el autor. Pídale a su niño que explique por qué el autor hizo esas generalizaciones.

Un vuelo maravilloso

Me llamo Jean. Trabajo de sirviente en el castillo de Chambord, Francia. El hombre más importante que jamás he servido en mi vida fue a un señor llamado Leonardo da Vinci (puede que hayas oído hablar de él) durante los fascinantes días del Renacimiento.

¡Da Vinci trajo al castillo un artilugio volador que había diseñado! Algunos de los sirvientes se reunieron y decidieron dar una vuelta con el aparato. Entonces, sigilosamente nos fuimos hasta la torre donde Da Vinci guardaba la máquina voladora. Todos los demás sirvientes estaban demasiado asustados para salir a volar, pero yo no lo estaba. Así que me monté en el aparato, me agarré con fuerza y salté desde la torre al vacío.

Comencé a volar y me elevé sobre los muros del castillo. Luego proseguí volando una y otra vez en círculos, hasta que una ráfaga de viento me lanzó contra uno de los muros del castillo. Por suerte, apenas caí desde unos pies de altura. Me estrellé en el patio... ¡justo a los pies del mismo Leonardo da Vinci! Estaba seguro de que me echarían del castillo.

Pero el Sr. Da Vinci solamente sonrió y dijo, "¿Verdad que es maravilloso volar?".

Características clave de la ficción histórica

- Se narra en pasado.
- Los sucesos del argumento tienen sentido.
- Los personajes, el ambiente o los sucesos pueden estar basados en hechos históricos.

---

1. ¿Quién es el personaje principal? ¿Qué tipo de trabajo tiene?

_____

2. ¿Cuál es el punto culminante de la historia? ¿Por qué es emocionante ese momento?

_____

_____

Vocabulario

Instrucciones Une cada palabra de la columna izquierda con su significado. Traza una línea desde la palabra hasta la definición.

> ## Marca las palabras que conoces
>
> ___acueductos ___naturaleza
> ___fértil ___pilar
> ___honrar ___satisfecho
> ___morada

1. morada   puentes que sirven para llevar agua

2. acueductos   respetar

3. fértil   lugar para vivir

4. pilar   objeto que sirve para que algo se apoye sobre él

5. honrar   que da muchos frutos, que da lugar a mucho crecimiento

Instrucciones Escoge la palabra que mejor completa cada oración. Escribe la palabra en la línea.

_____ **6.** Las plantas y los animales son parte de la _____.

_____ **7.** Después de cenar me siento muy _____.

_____ **8.** En el parque hay una estatua sobre un _____ que la sostiene.

_____ **9.** La señora Juana invitó a mi familia a tomar té en su _____.

_____ **10.** Le agregamos un alimento a la tierra de la huerta para hacerla más _____.

© Pearson Education, Inc., 3

Escuela + Hogar **Actividad para la casa** Si niño o niña identificó y usó palabras de la lectura *Atlántida: La leyenda de una ciudad perdida*. Juntos lean un cuento o una leyenda sobre una ciudad. Luego pídale que use las palabras de vocabulario de esta semana para comentar sobre lo que leyeron.

Estilos de letra y sangría

Al escribir, ten en cuenta que en el **estilo de letra cursiva,** las letras de una palabra van unidas unas con otras, pero que tienes que dejar un espacio entre las palabras.

Recuerda también utilizar la **sangría** para indicar el comienzo de cada párrafo. La **sangría** se hace dejando un pequeño espacio (de tres a cinco letras) en blanco antes de empezar a escribir:

Dice la leyenda que la Atlántida fue un continente que existió en mitad del Atlántico y que las islas Antillas son los restos de aquel continente hundido.

Instrucciones Vuelve a escribir las oraciones. Corrige todo lo necesario en el uso de la cursiva, la sangría y la puntuación.

1. *poseidónprometióreconstruirlaisla*

_____

2. *hay quien dice que la atlántidaera parte de granbretaña*

_____

_____

3. *elprimerhijode poseidónycleito fueatlas*

_____

4. *poseidónloproclamó reydelaisla, quepasó allamarseatlántida*

_____

_____

5. *losárbolesflorecíanyse cargabandefruta*

Actividad para la casa Su niño o niña estudió los usos de las estilos de letra y sangría. Lean juntos un cuento y pídale que escriba dos oraciones resumiendo lo leído.

Acentuación de verbos conjugados

Palabras de ortografía

miré	jugó	cambió	habría	podría
jugaría	cayó	volveré	partiré	vivía
tenía	cabía	conduciré	elegiré	votaré

Reemplaza palabras Reemplaza la expresión subrayada por una palabra de ortografía.

1. Yo <u>regresaré</u> del desfile mañana. _____

2. <u>Habitaba</u>. _____

3. <u>Me iré</u> más temprano. _____

4. <u>Iré a votar</u>. _____

5. <u>Manejaré</u> yo. _____

6. <u>Observé</u> el tráfico. _____

7. <u>Seleccionaré</u> al mejor. _____

Palabras que faltan Escribe la palabra que falta.

8. Nuestro equipo fue el que mejor _____ .

9 La niña _____ fiebre.

10 Tanta ropa no _____ en el bolso.

11 Mi hermano me _____ su libro por mis crayones.

12 Nuestro grupo _____ ayudar en el huerto escolar.

13 Papá dijo que él _____ venido con nosotros.

14. ¡_____ tremendo aguacero!

15 Si entrenara más, _____ mejor.

Actividad para la casa Su niño o niña está aprendiendo la acentuación de verbos conjugados. Para practicar en la casa, pídale que haga oraciones con las palabras de ortografía.

Guía para calificar: Escritura para exámenes: Ficción histórica

Características de la escritura	4	3	2	1
Enfoque/Ideas	Narración emocionante con personajes interesantes, época, período y figuras históricas	Buena narración con personajes desarrollados basados en parte en época, período y figuras históricas	Narración posee algún enfoque en los personajes y el ambiente y personajes son vagamente históricos	Narración no se enfoca en los personajes, no tiene lugar en algún período histórico
Organización	Claro orden en la secuencia de sucesos	La secuencia de sucesos se puede seguir	La secuencia de sucesos es poco clara	No hay secuencia de sucesos
Voz	El escritor muestra interés en la narración y los personajes	El escritor muestra algo de interés en la narración y los personajes	El escritor muestra muy poco interés en la narración y los personajes	El escritor no se esfuerza en mostrar interés alguno en la narración de los personajes
Lenguaje	Buen uso de adjetivos para traer vida a la narración	Trató de usar adjetivos específicos	Pobre uso de adjetivos específicos, descripciones poco vívidas	Ningún esfuerzo fue realizado para usar adjetivos específicos
Oraciones	Oración de conclusión efectiva	Oración de conclusión	Oración de conclusión es débil	No hay una conclusión clara
Normas	Muy pocos errores, buen uso de la cursiva y la sangría	Varios pequeños errores, uso de la cursiva y la sangría	Muchos errores, débil uso de la cursiva y la sangría	Muchos errores serios, no hay uso de la cursiva y sangría

Vocabulario • Claves del contexto

Los **homógrafos** son palabras que se escriben igual pero que tienen significado distinto. El contexto de la oración te va a ayudar a determinar el significado del homógrafo.

Relaciona En cada oración que sigue hay un homógrafo subrayado. Lee la oración y haz un círculo alrededor del significado del homógrafo que corresponda.

Homógrafos

vela
banco
canto
entre
cría
llama
coma
hecho

1. La llama de la <u>vela</u> se está apagando y casi no se ve.

   forma del verbo velar   objeto que se usa para iluminar

2. Me voy a comer un <u>canto</u> de pan.

   lado , borde   forma del verbo cantar

3. "<u>Entre</u>, Don Fermín, no se quede en la puerta."

   forma del verbo entrar   en el medio de dos cosas o personas

4. La <u>llama</u> de la vela ya se está apagando.

   luz que da algo que se quema   animal de América del Sur

5. Es importante usar la <u>coma</u> en un párrafo.

   signo de puntuación   forma del verbo comer

6. La <u>cría</u> de la yegua es un potrillo.

   un animal recién nacido o joven   forma del verbo criar

7. He <u>hecho</u> la tarea con cuidado y atención.

   completado   un evento, algo que ocurrió

8. Acompañé a mi hermano mayor a llevar un dinero al <u>banco</u>.

   un mueble que se usa para sentarse   donde se ocupan de manejar dinero

Actividad para la casa Su niño o niña identificó y usó claves del contexto para reconocer el significado de homógrafos. Pídale que haga oraciones con los dos significados de cada homógrafo.

Citar o parafrasear fuentes

Hay dos maneras de repetir la información de una fuente de referencia. Puedes **citarla** o **parafrasearla**.

- Citar textualmente significa copiar las palabras exactas de la fuente. Al hacerlo, debes escribir el texto entre comillas.

- Parafrasear significa explicar la misma idea con tus propias palabras. No necesitas usar comillas. Cuando citas o parafraseas información, debes nombrar tus fuentes de referencia. En la siguiente tabla se muestra cómo hacerlo.

Tipo de fuente	Cómo nombrar la fuente	Ejemplo
Libro	Menciona el autor, el título, la ciudad en la que se publicó, la editorial y la fecha de la publicación.	Breward, Christopher. *Historia de la moda Oxford*. Oxford: Oxford University Press, 2003.
Publicaciones periódicas	Menciona el autor, el título del artículo, el nombre de la publicación, el número de volumen, la fecha y el número de las páginas.	Mack, Alexandra. "Gemas ocultas". *Vogue*, Oct. 2007, pp. 258–272.
Sitio Web	Menciona el nombre del sitio Web y de la página y copia la URL tal cual se muestra en la barra superior de la pantalla.	"Días festivos en la Casa Blanca". http://www.whitehouse.gov/holiday/2006

Instrucciones Lleva esta página a la biblioteca. Usa las fuentes que encuentres y la tabla anterior para contestar las preguntas. (Escribe las respuestas en una hoja aparte).

1. Busca en un libro sobre el vidrio un hecho relacionado con este material. Escribe una cita textual. Nombra la fuente.

2. La isla italiana de Murano es famosa por sus sopladores de vidrio. Investiga sobre Murano en Internet y escribe oraciones parafraseando la información que halles. Nombra la fuente.

3. Busca un artículo de revista sobre el vidrio y escribe tres o cuatro oraciones sobre el tema. Cita y parafrasea información del artículo. Nombra la fuente.

Actividad para la casa Su niño o niña citó textualmente y parafraseó información de distintas fuentes de referencia y nombró las fuentes correctamente. Asígnele un proyecto de investigación simple. Pídale que escriba un informe breve (de no más de una página) resumiendo la información. Asegúrese de que cite y parafrasee la información y de que nombre o cite las fuentes como corresponde.

Acentuación de verbos conjugados

Palabras de ortografía				
miré	jugó	cambió	habría	podría
jugaría	cayó	volveré	partiré	vivía
tenía	cabía	conduciré	elegiré	votaré

Corrige el párrafo Encierra en un círculo las cuatro palabras mal escritas en el párrafo y tacha la oración que no corresponde.

Nuestro equipo júgo de maravilla. Martin tenia el balón, lo cámbio de piernas y pateó. El cumpleaños de mi hermano es el sábado. El balón calló en el medio de la portería.

Palabras de ortografía difícil

reiría
comiéramos
reúnen

1. _____ 2. _____

3. _____ 4. _____

Corrige palabras Encierra en un círculo la palabra destacada bien escrita.

5. Te **podría   podria** ayudar si me lo pides.

6. Los estudiantes se **reunen   reúnen** esta tarde.

7. Tanta gente no **cabia   cabía** en el auditorio.

8. Abuela quiso que **comiéramos   comieramos** con ella.

Actividad para la casa Su niño o niña está aprendiendo la acentuación de verbos conjugados. Para practicar en casa pídale que haga oraciones y párrafos con este tipo de palabras.

© Pearson Education, Inc., 3

Estilos de letra y sangría

Marca la oración que está escrita correctamente.

1 *poseidóninscribiólasleyesenunpilar*
   - ⬭ *poseidón inscribió las leyes en unpilar*
   - ⬭ *Poseidón inscribió las leyes en un pilar.*
   - ⬭ *Poseidón inscribiólas leyes en un pilar.*

2 *elpueblosevolviósabio*
   - ⬭ *El pueblo se volvió sabio.*
   - ⬭ *elpueblo sevolviósabio.*
   - ⬭ *el pueblo se volvió sabio.*

3 *poseidóndividiólaislaendiezpartes*
   - ⬭ *Poseidóndividió la isla en diez partes.*
   - ⬭ *Poseidón dividió la isla en diez partes.*
   - ⬭ *poseidón dividió la isla en diez partes.*

4 *laatlántidasehundióparasiempre*
   - ⬭ *La atlántida se hundió para siempre*
   - ⬭ *La Atlántida se hundió para siempre.*
   - ⬭ *La Atlántida se hundiópara siempre.*

5 *La atlántidasigueinteresandoamuchagente*
   - ⬭ *La atlántida sigue interesando a muchagente.*
   - ⬭ *La Atlántida sigueinteresando a muchagente.*
   - ⬭ *La Atlántida sigue interesando a mucha gente.*

Actividad para la casa Su niño o niña se preparó para tomar un examen sobre los estilos de letra y la sangría. Pídale que elija un fragmento de un periódico o revista y lo copie en letra cursiva y poniéndole las sangrías correspondientes.

Palabras con *m* antes de *p* y *b* y con *n* antes de *v*

Palabras de ortografía				
símbolo	bienvenida	empacada	embargo	amplio
compás	invitado	acampar	sombra	inventor
temporal	bombilla	invencible	simpático	empujar

Claves Escribe la palabra de ortografía que corresponde.

1. Persona que inventa o crea cosas _____

2. Pasar unos días en el campo, en carpa o tienda de campaña _____

3. Instrumento que sirve para trazar círculos perfectos _____

4. Prohibición, bloqueo _____

5. Artículo que se usa para iluminar un espacio _____

Conexiones de significado Escribe una palabra de ortografía que reemplace la palabra o expresión subrayada.

6. El comedor de su casa es muy <u>espacioso</u>. _____

7. <u>La señal</u> nos mostraba adónde había que llegar. _____

8. La reubicación es <u>por un período</u> solamente. _____

9. La escuela ofreció una <u>cena de recibimiento</u> a los nuevos maestros. _____

10. El equipo de las Panteras es <u>imbatible</u>. _____

11. Habrá que <u>hacer fuerza contra</u> el carro para moverlo. _____

12. Su <u>silueta</u> se proyectaba en la pared. _____

13. La mercancía estaba <u>guardada</u> en cajas de madera. _____

14. Teníamos un <u>huésped</u> esa noche en casa. _____

15. Ernesto es un chico muy <u>agradable</u>. _____

Actividad para la casa Su niño o niña está aprendiendo a escribir palabras con *m* antes de *p* y *b* y con *n* antes de *v*. Para practicar en casa, pídale que lea un cuento y señale palabras con *m* antes de *p* y *b* y con *n* antes de *v*.

Puntuación: Mayúsculas

Instrucciones Copia las oraciones usando correctamente las mayúsculas.

1. La estatua de la libertad fue diseñada por un escultor francés.

_____

_____

2. El escultor se llamaba auguste bartholdi.

_____

_____

3. Bartholdi había nacido en la ciudad de colmar, en francia.

_____

_____

4. El presidente inauguró la estatua.

_____

_____

Instrucciones Escribe C si las mayúsculas de los grupos de palabras están escritas correctamente. Si no, escribe las palabras correctamente.

5. 2035 Huston st. _____

6. Albuquerque, NM _____

7. Día del trabajo _____

8. thomas alva edison _____

Palabras compuestas

Palabras de ortografía				
cumpleaños	veintisiete	telaraña	bocacalle	sacacorchos
coliflor	mediodía	pelirrojo	altamar	abrelatas
agridulce	pararrayos	anteayer	bienestar	sabelotodo

Claves Lee la clave y escribe la palabra de ortografía.

1. Número menor que veintiocho.   1. _____

2. Todos lo tenemos, uno por año.   2. _____

3. Se dice de una persona muy inteligente y locuaz.   3. _____

4. El medio del océano.   4. _____

5. Se usa para abrir latas.   5. _____

6. Las doce del día.   6. _____

7. Que tiene una mezcla de sabores agrio y dulce.   7. _____

8. Antena que desvía el impacto de los rayos a la tierra.   8. _____

9. El día antes de ayer.   9. _____

10. Persona que tiene el cabello de color rojizo.   10. _____

Completa la oración Escribe la palabra de ortografía que completa cada oración.

11. Para cortar camino, doblamos por una _____.   11. _____

12. La _____ es un buen alimento.   12. _____

13. Tenemos que trabajar por el _____ de todos.   13. _____

14. Usaremos un _____ para abrir esa botella.   14. _____

15. La _____ colgaba de la pared.   15. _____

© Pearson Education, Inc., 3

Actividad para la casa Su niño o niña está aprendiendo palabras compuestas. Pídale que escriba una narración con las palabras de ortografía.

Abreviaturas

Instrucciones Escribe las abreviaturas de cada palabra.

1. Señora _____

2. junio _____

3. Francisco José _____

4. Doctor _____

5. sábado _____

Instrucciones Copia cada línea escribiendo correctamente las abreviaturas.
Pon los puntos y las mayúsculas que faltan.

6. sr Velázquez _____

7. 17 de set. _____

8. dra R Esquílez _____

9. 25 de agos. _____

10. mierc. _____

Diptongos y hiatos: Acentuación

Palabras de ortografía				
países	carnicería	guía	podía	pintaría
maíz	frío	lío	crío	púa
caída	día	grúa	raíz	baúl

Palabras que faltan Completa la oración con una palabra de la lista.
Escribe la palabra correcta sobre la línea.

1. Carlos creyó que _____ levantar la caja él solo.   _____

2. El _____ de hoy es una fecha especial.   _____

3. Fuimos acompañados por un _____.   _____

4. Tremendo _____ en el que nos metimos.   _____

5. Cuidado con la _____.Te puedes pinchar un dedo.   _____

6. Pensé que mamá _____ la casa de azul.   _____

7. En el _____ guardo todos mis secretos.   _____

8. El _____ de Carla es un buen chico.   _____

9. Luisa está viva de milagro después de esa _____.   _____

10. La _____ del problema es muy complicada.   _____

Definiciones Escribe la palabra de la lista con el mismo
significado que la palabra o frase subrayada.

11. El conjunto de <u>naciones</u> aprobó la resolución.   _____

12. El campo de <u>elote</u> se veía desde lejos.   _____

13. Hoy es un día <u>gélido</u> pero con mucho sol.   _____

14. Con la ayuda de una <u>máquina</u> levantaron las rocas.   _____

15. En la <u>tienda</u> puedes comprar toda la carne que quieras. _____

Actividad para la casa Su niño o niña está aprendiendo a identificar diptongos y hiatos. Para practicar en
casa, pídale que haga oraciones con palabras que presenten diptongos y hiatos.

© Pearson Education, Inc., 3

Combinar oraciones

Instrucciones Combina cada par de oraciones. Usa la conjunción entre ( ).

1. En los museos se exponen pinturas. También se exponen esculturas. (y)

_____

_____

2. Hay pinturas hechas sobre tela. Otras están realizadas sobre madera. (pero)

_____

_____

3. Las esculturas pueden ser en hierro. Pueden ser en piedra. (o)

_____

_____

Instrucciones Combina cada par de oraciones. Usa las palabras subrayadas una sola vez en la nueva oración.

4. Este museo exhibe pinturas antiguas. Este museo tiene cuadros famosos.

_____

_____

5. Las esculturas pueden representar algo real. Los cuadros pueden representar algo real.

_____

_____

6. ¿Ya conocía Pedro el museo? ¿Irá hoy Pedro por primera vez?

_____

_____

Diptongo y hiato: Acentuación

Palabras de ortografía				
seria	sería	río	rio	reina
sonreír	día	diario	sabio	sabía
país	paisano	serio	caserío	vacío

Construye palabras Agrega la sílaba o sílabas que faltan y escribe la palabra completa sobre la línea.

1. pai_____no   _____

2. _____serío   _____

3. dia_____   _____

4. sa_____   _____

5. se_____   _____

6. _____na   _____

7. _____cío   _____

8. _____rio   _____

9. _____ría   _____

10. sa_____   _____

Termina la oración Encierra en un círculo la palabra que completa cada frase. Escribe en el recuadro el número de sílabas que la componen.

11. Navegamos por el (rio, río) largo rato.   _____ [ ]

12. Carlos se (rio, río) a carcajadas.   _____ [ ]

13. México es un (pais, país) vecino.   _____ [ ]

14. (Sonreir, Sonreír) es un buen ejercicio.   _____ [ ]

15. Tu cumpleaños es un (día, dia) especial para mí.   _____ [ ]

Total [ ]

Adición de sílabas Si la suma te da 10, ¡hiciste un buen trabajo!

Actividad para la casa Su niño o niña está aprendiendo a identificar diptongos e hiatos. Para practicar en casa, díctele palabras de ortografía y pídale que identifique el diptongo o el hiato.

Uso de la coma

Instrucciones Escribe *C* si la coma se usa correctamente en la oración. Si no, escribe la oración de nuevo de manera correcta.

1. En la tienda había pájaros perros y gatos

_____

2. No, no me gustan los reptiles.

_____

3. Lucía, mira qué mariposa más hermosa.

_____

4. Llegó la maestra la Sra. Vidal.

_____

5. Por supuesto, iremos al acuario.

_____

Instrucciones Escribe cada oración agregando las comas necesarias.

6. Sí tengo un libro de insectos.

_____

7. Vamos a ver leones leopardos y tigres.

_____

8. Enrique mi compañero colecciona mariposas.

_____

9. Adela ayúdame a limpiar la jaula del jerbo.

_____

10. No no espantes a la libélula.

_____

Acentuación de verbos conjugados

Palabras de ortografía				
miré	jugó	cambió	habría	podría
jugaría	cayó	volveré	partiré	vivía
tenía	cabía	conduciré	elegiré	votaré

Palabras Completa cada oración con palabras de ortografía. Escríbela sobre la línea.

1. _____ por Ana para presidenta de la clase.

2. El libro se _____ del estante.

3. Yo _____ contigo pero me tengo que ir.

4. Si te vas, no _____ a verte.

5. Pensé que _____ ayudarte, pero veo que no.

Busca palabras Escribe la palabra de ortografía correctamente en la línea.

6. émir _____

7. gireleé _____

8. tirérap _____

9. gujó _____

10. bacía _____

11. mabóci _____

12. avívi _____

13. durécinoc _____

14. níeta _____

15. bríaha _____

Actividad para la casa Su niño o niña está aprendiendo la acentuación de verbos conjugados. Pídale que haga oraciones con las palabra de ortografía.

Nombre _____

Estilos de letra y sangría

Instrucciones Vuelve a escribir correctamente las oraciones. Corrige todo lo necesario en el uso de la cursiva, la sangría y la puntuación.

1. *poseidónseescondió detrásdeunasrocas*

_____

2. *enmitaddelmar, había unapequeñaislarocosa*

_____

_____

3. *en laislavivía unhombrellamado evenorysumujer, leucipo*

_____

_____

4. *losdostrabajabanduro paracultivarlatierraárida*

_____

_____

5. *poseidónse enamoródelabella cleito*

_____

6. *finalmente, cleitoaceptócasarse conposeidón*

_____

7. *poseidóntransformólaislaen unparaíso*

_____

8. *poseidónhizouna red decanalesalimentadospor cascadas*

_____

_____

Gráfica S-Q-A

Instrucciones Completa la gráfica S-Q-A para ayudarte a organizar tus ideas.

Tema _____

Lo que **S**é	Lo que **Q**uiero saber	Lo que **A**prendí

Preguntas de control _____

_____

Oración principal y oraciones de detalles

Una oración principal cuenta la idea principal del párrafo. Las oraciones de detalles dan los datos de apoyo, descripciones y ejemplos sobre la idea principal.

Instrucciones Decide cómo organizarás tus párrafos. Luego escribe una oración principal y oraciones de detalles para cada párrafo.

Párrafo 1

Oración principal _____

Oraciones de detalles _____

_____

_____

Párrafo 2

Oración principal _____

Oraciones de detalles _____

_____

_____

_____

Párrafo 3

Oración principal _____

Oraciones de detalles _____

_____

_____

Párrafo 4

Oración principal _____

Oraciones de detalles _____

_____

_____

Combinar oraciones

Cuando revisas, puedes combinar oraciones cortas y simples para formar oraciones compuestas o complejas. Asegúrate de que las dos oraciones estén relacionadas.

- Para hacer una oración compuesta, une las oraciones usando las conjunciones *y*, *pero* u *o*.
- Para hacer una oración compleja, une las oraciones usando palabras como *cuando, porque* o *si*.

Instrucciones Combina cada par de oraciones simples con las palabras entre ( ).

1. Washington, D.C., tiene muchos monumentos. A la gente le gusta visitarlos. (y)

_____

_____

2. Muchos monumentos hacen honor a presidentes. Algunos monumentos hacen honor a soldados y otros héroes. (pero)

_____

_____

3. Las personas visitan el Lincoln Memorial. Ven una enorme estatua de Abraham Lincoln. (cuando)

_____

_____

4. El monumento a Washington es fácil de ver. Es el monumento más alto. (porque)

_____

_____

Informe de investigación

Instrucciones Lee el informe de tu compañero. Utiliza la Lista para revisar mientras escribes tus comentarios o preguntas. Ofrece cumplidos tanto como sugerencias de correcciones. Luego, por turnos, hablen acerca del borrador del otro. Entrega tus notas a tu compañero. Luego de hablar con tu maestro sobre tu ensayo, añade los comentarios de tu maestro a las notas.

Lista para revisar

Enfoque/Ideas

☐ ¿Tiene el informe de investigación un enfoque?

☐ ¿Hay suficientes datos, detalles y explicaciones?

Organización

☐ ¿Están organizados los párrafos?

☐ ¿Tiene cada párrafo una oración principal con la idea central?

☐ ¿Tiene cada párrafo oraciones de apoyo con datos, detalles o explicaciones?

Voz

☐ ¿Suena el escritor interesado en el tema?

Lenguaje

☐ ¿Ha parafraseado el material el autor?

Oraciones

☐ ¿Se combinaron oraciones simples para formar oraciones compuestas o complejas?

Cosas que pienso que están bien_____

_____

_____

Cosas que pienso que pueden mejorar_____

_____

_____

Comentarios del maestro_____

_____

_____